Bauwelt Fundamente 5

Herausgegeben von Ulrich Conrads
unter Mitarbeit von
Gerd Albers, Adolf Arndt,
Lucius Burckhardt, Werner Hebebrand,
Werner Kallmorgen, Hermann Mattern,
Julius Posener, Hans Scharoun,
Hansjörg Schneider

Sherman Paul

Louis H. Sullivan

Ein amerikanischer
Architekt und Denker

Ullstein Berlin Frankfurt/M Wien

Titel der amerikanischen Originalausgabe: »Louis Sullivan — An Architect in American Thought«, erschienen 1962 bei Prentice-Hall, Inc., Englewood Cliffs, N.Y. Die vorliegende Ausgabe ist durch Originalaufsätze von Sullivan und durch zahlreiche Bilder erweitert. Übersetzung: Henni Korssakoff-Schröder. Fotos: John Szarkowski und Richard Nickel. Ein Teil der Abbildungen wurde mit freundlicher Genehmigung des Verlages University of Minnesota Press, Minneapolis, dem Buch von John Szarkowski: »The Idea auf Louis Sullivan« entnommen, ein weiterer Teil vom Art Institut of Chicago (Burnham Library) zur Verfügung gestellt.

VERLAG ULLSTEIN GMBH · BERLIN · FRANKFURT/M · WIEN
Umschlagentwurf von Helmut Lortz
© 1963 by Verlag Ullstein GmbH, Frankfurt/M — Berlin
Alle Rechte, auch das der photomechanischen Wiedergabe, vorbehalten
Printed in Germany, Berlin West 1963 · Gesamtherstellung Druckhaus Tempelhof

Inhalt

Vorwort	7
Aufbruch von Paumanok	11
Die Musen Europas	29
Der amerikanische Gelehrte	51
Ausblick auf Demokratie	77
Rückblick	111
Biographie	123
Bibliographie der Schriften von Louis H. Sullivan	124

Anhang. Übersetzungen aus Sullivans Schriften:

Die Ornamentierung des Auditoriums (1891)	127
Das Ornament in der Architektur (1892)	130
Vergleich zwischen emotionaler und intellektueller Architektur: Eine Studie über das Objektive und das Subjektive (1894)	135
Das große Bürogebäude, künstlerisch betrachtet (1896)	144
Erziehung (1902)	149
Was ist Architektur? Eine Studie über das amerikanische Volk von heute (1906)	152

Louis H. Sullivan

Vorwort

Louis Sullivan wurde zur Zeit Emersons, Thoreaus und Whitmans in New England geboren und starb 1924 in Chicago – als eine neue Generation, die sich auf ihre eigene Weise durch die früheren transzendentalen Impulse anregen ließ, zu einer neuen Form des Ausdrucks gelangte. In weit höherem Maß als irgendeinem anderen Künstler seiner Generation gelang es ihm, die organische Philosophie und das demokratische Streben der früheren Zeit in sich aufzunehmen, miteinander zu verbinden und durch die ihm eigene Ausdrucksweise des Bauens und Schreibens einer neuen Generation zu übermitteln. Er schlägt Brücken von einer Generation zur andern, da er die transzendentale Vision aufs neue verbürgt findet in Gedanken von Männern wie Dewey, Veblen und William James.
In seinem Werk entdecken wir beides – Weiterführung und Umwandlung: der Idealismus des Transzendentalismus – seine Neubewertung der schöpferischen Kraft des Menschen – ist naturalisiert in einem gleichfalls idealistischen Pragmatismus; der schöpferische Impuls des Menschen, der im Grunde individuell ist, erweitert sich in seinen Zielen, und Eigen-Kultur wird zur Sozial-Kultur; der »Laissez faire«-Idealismus, durch ausgewählte und verantwortungsvolle Erziehung diszipliniert, wird sozialisiert; und die Vorzüge, die sich im ländlichen Leben der Umgebung offenbaren, an dem – jedoch ohne Sentimentalität – festgehalten wird, bieten Möglichkeiten zur Entwicklung einer lebenskräftigeren städtischen Kultur.
Lewis Mumford war der erste, der erklärte: »Sullivan hat vielleicht als erster in der amerikanischen Architektur sich selbst in aller Klarheit in seinem Verhältnis zu seiner Heimat, seiner Periode, seiner Zivilisation erkannt und war fähig, die vielen Lehren, die das Jahrhundert erteilte, zu verarbeiten.« Mumford hatte auch recht, wenn er Sullivan den »Whitman der amerikanischen Architektur« nannte. Kein Architekt – und auch kein Schriftsteller – hat mehr von Whitman übernommen oder seine Botschaft der Demokratie so glühend verkündet. Sullivan glaubte an den moralischen Einfluß der Architektur, die laut Whitman »Möglichkeiten und eine reale Zukunft« hat. Indem Sullivan das Leben eines Architekten und eines Schriftstellers lebte, versuchte er Amerika »Form« zu geben und das zum Ausdruck zu bringen, von dem Whitman hoffte, daß Amerika es zum Ausdruck bringen möge, nämlich »die tiefsten Grundelemente und den erhabensten letzten Sinn der Geschichte und des Menschen«. Zum größten Teil wendet er sich in seinem Werk an den »Laien« – und so schrieb er vieles zur Verwirklichung von Whitmans Botschaft und zur Entfaltung des neuen Gedankens seiner Zeit. Wenn man bedenkt, daß die Soziologie in Sullivans Tagen die neue Hauptwissenschaft war, dann könnte man sein Werk, das Studien über Psychologie, Pädagogik, Geschichte und Philosophie umfaßt, zu Recht als Soziologie der Demokratie bezeichnen. Kein amerikani-

scher Architekt hat jemals so packend und so gut geschrieben, keiner jemals als Denker und Künstler der Sprache so sehr die Aufmerksamkeit gefesselt; keiner hat mehr als er das Recht, für immer in unsere Geistesgeschichte einzugehen. Und es ist der Zweck dieses Buches, Sullivan einen Platz in unserer geistigen Tradition einzuräumen.

Ich habe natürlich Nutzen gezogen aus den vielen Schriften über Sullivan als Architekten.

Um irgendein Fach wirklich zu meistern, braucht es viele Jahre — und die Architektur verlangt, da Bauwerke genauso erfahren und erlebt werden müssen, wie ein Gedicht erlebt und erfahren wird, zusätzlich eine ausdauernde Hingabe. Ich habe viele von Sullivans Bauwerken gesehen, aber ich habe nicht mit ihnen gelebt; ich habe viele auf Fotos gesehen und keine bewunderungswürdiger oder schöner gefunden als die von John Szarkowski. Erweiterung der Kenntnis und größere Vertrautheit bedeuten aber nicht notwendigerweise auch eine Erweiterung der Zuständigkeit. In Dingen der Architektur und selbst der Geistesgeschichte (hier fühle ich mich ermutigt durch die ausgezeichneten Arbeiten über Sullivan von Richard P. Adams, Donald Drew Egbert, Ray Ginger, Paul Goodman und Elaine Hedges) halte ich mich an den Ausspruch von Ibn Khaldun: »Die Menge an Wissen, die ein einzelner Schüler zu bieten hat, ist gering. Das Eingeständnis eigener Unzulänglichkeit schützt vor Tadel. Von den Kollegen wird eine freundliche Haltung erhofft.«

Vielen schulde ich Dank:

Ruth E. Schonemann, Bibliothekarin der Ryerson- und Burnham-Bibliotheken des Art Institute, Chicago, und Adolf K. Placzek von der Avery Library der Columbia University für die Erlaubnis, die Sullivan-Manuskripte zu benutzen;
Cerilla Saylor, Bibliothekarin der Ricker Library of Architecture, und Eva F. Benton, Bibliothekarin der English Library der Universität Illinois, für großzügige Anteilnahme und Assistenz;
dem Research Board der Universität Illinois für finanzielle Unterstützung, dem Center for Advanced Study der Universität Illinois für Gewährung einer außerordentlichen Mitgliedschaft für die zur Vollendung meiner Arbeit nötige Dauer;
Geraldine Bogart, meiner Forschungsassistentin, für bibliographische Hilfe;
Richard Nickel für seine großzügige Erlaubnis, die Abhandlung seines Lehrers über Sullivans Ornamentik zu lesen und seine Fotografien zu verwenden;
Elaine Hedges für die Erlaubnis, die Korrekturbogen ihrer Einführung zu *Democracy: A Man-Search* zu lesen;
Jack Stillinger, Robert Schneider, Dwight Miller, Walter Creese, Allen Weller und Allen Brooks für ihre Bereitwilligkeit, zuzuhören, und für ihre anregende Reaktion auf meine Gedanken;
Robert Schneider und Robert McColley für sorgfältige Prüfung des Textes;
meiner Frau, die alles Tag für Tag mit anhörte und die — gemeinsam mit denen, denen dieses Buch gewidmet ist — am meisten beitrug.

Urbana, Illinois *Sherman Paul*

»Die Schönheit kommt nicht auf gesetzlichen Befehl,
noch wird sich ihre Geschichte,
wie sie sich in Griechenland abgespielt hat,
in England oder Amerika wiederholen.
Sie wird, wie immer,
ohne vorherige Ankündigung erscheinen
und in den Fußspuren tapferer
und ernsthafter Menschen aufblühen.«

(Ralph Waldo Emerson,
angeführt auf der Titelseite von Schuyler Van Reusselaers
Henry Hobson Richardson and his Works [1888],
einem Band aus Sullivans Bibliothek)

Der Architekt — wer und warum er ist

Er ist ein nimmermüder Beobachter, stets damit beschäftigt,
die Natur zu erforschen.
Er sieht, daß alle Formen in der Natur
voneinander abhängig sind,
daß — entsprechend den Gesetzen der Schöpfung —
eine aus der anderen entsteht.
Ein kleiner Teil der Natur verkörpert sich
in jedem seiner Entwürfe.
Was er wahrnimmt und in sich selber erkennt,
wird später von der Wissenschaft bestätigt.
Verbundenheit mit der Natur heißt große Freundschaft.
Er sieht die Ideen der Natur
und ihre manifesten Wirkungen.
Der Dichter in ihm ist es, der seinen größten Wert ausmacht.
Die tiefe Naturhaftigkeit des eigenen Seins
ist wesentliche Bedingung für einen großen Architekten
und Voraussetzung für die Größe eines Menschen.
Erwartet von ihm ein System der Philosophie und der Ethik,
das sich als Synthese
der Gesellschaft und der Zivilisation erweist.

(Frank Lloyd Wright
über Sullivan in *Genius and the Mobocracy)*

Der Keim: Sitz der Kraft

»Dies ist die Zeichnung eines typischen Keimlings mit zwei Kotyledonen. Die Kotyledonen sind ganz besondere rudimentäre Blätter, die einen ausreichenden Vorrat an Nahrung für das Anfangsstadium der Keimentwicklung enthalten.
Der Keim ist das Reale; er ist der Sitz der Identität. In seinem zarten Mechanismus liegt der Wille zur Kraft: die Funktion, die ihren vollen Ausdruck in der Form suchen und möglichst finden soll.
Der Sitz der Kraft und der Wille zum Leben machen die einfache wirkende Idee aus, auf der alles Folgende sich aufbaut — bis zum Aufblühen.«

*Sullivan**

---

* *A System of Architectural Ornament According with a Philosophy of Man's Powers*, 1924.

Aufbruch von Paumanok *

»Das Straßburger Münster ist das materielle Gegenstück
zur Seele Erwin von Steinbachs.«
Ralph Waldo Emerson **

The Autobiography of an Idea, das Buch, mit dem Louis Sullivan sein Lebenswerk abschloß, gibt unter anderem Bericht von einem Wachsen durch Aufnehmen und Ausscheiden. Es ist eine Bildung — wie die von Henry Adams —, für die die gleichen Bedingungen wie für die Ernährung gelten. Was Sullivan am stärksten in sich aufnahm und was sein Leben grundlegend nährte, wurde von ihm selbst schon früher und an anderer Stelle bekannt:

Chicago, 3. Februar 1887

Mein lieber und verehrter Walt Whitman,

vor weniger als einem Jahr hab' ich sozusagen Ihre Bekanntschaft gemacht — ganz zufällig, als ich die Regale einer Buchhandlung durchstöberte. Angezogen von dem seltsamen Titel »Grashalme«, öffnete ich das Buch aufs Geratewohl und stieß auf die Zeilen über die wesentlichen Inhalte der Dinge. Dort und in jenem Augenblick habe ich Sie in meine Seele aufgenommen und bewahre Sie da und werde Sie nie mehr lassen.

Sie sollen wissen, daß es wenigstens einen gibt (ich hoffe allerdings, daß da noch viele andere sind!), der Sie so versteht, wie Sie verstanden sein möchten; mehr noch: einen, der Sie auf der Waage seiner Intuition geprüft und in Ihnen den größten aller Dichter gefunden hat.

Einen Mann, der so mit Natur und Menschheit in eins verschmelzen kann wie Sie, der Seelisches harmonisch mit Stofflichem zu verbinden imstande ist, der in allem das Gute sieht und in Liebe überfließt zu allen Dingen und sie mit seinem Geist erschließt: solch einen Mann nenn' ich mit Freuden einen Dichter und gebe ihm so den kostbarsten aller Namen.

Zur Zeit meiner ersten Bekanntschaft mit Ihrem Werk war ich mit dem Essay beschäftigt, den ich Ihnen hier überreiche. (»Inspiration«, eine Dichtung in Prosa, die bei der dritten Jahresversammlung der Western Association of Architects, Chicago, am 17. November 1886 verlesen wurde.)

Ich hatte gerade »Dekadenz« beendet. Im »Frühlingsgesang« und im »Sang der Tiefen« wendet sich meine Bahn wieder zur neuerwachten Sonne. Ich schicke Ihnen diesen Essay, weil Ihre Meinung mir vor allen andern von höchstem Wert ist. Was immer Sie an Lob oder Ermutigung für mich bereit haben werden, wird mir Freude machen — willkommener aber ist freundschaftliche Kritik. Ich weiß, daß ich nicht anmaßend erscheinen werde — stammen doch folgende Worte von Ihnen:

---

* Indianische Bezeichnung für Long Island.
** History, 1841.

»Ich richte meinen Sinn auf die, die nahe sind« — »wirst du sprechen, ehe ich gegangen bin? Wird es schon zu spät für dich sein?«
Es fehlen mir die richtigen Ausdrücke, um Ihnen zu schreiben — versuchen Sie bitte, sich vorzustellen, daß ich Ihnen in aller Aufrichtigkeit erkläre, was ich Ihnen schulde.
Der Essay ist mein erster Versuch — unternommen im Alter von dreißig Jahren. Auch ich »habe mich mit Sprachforschern und Streitern durch Nebel gerungen«, auch ich »habe durch die Schichten zu schauen und alles bis auf ein Haar zu zergliedern versucht« im Bemühen, eine Basis für männliche und ursprüngliche Kunst zu finden. Nachdem ich bis heute — aus Furcht, vielleicht nur töricht zu stammeln — geschwiegen habe, hoff' ich nun doch, daß meine Worte zumindest das Gewicht der Überzeugung haben.
Ich vertraue darauf, daß ich nicht vergeblich auf Antwort von Ihnen warten werde, und bleibe Ihnen, edler Mann, in der Entfernung ein ergebener Freund.

Louis H. Sullivan

Whitman las diesen Brief mit Gefallen; er mag ihn an sein eigenes begeistertes Bekenntnis zu Emerson und den langen Weg zu seinem eigenen Werk erinnert haben — an das Sieden und Brodeln, das von Emerson schließlich zum Kochen gebracht wurde. Für Sullivan, der damals an seinem größten Auftrag, dem Auditorium Building, arbeitete, bedeutet der Brief eine Krisis im Gärungsprozeß seines Denkens: er kennzeichnet den Beginn seines Wirkens als Architekt und Schriftsteller.

Sullivan fand in Whitman den hervorragenden Lehrmeister und die schöpferische Persönlichkeit. Moses Woolson und John Edelmann zügelten seine jugendlichen Kräfte und lenkten sie in Bahnen; Wagner und Michelangelo überwältigten ihn mit der Kraft ihrer Persönlichkeit, die sich in ihren Schöpfungen manifestierte. Aber kein einziger wühlte sein Innerstes derartig auf, regte ihn in einem solchen Maße an oder schenkte ihm im richtigen Augenblick ein demokratisches Programm für sein Denken und Tun.

Was Sullivan Whitman verdankt, ist so offensichtlich, spricht sich so deutlich im eigentlichen Wesen seines Werkes aus, daß der Autor der *Autobiography* es vielleicht gar nicht nötig gehabt hätte, noch einmal darauf hinzuweisen. Alles, was er seit *Inspiration* schrieb, und vieles, was er baute, ist eine Ausarbeitung und Bereicherung des von Whitman verkündeten Evangeliums, das mit aufgefrischter Lebenskraft von ihm in Wort und Stein übertragen wurde. So war Sullivan am Ende seines Lebens, als er die Geschichte seines Suchens erzählte, »zu dem Kind geworden, das jeden Tag vorwärts ging« und im Mannesalter das demokratische Blickfeld erweitert hatte.

Die *Autobiography* machte allerhand biographische Nachforschungen notwendig. Sullivan hatte persönliche und Familienaufzeichnungen zur Verfügung, aber er benutzte sie sparsam und unterschlug sie häufig ganz. Nie er-

wähnte er seinen älteren Bruder Albert, der viele Jahre lang sein frühes Leben mit ihm geteilt hatte und der als leitender Eisenbahnbeamter im amerikanischen Sinn erfolgreich war. Der Bericht über seinen eigenen Erfolg endet mit der Angabe, daß Dankmar Adler den jüngeren Designer als Partner aufnahm. Er erzählt nichts darüber, wie er die reife Philosophie von »Face to Face« entwickelt hat, noch darüber, wie er im Ringen um diese Philosophie von der apokalyptischen Vision der Demokratie und der Architektur besessen war, mit der das Buch endet.
Die nichterwähnten Jahre sind Jahre der Fehlschläge — Grund genug wahrscheinlich für einen stolzen Mann, sie einfach zu übergehen. Der Nachdruck, den er auf die Erzählung seiner Kindheit, seines Knaben- und Jünglingsalters und seiner frühen Mannesjahre legt, entsprang hingegen der Idee, daß das Kind »die reine Quelle der Kraft« sei.
Mit Thoreau glaubte er, daß mit jedem Kind die Welt von neuem anfange, und mit dem Psychologen A. F. Chamberlain, daß das Kind »das evolutionäre Wesen unserer Art ist — das Kind, in dem die nutzlose Vergangenheit unterdrückt ist und die segensreiche Zukunft sich ansagt«.
Er lernte von Taine, daß Genie und Talent normale Be-Gabungen seien — »Gaben wie Saatkörner«. Das Kind braucht allein günstigen Boden und liebevolle Gärtner. Und er hatte eine ganze »Wachstums-Philosophie« übernommen aus Whitmans »Es war einmal ein Kind, das ging vorwärts«.
»Ist nicht das Kind der eigentliche Künstler?« hatte er in einem früheren Aufruf an die Architekten gefragt. »Wenn andere ihm so viel bedeuten und es so sehr beeinflussen, wenn alle Gegenstände, die es betrachtet und mit Verwunderung, Mitleid, Liebe oder Furcht in sich aufnimmt, so auf es einwirken, daß es in tiefstem Mitempfinden sich in sie verwandelt und sie so, indem das Kind sie in sich einsaugt, Teile seines Selbst werden — werden sie dann nicht, wenn es, so bereichert, sich zu äußern versucht, in der Tat erneut zum Leben kommen? Und werden sie sich nicht aufs neue in dem Werk offenbaren, das von dem Kind dann — wozu seine ureigentliche Natur es treibt — mit solch warmer Liebe angeschaut wird, daß es in eins gewandelt wird mit ihm?«
Wozu mehr erzählen, konnte er doch selbst — wie sich zeigte, als der Schreibende in die Tiefen der Erinnerung stieg — die Gärtner schildern, die ihn gehegt hatten, und die Dinge, die unter Staunen, Mitleid, Liebe und Furcht sich in ihn selbst verwandelt hatten!
Von diesen tiefen Erlebnissen wird in der *Autobiography* überzeugend berichtet. Die Hinweise und Andeutungen erzählen — vor dem Hintergrund der in Willard Connelys volkstümlicher Biographie aufgeführten Tatsachen — das Wesentliche aus Sullivans frühen Jahren.
Louis Henri Sullivan wurde am 3. September 1856 in Boston geboren. Die *Autobiography* beginnt jedoch nicht hiermit — Sullivan bemerkt später, daß er »in der üblichen Weise von einer Frau zur Welt gebracht worden war« —, sondern mit seiner wahrscheinlich ersten, liebevoll gehegten Erinnerung und, da das Kind ein Samenkorn ist, dem bedeutungsvollsten Ereignis seines Lebens: nämlich der Ankunft des Fünfjährigen auf der Farm seines Großvaters List in South Reading.

Hier hatte er beides gefunden: begünstigende Natur und Liebe. Hier – und nicht in Boston, wo er »Ire« war – hatte er hinsichtlich Umwelt und Erleben amerikanischen Ursprung.
South Reading war »eine Hauptstraße des Tages und der Generation«, wie er bemerkt, »und somit paßte die Farm in die Zeit und auf ihren Platz«. Das »Kind, das vorwärts ging«, identifizierte sich mit dem ländlichen Amerika der Zeit vor dem Bürgerkrieg. Seinem Leben waren zwei Pole bestimmt: Land und Stadt, die in bezug auf die Umwelt die Gegensätze der Zukunft waren. Selbst als Baumeister von Hotels, Warenhäusern und Wolkenkratzern blieb er dem idyllischen Amerika Emersons und Whitmans zutiefst treu.
Seine Abstammung war »gemischt«. Er konnte sich nicht – wie Mrs. Schuyler Van Rennselaer dies für Richardson getan hatte – auf einen Dr. Priestley in der Familie berufen. Die Bemerkung, daß »der Stamm gesund« sei, war kein Zugeständnis an moderne (und rassenbetonende) Vorstellungen von gutem Erbe; sie entsprang vielmehr der scherzhaften Laune eines, der die Dinge so sieht, wie sie sind. Sein Vater, Patrick Sullivan, war ein »reizloser« Ire mit »kleinen, abweisenden Augen – richtigen Schweinsaugen«. Auf einem Jahrmarkt im Stich gelassen, hatte er sich ohne Hilfe aus der Armut herausgearbeitet. 1847 war er nach Amerika gekommen und hatte in Boston eine erfolgreiche Tanzschule gegründet. »Er war immer erfolgreich«, bemerkt der Sohn und deutet dabei Gefühle an, die dunkler sind als die Benjamin Franklins, der seinen Vater verehrte. Abgesehen von seiner romantischen Liebe zur Natur und seiner Liebe zum Tanz – zu Anmut, Rhythmus und Symmetrie, die er als »sittenfördernd und nützlich« bezeichnete – besaß der Vater kein Gefühl. Der Sohn fand ihn grimmig, gleichgültig und liebesunfähig; er vermutet, daß Andrienne List von Patrick Sullivan im Jahre 1852 als »Aktivposten« geheiratet worden war. Für viele Aufgaben, die einem Vater obliegen, war der Tanzlehrer zu beschäftigt, aber das Amt eines Erziehers übte er aus. Niemals nachsichtig, war er doch in der Beurteilung eines Sohnes, der sich noch zu lieben sehnte, ein weiser Lehrmeister, sein einziger erfolgreicher Lehrmeister bis zum achten Lebensjahr.
Seine Mutter, die 17 Jahre jünger war als ihr Mann, erscheint häufig in der *Autobiography* als »die inniggeliebte Mutter von Louis Sullivan«. Der Stammbaum dieses gefühlvollen und sowohl musikalisch als auch zeichnerisch begabten Mädchens setzte sich aus Franzosen, Deutschen, Schweizern und wahrscheinlich Italienern zusammen. Andrienne kam 1850 mit ihren Eltern, Henri und Anna Mattheus List, nach Boston. Nachdem sie in Genf geschäftlich Schiffbruch erlitten hatten, beschlossen die Lists, »die Vergangenheit zu vergessen und in einem fremden Land neu anzufangen«. Sie erwarben nördlich von Boston eine Farm von 24 Morgen.
Henri List war weder ein Farmer noch ein Geschäftsmann. Er war in Hannover geboren und hatte in Göttingen und Berlin Theologie studiert. Er wurde als Dozent an die Universität Genf berufen. Dort gab er das Lehramt auf fürs Geschäft – für Anna Mattheus' Weißwarengeschäft. Die Leidenschaft dieses genialen Skeptikers, der zu einer Art von Dorfatheisten wurde, war die Astronomie; die Erhabenheit

und das Mysterium der Sterne waren seine Religion. In dieser Naturreligion war zum Glück auch Platz für die irdischen Tätigkeiten des Enkels; sie machte ihn dem Kind gegenüber behutsam und nachsichtig. Seine Frau, wesentlich älter und konventioneller, war eine richtige Familienmutter. Sie achtete auf die Familienersparnisse und auf das Ansehen. Sie gab Unterricht in Französisch, um das Familieneinkommen zu vermehren — aber sie fuhr im Wagen zur Baptistenkirche. Weder Anna noch Henri waren religiös; Henri fand einen Denker und Redner in Theodore Parker. Und sie sah darauf — wenigstens zu Beginn —, daß ihr Enkel, ordentlich gekleidet, die Dorfkirche und die Schule besuchte. Sie war jedoch nicht herrschsüchtig, sondern schlicht und freundlich; ihre Zuneigung »umfaßte alles«. Der Enkel zollte ihr höchstes Lob als »Whitmanscher Mutter«.

Die Lists boten dem Jungen nicht sofort ein »Nest«. Seine frühesten Jahre verbrachte er in der Stadt, wo er den Rhythmus der Straße, das »Lied« der Arbeit und die Betriebsamkeit vor seinem Fenster in sich einsog. Bei der Beschreibung seines Aufwachsens — »es war ein Hereinbrechen von draußen und ein Hinausbrechen von innen« — erinnert er sich einiger formender Ereignisse und ihrer seelischen Äquivalente: Als er drei Jahre alt war, erschütterte ihn das Klavierspiel der Mutter so sehr, daß er in Tränen ausbrach — das öffnete die Schleusen des Gefühls; später, als er aus einem Brunnen gerettet worden war, entdeckte er, vor dem Feuer stehend, seine »Nacktheit«; und als er seinen Vater in einem Boot auf dem Meer beobachtete, empfing er einen Eindruck von dem Kampf und der Kraft, die in der Welt existieren. Im übrigen gab es wenig mehr, woran zurückzudenken sich lohnte. Die Volksschule hinterließ keine Erinnerungen; wie der größte Teil seiner Schulzeit war auch dies eine Zeit des »Gefangenseins«. Die Volksschule hatte »seine Fähigkeiten abgestumpft, seinen freien Eifer verringert, seine reiche Phantasie und sein angeborenes Mitgefühl ignoriert«. Dies vielleicht erklärt, warum das Kind auf die Erlösung durch das Leben auf der Farm hatte warten müssen, um vorwärtszukommen.

Auf Dörfern gibt es selten gute Erziehungsmöglichkeiten, und die Ein-Klassen-Schule zu South Reading konnte wenig für den unabhängigen Jungen tun. Das Leben im Freien bot mehr und machte ihn zu einem Müßiggänger auf der Flucht vor wesenloser Disziplin — sehr zum Vergnügen seines Großvaters, der so klug war, ihm einen eigenen Garten zu geben. Im ersten Winter, den er im Freien erlebte, beobachtete er die Eisbrecher und erschauerte beim Dröhnen des Eises. Als Tauwetter und Bäche den Frühling ankündigten, entdeckte er die Jahreszeiten, die er für selbstverständlich gehalten hatte, und reagierte auf das Mysterium der Erde — dieses bewegende, freudenreiche Drama der Erneuerung, von dem er als dem Gesang des Wachstums spricht. Dieses Erlebnis der »Lebensfreude« war eine schlechte Vorbereitung auf die Höllenfeuerpredigten, die er in der Kirche hörte. Er hatte das Gefühl, daß die Welt des Priesters »ganz und gar verdreht, verzerrt, grausam und verzuckert« sei, und er wies sie zurück, um späterhin stets die von der Natur ausgestrahlte Freude der von der Religion erzeugten Furcht gegenüberzustellen. Er achtete diese Religion für nichts: indem er immer mehr in die Natur eindrang, bildete er sich seine eigene Religion.

Der erste Gegenstand, zu dem er »wurde«, war eine riesige, einsame Esche. Dieser gewaltige Baum auf dem Kamm eines Hügels war »s e i n Baum — sein großer Freund«, beschützend und väterlich. Er teilte bald seine Zuneigung mit einem andern Baum von unvergleichlicher Schönheit, einer prächtigen Ulme, die er als weiblich ansprach. Sein Großvater hatte ihn zur Beobachtung der erwachenden Welt angeregt — und so »wurde« er auch zum Sonnenaufgang. Er verbrachte die Tage seines Müßiggangs damit, sich selbst zu unterrichten — am Weiher und im Garten, wo er spürte, wie die Blumen wuchsen; er wanderte zum Dorf, um den Arbeitern und Handwerkern zuzuschauen — »seinen starken Männern« —, und er lauschte den Märchen der irischen Magd. Er gründete sich ein angenehmes, ganz ihm eigenes Reich: auf einer Wiese an einem Sumpf, der umkränzt war von melancholischen Föhren, »in deren Betrachtung er sich für eine Weile versenkte, um dann festzustellen, daß soweit alles gut war«. Aber die Welt, die er sich geschaffen hatte, überlebte die Nachricht von seinem Müßiggang nicht: sein Vater rief ihn zu härterer Erziehung nach Newburyport.

Die Erziehung war nicht ungewöhnlich. Insgesamt erwies sie sich als bekömmlich, zum Teil wurde sie zum Sport. Sie begann um 5 Uhr morgens an der Stadtpumpe, wo der Junge kaltes Wasser trank. Es folgte ein Viertelmeilenlauf, ein rascher Spaziergang, und dann wurde im Meer geschwommen. Das Programm der körperlichen Ertüchtigung — Gymnastik, Laufen, Werfen, Schwimmen und Tauchen — wurde vervollständigt durch geeignete Diät und reichlichen Schlaf. (Die jungen Sullivans hatten später ihren Spaß an ähnlichen Übungen als Mitglieder eines Athletikklubs am Calumet-River. Aber bedeutungsvoller vielleicht ist Sullivans Bemerkung, daß er von dem Moment an, da er seinen Vater hatte nackt schwimmen sehen, »eine Vision von starken nackten Männern« hatte, »die außerordentliche Dinge mit ihren Körpern zu vollbringen imstande waren«.) Als der Vater auf die gefühlvoll-mystischen Neigungen seines Sohnes aufmerksam wurde, fügte er seiner Erziehungsmethode eine weitere, weniger anstrengende Disziplin hinzu: der Junge mußte die Schiffswerft besuchen und lernen, wie Männer in der realen Welt für große praktische Ziele zusammenarbeiten.

Das mystisch veranlagte Kind hatte lange von Kraft geträumt und starke Männer verehrt, aber plötzlich wurde es von dem Vorgefühl erschüttert, daß Kraft, bisher als gut empfunden, auch böse sein könne. Dieses Vorgefühl kam während eines Familien-Picknicks auf einem idyllischen Platz am Merrimack River. Der Junge war allein flußabwärts gewandert, hatte von seiner kleinen Welt in South Reading geträumt — seiner Wiese, seiner schlanken Ulme und der großen Esche — und verlor sich in dem Gedanken, daß er nun in einer größeren Welt sei — »zu groß für sein kleines Selbst, zu verwirrend für sein ungeschultes Gemüt«. Ganz versunken hatte er einen Hügel erstiegen und war in einen dunklen Wald hineingegangen. »Mittlerweile näherte sich unbemerkt etwas Großes, Dunkles; etwas Unheilvolles, Böses, das schweigend in ihm die Empfindung seiner Gegenwart weckte... Was war das? Er konnte es nicht sehen; er konnte es nicht herausfinden; er fühlte nur, daß es riesengroß, lang und dunkel war... Das dunkle Etwas kam immer näher und näher in der Stille, wurde breiter, trat undeutlich in Erscheinung, und dann

Die Eades Bridge, St. Louis, beendet 1874

wurde es ganz sichtbar — eine ungeheure, erschreckende Masse, die von Ufer zu Ufer über den breiten Fluß hing.«
Die Amesbury-Hängebrücke mit ihren massiven Steintürmen, ihren Ketten und Bogen beschwor die Vorstellung von Ungeheuern, Riesen und bösen Gestalten aus der Märchenwelt herauf. Den Jungen erfaßte Angst, von der der Vater ihn schließlich durch seine geduldigen und einfachen Erklärungen befreite. Den Platz der Angst nahmen ehrfürchtige Scheu und Liebe ein: Die Brücke wurde zu einem glanzvollen Symbol der wohltätigen Macht des Menschen. Aber das Wissen um die

schlimmen Möglichkeiten der Technik blieb. Niemals hatten ihn Gegenstände und Phänomene der Natur so beeindruckt. Vielleicht hatte Sullivan in dieser Erinnerung recht, wenn er die Natur mit der Vorstellung der intimen Welt des Kindes und die Technik mit der einer größeren, unbegreiflicheren, zudringlicheren Welt verknüpfte — das war letzen Endes eine mögliche Erklärung des 19. Jahrhunderts. Und hier, in Baum und Brücke, waren die Symbole der beiden Welten zu finden: der romantischen Natur und der technischen Wissenschaft, die in Einklang zu bringen er versuchen sollte. Die »aggressiven« wissenschaftlichen Lösungen von Ingenieuren, die er später an den Eads- und Dixville-Brücken bewunderte, mußten der höheren Vision des schöpferischen Künstlers dienen: Technik kann böse werden, wenn sie nicht vom Herzen dirigiert wird.

Seine Knabenjahre (sein achter Geburtstag beendete den Abschnitt der Kindheit) verlebte Sullivan in der Stadt — mit sommerlichen Zwischenspielen auf der Farm. 1863/64 verbrachte er einen öden Winter in Halifax, wo sein Vater eine Tanzschule eröffnet hatte; im Frühjahr 1864 kehrte er auf die Farm zurück. Und im Herbst nahm er seine Studien an der Brimmer School in Boston wieder auf. Dieser Wechsel, so sagt er, hatte unheilvolle Auswirkungen: »So, als schleppe man eine blühende Pflanze aus freier Luft in einen dunklen Keller und kerkere sie dort ein... Mehltau befiel ihn, und Blätter und Knospen des Strebens fielen von ihm ab.« Die Schule mit ihrer »geheiligten Unterdrückung und Routine« war immer noch ein Gefängnis. Der Lehrer, nach dem er sich sehnte — einer, der ihn hätte von seiner Ziellosigkeit befreien können —, kam nicht. Mit Groschenromanen und romantischen Abenteuererzählungen fütterte er seine Phantasie. Als er seine neue Umgebung erforschte, empfand er in ihr eine neue Macht, und zwischen dieser und der Macht, die er im Ablauf der Jahreszeiten erlebt hatte, spürte er »einen großen mysteriösen Gegensatz« — einen Gegensatz, der seine späteren Bewegungen zwischen Chicago und dem Landhaus in Ocean Springs, die Struktur der *Kindergarten Chats* und den psychologischen Gehalt erklärt, den er den Worten »feudalistisch« und »demokratisch« gab. »In der Natur war alles frei, weit und leuchtend«, so erklärt er, »in der Stadt war Enge, Gedrängtheit, Begrenzung und eine grausame Konzentration.«

Ein günstiges Ergebnis seiner Stadtspaziergänge war sein wachsendes Interesse an der Architektur. Zu der Zeit, als er zwölf Jahre alt war, wurden Gebäude zu Persönlichkeiten, und eines besonders — der Freimaurertempel (Tremont und Boylston Street) — gewann seine Liebe und wurde zu einem städtischen Ersatz für die Ulme. Jetzt wurde der Architekt, der »aus dem Kopf« Häuser macht (Sullivan gebraucht Ruskins Worte, um Ruskins Ansicht über Ursprünglichkeit umzudrehen), zum eigentlichen starken Mann, und mit charakteristischer Bestimmtheit kündigte der Junge an, daß er Architekt zu werden wünsche. Sein Vater war einverstanden und versprach zu helfen. So wurde, als die Familie im Jahre 1868 den letzten Umzug (nach Chicago) machte, der Junge bei den Großeltern zurückgelassen. Er sollte seine Schulbildung abschließen und Karriere machen.

Dieses Ziel vor Augen — aber vielleicht ebenso stark angespornt durch die augen-

blickliche Freiheit und auch weil ihm das neue Gebäude der Rice Grammar School gefiel —, arbeitete er mit ungewöhnlicher Intensität. Er erkannte, daß Bücher »Werkzeuge des Geistes« seien. In der Grammatik überschritt er die Schwelle zwischen rein mechanischer Übung und wirklichem Verständnis und gewann die plastische, flüssige, lebendige Kraft der Sprache. Er fand auch heraus, daß er gut über seine eigenen Erlebnisse schreiben konnte. Aber der Lehrplan war selten »romantisch« oder ansprechend: »Das Geschichtsbuch interessierte ihn nicht besonders, weil die Leute, die beschrieben wurden, nicht menschliche Wesen zu sein schienen wie diejenigen, die er kannte, und weil die Geschichte meistens von Kriegen handelt.« Akzent und Klage waren diejenigen von Huck Finn — genauso wie die heldenmütige tägliche Fahrt des Jungen von der Farm zur Stadt »in den längstvergangenen Tagen« gern akzeptiert wurde. Er wuchs aus beidem heraus und bestand im Juni 1870 die Prüfung mit Auszeichnung.
Während des Sommers 1870 entwickelte er sich aus einem Knaben zum Jüngling. Der Übergang zeichnete sich ab in einer Reise nach dem Westen, in der Ausweitung einer sich öffnenden Welt und einer Liebesaffäre. Großvater List hatte den Wunsch, seine Tochter Jennie, die in Lyon Falls wohnte, zu besuchen, und Louis erhielt die Erlaubnis, ihn zu begleiten. Es war die erste Reise des Knaben — vom Erzähler geschickt benutzt als Lehrfabel eines plötzlichen Erwachsenseins, aber auch zur Darlegung seiner lebenslangen Gewohnheit, das Land zu studieren.
In den Berkshires hatte er zum erstenmal das Erlebnis des Gebirges — der Erhabenheit. Für ihn inszenierte der Zug, der die Berge überwand, ein Schauspiel der Macht, in dem die Technik (immer noch ein Riese) als etwas Gutes auftrat: »Der Mensch hatte mit seiner Macht... das geheiligte Gebiet dieser sich türmenden Berge betreten..., hatte sie wie ein Riese in die Hand genommen. Er hatte einen Pfad gemacht, Schienen gelegt und Maschinen gebaut, damit andere sie passieren könnten.« Der Hudson River bei Albany beeindruckte ihn nicht, und die Brücke, die ihn überquert, war seinem Gefühl nach sklavisch und armselig. »Warum«, fragt der Erzähler im Tonfall des Knaben, »konnte eine Brücke ihre Aufgabe nicht mit Stolz vollbringen?« Und die Antwort des Erzählers, der einmal eine ähnliche Frage in bezug auf Wolkenkratzer gestellt hatte, ist folgende: »Er empfand tief, daß des Menschen erstaunliche Tatkraft im Rahmen der Schicklichkeit und der Vernunft eng verbunden sein sollte mit der R o m a n t i k der Tat... Diese bösartige Brücke war eine Verleugnung der besten Eigenschaften des Menschengeschlechts.«
Das Mohawk Valley stillte seine Unruhe. Die Welt tat sich plötzlich auf in ein weites Gebiet niedriger Hügel, und dem Knaben erschienen die Werke des Menschen gering vor der Kraft der Erde, die sich hier enthüllte. Nach einer Nacht in Utica, dessen »satte Selbstzufriedenheit« sich in Art und Weise von der New Englands unterschied, fuhren sie weiter nach Lyon Falls, einem trübseligen Nest in »echt amerikanischem Stil, im vorherrschenden Geist der Häßlichkeit...«.
Während der Reise erzählte Großvater List dem Jungen von den Charakterzügen, deren Entwicklung er von Kindheit an beobachtet hatte, und warnte ihn vor den Gefahren des Jünglingsalters. Er dachte nicht an Minnie Whittlesey — viel eher an des Knaben Idee der Kraft, die, wie er fühlte, in dieser Periode der Veränderungen

sich ebenso auf Zerstörung richten konnte wie auf Gutes. Von Minnie, einer jungen Dame von 18 Jahren, war in einem Zeitalter der Vornehmheit nichts zu fürchten. Und wenn Liebe eine Macht ist, dann konnte ihre Sublimierung hier – in diesem tiefstempfundenen Abschnitt von Sullivans Erinnerungen – zeigen, wie auch zerstörerische Kräfte unterdrückt oder umgeformt werden können. Minnie beherrschte ihren Kavalier; sie äußerte sich frei in der wunderbar unbekümmerten Vertraulichkeit der Jugend; und sie eroberte durch Liebe. Aber dieses Verhältnis war kaum erotisch: Minnie war die Mary Jane seines Huck Finn. Der Erzähler sagt, daß sie »das einzige wahre Menschenwesen war, das er jemals gekannt hatte«; »sie war aus dem Unsichtbaren gekommen, um seine Märchenkönigin zu sein«. Und wenn er hinzufügt, daß »es jetzt scheint, als stehe ein halbes Jahrhundert still«, so wundert man sich über beides – die Tiefe seines romantischen Gefühls und den Beweis seiner Beständigkeit.

Natürlich: er war noch nicht ganz vierzehn. Er war ebenso zu den männlichen Wildnisabenteuern von Brown's Tract wie zu ritterlichen Spielen bereit. Teilweise war er auf den urwüchsigen Wald vorbereitet durch die Lektüre von Mayne Reid und Fenimore Cooper, und er begrüßte die Einladung zweier Farmerjungen, mit ihnen zu kommen. Die Zehntagereise war anstrengend und denkwürdig; Sullivan beschreibt sie kurz, aber mit einer Unmittelbarkeit, die einen an Thoreaus *The Maine Woods* erinnert. Diese Fahrt bedeutete viel für ihn: sie war ganz offensichtlich bildend und ein notwendiger Teil der Erziehung eines a m e r i k a n i s c h e n Architekten. Er kommt auf sie erneut zurück im 17. Kapitel der *Kindergarten Chats*. Sie war der Höhepunkt eines Sommers, der hinwiederum alle seine früheren Naturerlebnisse zu einem Höhepunkt gebracht hatte. Solche Erlebnisse, so erklärte er, »vermittelten eine feste und gesunde Grundlage für den herrischen freien Geist, der sich kraftvoll im Freien bewegt...«.

Der Knabe wurde sich dieser Kraft, die er in sich trug, im Herbst des Jahres 1870 bewußt, als er schließlich einen Lehrer fand, der ihm zeigte, daß wahre Freiheit in der Beherrschung der Kraft liegt. Henri Lists Sorge um den Jungen, den er sich selbst überlassen hatte »aus Furcht, der Natur ins Handwerk zu pfuschen«, war nicht grundlos, aber überflüssig. Moses Woolson, Lehrer an der Boston English High School, bändigte Louis' Kräfte.

Woolson, der nur durch die *Autobiography* bekannt ist, war Sullivans erster wirklicher Lehrer – und der größte. Unterrichten war für ihn eine heilige Berufung, an deren Verantwortung er sich selbst und seine Schüler gebunden hielt. Er lehrte sie eine Disziplin der Ruhe, der strengen Aufmerksamkeit, der Wachsamkeit, des Zuhörens (der ganze Mensch zum Horchen bereit), der Beobachtung, Überlegung und Unterscheidung – mit Sullivans Worten »eine Selbstdisziplin der eigenen Kraft«. Er öffnete ihnen die Augen für vieles: für die Symbolik der Algebra, die Exaktheit der Geometrie, für die Geheimnisse der Mineralogie und der Botanik – für das Verhältnis zwischen Funktion und Struktur, für die schöpferischen Bereiche der englischen Literatur. Er setzte ihnen die Idee der Kultur auseinander – den Ausdruck des Genius oder innersten Wesens eines Volkes – und empfahl Taines *English Literature*. Er machte sie bekannt mit Asa Grays *School and Field Book of Botany* (dem ständigen Leitfaden Sullivans) und mit Gray selbst. Vieles, was Sullivan Woolson zuschreibt — dies gilt besonders für die Psychologie seiner Disziplin —, war vermutlich das Ergebnis von Sullivans eigener gereifter Psychologie (siehe *Natural Thinking).* Aber der Anstoß, den er von diesem kämpferischen und aufopferungsbereiten Mann erhielt, war ungeheuer. Sullivan formte sich selbst nach seinem Leitbild, was besonders deutlich wird in den *Kindergarten Chats*, wo er das Verhältnis Schüler — Lehrer dramatisiert. Denn Woolson »überragte nicht nur als Mann, sondern auch als L e h r e r der Jugend«.

Das Jahr mit Woolson war das entscheidendste in Sullivans Entwicklung. Mit zwölf Jahren war er ein »Faselhans« gewesen — »reich an Impulsen, aber bar jeder Ordnung, Form, Zielstrebigkeit«. Jetzt, wo er vierzehn Jahre alt war, war das Beste an ihm — die Kraft seines Denkens, Fühlens, Handelns — ausgebildet und konzentriert. Er war geformt worden, und nun war er bereit, mit Erfolg voranzugehen, selbst wenn der Weg seiner ferneren Erziehung voller Windungen sein sollte.

Das Jahr war nicht ganz und gar glücklich gewesen. Großmutter List starb im April 1871. Die Farm wurde verkauft, und Henri List zog nach Philadelphia, um bei seinem Sohn zu wohnen. Der Knabe blieb zurück bei den John Tompsons, denen die Nachbarfarm gehörte. George Tompson, sein Freund aus den Kindertagen, studierte jetzt am Massachusetts Institute of Technology; er ermutigte Sullivan, dessen zweites Jahr auf der English High School durch die »virtuose Routine« eines konventionellen Schulmeisters verdorben wurde, sofort zur »Tech« überzugehen. Sullivan bestand die Aufnahmeprüfung, und im Herbst 1872 begann sein eigentliches Fachstudium, das aber ebenfalls nur von kurzer Dauer sein sollte.

Ein Ergebnis des Zusammenlebens mit den Tompsons war, daß Sullivans Ausbildung in Architektur durch Musikerziehung ergänzt wurde. John Tompson, der dem Jungen ebenfalls etwas über gute Lebensweise beibrachte, nahm ihn zu Oratorien mit. Sullivan reagierte mit Begeisterung; denn hier war ein weiterer Beweis für die Macht des Menschen: der Komponist nahm Musik »aus dem Nichts«. (Sullivan teilte Whitmans Entzücken über die menschliche Stimme. Musik und Architektur vereinigten sich in seinen Ornamenten, und es ist ganz passend, daß in dem Auditorium Building die Architektur der Musik eine Heimstatt gründet.) Aber John Tompson vertrieb die »musikalische Welt der Bezauberung, in der einfacher Glaube die wahre Substanz, der wahre Wert gewesen war ..., und ersetzte sie ... durch eine Welt der Tatsachen und der Technik«. Im Plan der Erziehung repräsentiert er den Intellekt ohne die belebende Kraft der Vorstellung; er machte Sullivan mit der »Kulturwelt ..., der intellektuellen Zergliederung« vertraut, mit Theorie, Worten, der »Tyrannei der Regeln«. Eine ähnliche Bildung — oder Ver-Bildung — war dann die auf dem Technischen Institut.

Die Architekturschule an der »Tech« war neu — sie war im Jahre 1865 eröffnet worden —, aber die Art des Unterrichts war alt und importiert. Der Professor der Schule, William R. Ware von Ware & Van Brunt, den Architekten der Memorial Hall in Cambridge, hatte zusammen mit Richard Hunt studiert, dem ersten Amerikaner, der an der Ecole des Beaux Arts ausgebildet worden war. Wares Assistent,

dem der größte Teil des Unterrichts übertragen war, hatte vor kurzem die Prüfung abgelegt und war Schüler von Emil Vaudremer. Sie lehrten die fünf Regeln der Architektur und die historischen Stile, einen — nach Sullivans Aussage — »Mischmasch architektonischer Theologie«. Sullivans heftige Reaktion gegenüber diesem »Friedhof von Regeln und Stilen« wird unterstrichen durch seine Vorlesungsnotizen, die sorgfältig begonnen wurden und abrupt nach 22 Seiten enden — vielleicht um die Zeit, da er seine Aufmerksamkeit dem Turm der New Brattle Street Church von Richardson zuzuwenden begann. Den Fehler, den er in diesem Unterricht gefunden hatte, macht er deutlich, indem er Ware als »nicht schöpferisch genug, um leidenschaftlich zu sein« schildert. Denn Ware — wenn er auch später Sullivan seinen größten Auftrag sichern half — vertrat nicht nur den traditionellen Architektur-Unterricht, sondern auch die brahmanische Vorstellung von Kultur, gegen die Sullivans Leben eine schreiende Auflehnung war.
Sullivan beendete das akademische Jahr und wandte sich dann nach Philadelphia. Er fand eine Stelle bei der Firma Furness & Hewitt, deren Arbeit ihn anzog. George Hewitt, ein vornehmer Anglophile, der »viktorianische Gotik in ihren Pantaletten machte«, war nicht verantwortlich für die kühnen und frischen Bauten der Firma. Sie waren das Werk Frank Furness', des Sohnes von Reverend William Henry Furness, der ein Leben lang Emersons Freund war. Furness war ein Original, er verachtete die Schulen und verarbeitete viele Stile frei — er »machte« in der Tat »Gebäude aus dem Kopf«. Sullivan, der Furness bewunderte und dem die ruhige Atmosphäre des Büros gefiel, lernte viel während dieser ersten Lehrzeit, die leider durch die Unruhen von 1873 beendet wurde. (Er verstand weder damals etwas von Börsenkrisen noch 20 Jahre später, als neue Krisen die Ursache der Auflösung seiner Partnerschaft mit Adler wurden. Er lernte von Veblens *The Theory of Business Enterprise*, wie solche Unruhen heraufbeschworen wurden. So war der Ansturm auf die Bank im Jahre 1873, den er von einem Bürofenster aus beobachtete, in der Erinnerung erschreckend. Wie die meisten der Krisen, von denen er berichtet, entstand auch diese im Osten.) Er ging nach dem Westen, zu seiner Familie nach Chicago.

Im Jahre 1873 war Chicago eine Stadt mit 300 000 Einwohnern, die aus ihrer kürzlichen Katastrophe, dem Brand von 1871, neu erstand. Sullivan, der später ihre Geschichte studierte, das Stadtgebiet und die Landschaft erkundete, nannte sie eine »Gartenstadt«. Diese Stadt — und mit ihr die Möglichkeit eines demokratischen Gemeinwesens — war, so glaubte er, »für immer in den Flammen dahingegangen«. Denn von dem Brand an rechnete er mit einer neuen Ära der Handelsherrschaft. Darauf bedacht, zu wachsen, blieb die neue Stadt roh und unfertig; die Bauunternehmen bauten hastig und maßen ihr Werk nach Meilen; die Kirchtürme, die die Silhouette verschönert hatten, wurden verdeckt; und wenn auch die Prärie und der See blieben und die Vision der Stadt heraufbeschworen, »so lag doch die Stadt ausgestreckt und häßlich da wie ein Kaliban«.
Diese Stadt war — wie auch andere — der Rahmen für Sullivans Triumphe als Architekt. Da sie ihre Einwohnerzahl jedes Jahrzehnt verdoppelte, wucherte sie an der Peripherie und verdichtete sich im Zentrum — dem »Ring« (»Loop«) —, das

in den nächsten 20 Jahren »das Zentrum architektonischer Entwicklung nicht nur für die Vereinigten Staaten, sondern für die gesamte Welt« wurde. Sullivan, der zuerst bestürzt war über die Häßlichkeit der Stadt, lernte später sein eigenes Kraftgefühl mit dem Drama von Kraft und Willen zu identifizieren, in dem er sich selbst befand. Er glaubte, daß die Männer, die Chicago wiederaufbauten, eine »Vision« hatten; er bewunderte ein stolzes Volk, das »es unternahm, zu tun, was es wollte und wovon es träumte«. Lange nachdem die Stadt wiederaufgebaut war, sollte er diese Vision anzweifeln.

Unter den prominenten Bauherren der neuen Stadt war Major William Le Baron Jenney, Louis' erster Auftraggeber. Ingenieur während des Bürgerkriegs, sollte Jenney eine bedeutende Rolle beim Aufstieg der Chicago School spielen; aber offensichtlich beeindruckte er Sullivan lediglich als Bonvivant. In Jenneys Büro traf Sullivan jedoch einen Lehrer, dessen Einfluß so gelegen kam und vielleicht genauso groß war wie der von Moses Woolson: dieser Lehrer war John Edelmann, der Werksleiter.

Wie Woolson, scheint auch Edelmann durch nichts anderes bekannt geworden zu sein als durch das, was Sullivan erzählt. Sein Name erscheint nirgends in den Berichten der lokalen Baugesellschaften, obwohl er sich eine Zeitlang als Architekt niedergelassen hatte. Sullivan, der einmal schrieb: »Mein Ruf als Architekt wird stets geringer sein als der seine«, erklärt vielleicht Edelmanns Erfolglosigkeit, wenn er ihn als einen Umherschweifer charakterisiert. Er schweifte umher – von Firma zu Firma, von der Architektur zur Landwirtschaft; aber die Tatsache, daß er auch in den Bereichen des Denkens umherschweifte und gern sprach und belehrte, machte ihn zu einem anregenden Lehrer. Er war vierundzwanzig, sieben Jahre älter als Sullivan, den er zu seinem Gefährten und Schützling gemacht zu haben scheint. Sullivan bemerkt, daß Edelmann über Banknotenkurse und Ledigensteuer sprach, daß er etwas von Philosophie (»Die höchsten Transzendentalismen der deutschen Metaphysiker«), Psychologie und Sozialtheorie verstand. Er machte Louis mit Carlyle und Wagner und der deutschen Kultur Chicagos bekannt. Er weitete Sullivans Idee der Funktion aus, verweilte zuerst flüchtig beim Studium der Botanik, bei der Erklärung seiner eigenen Theorie der unterdrückten Funktionen – der psychologischen und metaphysischen Ursachen der Triebe (wie Sullivan die Funktionen ebenfalls nannte), die Formen notwendig machen. Genauso von Bedeutung war, daß er Louis zum Lotos-Club am Calumet River brachte, wo er sein Bootshaus mit ihm teilte. Sullivan erinnert sich, daß er »toll vor Freude über dieses neue Leben« war.

Weder Edelmann noch Sullivan gehörten zu den besten oder eifrigsten Athleten des Lotos-Clubs; sie nahmen sich allzu häufig Zeit, um sich weiterzubilden. Sullivan erwähnt in seiner *Autobiography* weder diese Unterredungen im Freien noch daß er, der er seinen Sinn für Verantwortung als Lehrer Woolson verdankt, die Art der Belehrung (wie in den *Kindergarten Chats* angewandt) Edelmann verdankt. Über diese lebensnähere Ausbildung berichtet das Notizbuch Sullivans aus der »Tech«. In diesem Buch sind Skizzen und Studien von Edelmann und Sullivan enthalten sowie eine Bücherliste – vorgeschlagen von Edelmann –, die Sullivan mit einer All-

23

gemeinbildung auf den Gebieten der Poesie, der Romanliteratur, der Wissenschaft und der Körperhygiene versorgte. Die Bücher von Spencer, Jevons und Tyndall kennzeichnen den Beginn dieser ausgedehnten Lektüre auf dem Gebiet der Wissenschaft seiner Tage.
Die Art der Unterredungen ist vielleicht am besten aus zwei Dialogen ersichtlich — zwei Essays, in denen Edelmann die Fragen seines »schmarotzerischen« Schülers beantwortet. In dem einen, in dem die Probleme einheimischer Kunst diskutiert werden, macht sich Edelmann über den patriotischen Nationalismus lustig und wendet sich statt dessen zu der grundlegenden Frage nach dem Wesen der Kunst. »Kunst«, sagt er, »ist ein edler Gedanke, der edlen Ausdruck findet... Die Idee und nicht nur die Darstellung ist es, was einem Kunstwerk ständigen Wert verleiht.« (Sullivan behandelte später grundlegende Probleme auf ähnliche Weise, und wenn Idee zur Idee einer Persönlichkeit wird, so ist Edelmanns Definition der Kunst auch die seine.) Der andere Essay, der entstanden war durch die Frage der Dekoration, ist eine gelehrte Diskussion über die Einheit (»die Fähigkeit, Zusammenhänge zu erblicken, ist den höchsten Geistern vorbehalten«) und über den Zusammenhang zwischen der Entwicklung der Kunst und der Religion. All das muß Sullivan im Sinn gehabt haben, als er von Edelmanns unerreichtem psychologischem Scharfsinn sprach, denn wenn auch Edelmanns Pädagogik so alt war wie die des Sokrates, so war ihre Anwendung in den 70er Jahren des 19. Jahrhunderts doch neu.
Die Ausbildung im Lotos-Club schloß noch eine andere ein — und zwar die kürzeste. Im Juli 1874 fuhr Sullivan nach England; sein Endziel war die Ecole des Beaux Arts in Paris. Dies war seine einzige Reise nach Europa, und sein Kommentar darüber läßt die charakteristische amerikanische Verquickung entgegengesetzter Gefühle erkennen: die englische Landschaft, »gereift und mit der Sanftheit, dem Samt, dem Flaum von Alter und Tradition«, war ein »vollendetes Land«; hier war gefestigt, was in Amerika locker war. London sprach anders zu ihm: es sprach von »massivem Alter«, und über die Elenden des Haymarket war er ebenso schockiert, wie Melville es über die von Liverpool gewesen war. Sein endgültiger Eindruck scheint der von »Straffheit« gewesen zu sein. Dann aber fand er Verwandtschaftliches — zumindest beim Rückblick — zwischen London und Boston; und Paris, zu dem er eine heftige Neigung faßte, scheint für ihn Chicago ähnlich gewesen zu sein. Seine Einwohner erinnerten ihn an »seine eigenen Leute« im Mittelwesten. Der Geist der Stadt war eher jugendlich als alt — das schloß er aus dem »Kinderglück«, das er im Jardin du Luxembourg beobachtete und das für den Philosophen des Kindes der »Kinderschlüssel« zu Frankreich war.
Sullivans Erfolg bei den Aufnahmeprüfungen ist ein Vorspiel zu seinen späteren Siegen zu Hause. Kein anderer Abschnitt der *Autobiography* ist so ungestüm, so offensichtlich ohne Zurückhaltung. Es ist natürlich, daß der Erzähler noch einmal eine der kritischsten Prüfungen der Jugend nacherlebte: wie ein unschuldiger Junge in Flanellanzug, weißer Mütze und weißen Leinenschuhen nicht nur ein richtiger Dandy (mit »Milchbart«) wurde, sondern auch in sechs Wochen seine dürftige Vorbereitung in Französisch, Geschichte und Mathematik ergänzte und siegreich aus der drei Wochen währenden Feuerprobe des darauffolgenden Examens hervorging.

Chicago Auditorium, 1886—1889 (siehe auch S. 126, 127)

Dieses Eigenlob ist entschuldbar, da es gerechtfertigt ist; sein Erfolg war ein Tribut an die geistige und physische Disziplin, die er bei Woolson und seinem Vater gelernt hatte. Und vielleicht hatte er unbewußt den Versuch gemacht, Richardson zu überflügeln, dessen früheren Erfolg an der Ecole des Beaux Arts Mrs. Rennselaer so hoch gepriesen hatte.
Sullivan hüllt sich über die Dauer seines Aufenthalts in Schweigen. Es wäre eine Abschwächung gewesen, hätte er — nach dem atemberaubenden Bericht über die Prüfung — zugegeben, daß er nur während einer Kollegienperiode an der Ecole des Beaux Arts geblieben war. Ein Architekt, der sich über akademische Ausbildung lustig gemacht hatte, hätte durch ein solches Geständnis seine Stellung geschwächt; denn nur wer Erfolg hat, darf ungestraft kritisieren. Statt dessen füllt er das Kapitel mit einem Bericht über seine Selbstausbildung.

Etwas von dem, was er an der Ecole des Beaux Arts gelernt hatte, ist auf den Zeichnungen zu sehen, die er für ein Dreimonatsprojekt anfertigte — das einzige Projekt, das er im Atelier von Emil Vaudremer vollendete. Was er im Quartier Latin lernte, geht gleichfalls hervor aus einem Brief an seinen Bruder (»Der Can-Can... in gewöhnlichen Kleidern ist einfach abscheulich...«); damit wird Frank Lloyd Wrights wiederholte Behauptung, daß Sullivan sich in Paris schlechte Gewohnheiten — vielleicht sogar mehr — angeeignet habe, Lügen gestraft. Er lernte viel aus seiner Vorbereitung in Mathematik bei M. Clopet: einen Beweis mit einer persönlichen Behauptung zu beginnen (Methode der *Kindergarten Chats*), Abstraktionen und die Starrheit der Logik zu scheuen und dennoch an mathematischer Vorstellung Freude zu finden und — Ziel seiner eigenen Suche nach einem architektonischen Gesetz — ein Gesetz zu finden, »so weit, daß es keine Ausnahme gestattet!«.

Zu dieser Zeit scheint er gelernt zu haben, die Geschichte zu beleben und auf seine reife Art auszulegen; denn er lieferte nicht nur dramatische Abhandlungen über Biblische und Renaissance-Geschichte, sondern erklärte auch seinem Prüfer, daß er keine Sympathie für die römische Zivilisation empfinde, daß er sich »einer Zivilisation fremd fühle, deren Ruhm sich auf Gewalt gründe«. Einen großen Teil seiner Zeit bestimmte er für den Besuch von Museen und für dem Architekturstudium gewidmete Ausflüge; und er setzte seine Lektüre fort, die hauptsächlich der Kunst- und Musikgeschichte galt. Taines Buch *The Philosophy of Art* erwies sich als höchst bedeutend, ebenso die Studien über die Kunst in Griechenland, Italien und den Niederlanden, in denen Taine seine soziologische Methode durch Beispiele belegt und seine Hauptidee wiederholt — nämlich: daß die Kunst das Leben eines Volkes widerspiegele.

Durch Taine wurde auch Sullivans Reise nach Italien angeregt — eine Reise, die vermutlich unternommen wurde, um des Kritikers Behauptung nachzuprüfen, daß das »Jüngste Gericht« in »momentum« entstanden sei. Sullivan reagierte nicht so sehr auf Italien wie vielmehr auf den Genius und die Persönlichkeit Michelangelos. Im Anblick des Werkes des »ersten mächtigen Künstlers« gehen der Knabe und der Erzähler auf wie nirgends sonst in der *Autobiography*.

Hier war der »glorreiche Mann« seiner Kindheitsträume: der Übermensch, von dem er später bei Nietzsche lesen sollte; Carlyles Jasager; Whitmans »freier Geist des Menschen, der im Freien schweift«. Hier, so sagt er, wurde ihm überzeugend klar, daß Vorstellung über die Vernunft hinausgeht. Hier spricht er zum erstenmal mit Bestimmtheit von der »Wohltätigkeit der Kraft«. Hier verschmelzen alle aus der Natur empfangenen Eindrücke seiner Jugend in eine Offenbarung der Natur und eine Berufung der Kunst. Und hier schließt er bezeichnenderweise — nach vielen Seiten ohne diesen Refrain — mit den Worten: »Es war einmal ein Kind, das ging vorwärts.«

Unzweifelhaft war dies das überwältigende Erlebnis der in Europa verbrachten Monate. Sullivan benutzt es geschickt, um seine reifen Vorstellungen vom Menschen, von der Geschichte und der Architektur zu kristallisieren: Architektur ist nichts Festes, sondern »etwas, was ständig und unaufhörlich aus der unendlich fruchtbaren Vorstellungskraft des Menschen strömt, hervorgerufen durch seine

wechselnden Bedürfnisse«. Und mit diesen Begriffen im Sinn erklärt er seine Befürchtungen hinsichtlich der Ecole des Beaux Arts – ihrer »Künstlichkeit«, ihres »Mangels an ursprünglicher Inspiration«. 1904 schrieb er an Claude Bragdon, daß er – anders als viele andere amerikanische Architekten – eine günstige Ausbildung an der Ecole des Beaux Arts erhalten habe, da er sich ihre besten Prinzipien hätte aneignen können: die Theorie des Entwurfs; einen intellektualisierten oder manipulativen, aber doch wertvollen Begriff von Funktion und Form; den Wert des logischen Denkens. Und er erklärt kurz, was in der *Autobiography* in aller Länge erklärt wird, nämlich: warum die Ausbildung an der Ecole des Beaux Arts ihn nicht, wie so viele andere, verdorben habe. »Die Schule war für mich kein Anfang. Mein wirklicher Anfang war, als ich, sehr jung noch und sehr viel im Freien lebend, Eindrücke von den wechselnden Aspekten der Natur empfing, die so tief und eindringlich waren, daß sie bis zu diesem Tag standhielten... Daher trat ich in die Schule schon mit einer gewissen gefestigten geistigen Haltung ein... und mit einem gewissen vagen Bewußtsein und Willen, daß ich eines Tages ganz unbedingt mich selbst auf meine eigene Art ausdrücken müsse. Die französische Logik trug zweifellos dazu bei, daß dieses Streben einen Brennpunkt erhielt.«
Im Frühjahr 1875 kehrte Sullivan nach Chicago zurück und nahm seine Ausbildung im Lotos-Club wieder auf. Angeregt durch die Beaux Arts und die technischen Erneuerungen von Männern wie Frederick Baumann[1], der vor kurzem das Problem des porösen Bodens der Gegend durch Verwendung isolierter Fundamente gelöst hatte, wandte er sich der Technik und der Wissenschaft zu. Er studierte Trautwines *Engineer's Pocket Book* und verfolgte mit Eifer in der *Railway Gazette* den wöchentlichen Fortschritt der Eads- und Dixville-Brücken. Er erkannte den echten Funktionalismus dieser streng wissenschaftlichen Strukturen und schätzte sie als Beispiele der wohltätigen Kraft. (»Die Idee, einen leeren Raum zu überbrücken, erschien ihm meisterhaft in Gedanken und Tat« – der Ingenieur war fast ebenso gottähnlich wie Michelangelo.) Er meisterte die wissenschaftliche Methode immer besser, weil er jetzt in ihr eine notwendige »Kraft der Lösung« sah. Gleichzeitig erweiterte er seinen wissenschaftlichen Horizont durch die Lektüre von Darwin und anderen Evolutionisten. Schließlich fand er in John W. Drapers bekanntem Werk *The Intellectual Development of Europe* mit seinen Kontrasten zwischen dem Zeitalter des Glaubens und dem der Vernunft die grundlegende Polarität seines eigenen historischen Gedankens: den Feudalismus zu bezwingen und die Demokratie frei zu machen; und er fand die Wissenschaft in der Vorhut der Freiheit (denn Draper selbst war Wissenschaftler, obgleich ein typischer Victorianer, der nach Glauben verlangte).
Mittlerweile begann er seine Architektenlaufbahn als Zeichner und Dekorateur. Im Winter 1875/76 gab Edelmann, der mit Joseph Johnston eine Partnerschaft eingegangen war, Sullivan den Auftrag zum Entwurf der Fresken für die Sinai-Synagoge in der Indiana Avenue und der Twenty-First Street; und im Frühjahr

---

[1] Der Deutsche F. Baumann spielte eine bedeutende und anregende Rolle in der Architekturdiskussion jener Zeit.

1876 beschäftigte ihn Edelmann mit den mehr polemischen Fresken des Moody Tabernacle. Der erste Auftrag machte wahrscheinlich Dankmar Adler auf Sullivan aufmerksam; denn Adler soll die Synagoge entworfen haben. Der zweite Auftrag, der von einer vorsichtigen Gemeinde viel diskutiert und in den Zeitungen kommentiert wurde, brachte dem 19jährigen Künstler weitere Beachtung.
Die Firma Johnston & Edelmann überlebte diese flauen Jahre jedoch nicht. 1877 ging Edelmann nach Iowa, um sich mit Landwirtschaft zu beschäftigen. Sullivan übernahm andere Arbeiten und machte durch kluge Schritte seinen Weg nach oben. Es war noch Edelmanns Verdienst, daß schließlich Adler auf ihn aufmerksam wurde; denn Edelmann führte Sullivan 1878 (1879?) bei Adler ein, als er die Arbeit im Büro von Burling & Adler wiederaufnahm. Als Adler 1879 seine eigene Firma gründete, schob Edelmann seinen Schützling wieder vor. Adler, 12 Jahre älter als Sullivan, war wohlsituiert und hatte eine Kundschaft, die aus soliden jüdischen und deutschen Kaufleuten bestand. Er hatte während des Bürgerkrieges technische Erfahrungen gesammelt und wurde in Berufskreisen wegen seines technischen Könnens und seiner Führereigenschaften geschätzt. Er brauchte einen Designer. 1879 engagierte er Sullivan, der seine Fähigkeiten beim Entwurf der Central Music Hall, der Borden Residence, des Borden Block bewies.
Der freundliche, patriarchalische Adler, dem Sullivan viel verdankt und dem er in der *Autobiography* einen herzlichen Tribut zollt, schlug bald eine Partnerschaft vor.

Die Partnerschaft, die 1881 geschlossen wurde, bildet den Höhepunkt der *Autobiography*. Jetzt, als »flügger Architekt vor der Welt«, fühlte Sullivan, daß er endlich beginnen konnte, seine »gesunde Philosophie ... lebendiger Architektur« anzuwenden. Diese Philosophie gründete sich auf ein Gesetz, das er für sich selbst im Studium der Natur wiederentdeckt hatte und das besagt, d a ß d i e F o r m d e r F u n k t i o n f o l g t. Aber dank seinem Genie erkannte er, daß dieses Gesetz vitalen Ausdrucks ein noch größeres Anwendungsgebiet hat. In den folgenden Jahren, in deren Verlauf er die Idee entfaltete, benutzte er sie nicht nur als ein Werkzeug für soziale und geschichtliche Analyse — er erweiterte und vertiefte sie und machte aus ihr eine Philosophie des »Menschen und seiner Kräfte« und eine Bibel der Demokratie.

Die Musen Europas

> »Über Architektur zu diskutieren
> und das Leben zu ignorieren, ist frivol.«
> *Sullivan, 1905*

Im Jahre 1837, während einer Periode glühenden Nationalismus, hielt Ralph Waldo Emerson eine Ansprache *über den amerikanischen Gelehrten* vor der Phi Beta Kappa Society in Cambridge. Nachdem er bereits in *Nature* (1836) eine Philosophie der Natur und des Menschen dargeboten hatte, die die amerikanische Kultur befreien und die Ursprünglichkeit des amerikanischen Künstlers fördern sollte, rief er nun aus: »Herr Präsident, meine Herren, dieses Vertrauen in die unerforschte Macht des Menschen ziemt — gemäß allen Motiven, allen Voraussagen, aller Vorbereitung — dem amerikanischen Gelehrten. Wir haben zu lange auf die artigen Musen Europas gehört. Der Geist des freien amerikanischen Mannes wird schon verdächtigt, furchtsam, nachahmend, zahm zu sein. Öffentliche und private Habsucht machen die Luft, die wir atmen, dick und ölig. Der Gelehrte ist sittsam, schlaff, gefällig.«

1843 schrieb Horatio Greenough in *American Architecture*: »Wir haben gehört, daß die in den Dingen der Kunst Erfahrenen die Meinung zum Ausdruck bringen, unsere Vereinigten Staaten seien dazu bestimmt, einen neuen Stil der Architektur zu formen. Da wir uns daran erinnerten, daß eine riesige Bevölkerung, reich an Material und geleitet durch die Erfahrung, durch die Vorschriften und Beispiele der Alten Welt, im Begriff war, dauerhafte Strukturen für jede Funktion des zivilisierten Lebens zu bilden, hegten wir auch die Hoffnung, daß eine solche Kombination rasch zu schaffen sein werde. Aber«, fuhr er fort, »wir vergaßen, daß das Land zwar jung, die Bevölkerung jedoch alt war ... Wir vergaßen, daß die Republik fix und fertig dem Gehirn ihres Vaters entsprungen war ... Wir vergaßen, daß Vernunft die Wärterin des großen Sprößlings war.« Greenough stellte fest, daß »wir in unserem Eifer, uns etwas anzueignen, versäumt haben, anzugleichen und zu unterscheiden — nein: zu verstehen, daß, wenn auch Amerika aus den unergründlichen Tiefen der Vergangenheit die Geister der griechischen, römischen und gotischen Stile rief, diese seinem Ruf nicht Folge leisten würden!« Und er riet: »Laßt uns einen Versuch wagen auf die Gefahr der Zügellosigkeit hin ... Laßt uns die Natur befragen — in der Gewißheit, daß sie uns eine Fundgrube erschließen wird, die reicher ist, als die Griechen sie sich jemals erträumten — in der Kunst sowohl als in der Philosophie.«

1870 hielt Reverend William Henry Furness die letzte Ansprache bei der vierten Jahresversammlung des American Institute of Architects. Er sprach über die »Blutsverwandtschaft von Architektur und Natur« und zitierte, um das Gesagte zu unterstreichen, aus der 4. Stanze von Emersons *The Problem* die inhaltvollen Zeilen:

> »Denn aus dem inn'ren Kreise des GEDANKENS
> Sind diese Wunderwerke aufgestiegen ...«

Vielleicht hatte er das Werk seines Sohnes im Sinn, als er sagte, daß »es in diesem Lande verwegen ist, uns etwas vorzusetzen, wenn wir nicht sofort wissen, was wir davon zu halten haben«; und in einer Art von gedämpftem Emersonianismus erinnerte er die Architekten daran, daß Inspiration immer noch möglich sei und daß »das müde Zeitalter der Nachahmung zu Ende gehen wird...«. Seine abschließenden Bemerkungen zielten direkt auf den Kern der Sache: »Wir bauen jetzt mit Eisen, und wir brauchen neue Stile des Bauens, die für dieses Material geeignet sind, damit das Eisen zu Ehren kommt und seine massive Kraft offen zeigen kann... Wenn dieses schlichte, unerschütterliche Material zu seinem Recht kommen soll..., wird es nicht neue Regeln der Architektur fordern – und schaffen?« 1886 hielt Dankmar Adler bei der dritten Jahresversammlung der Western Association of Architects die Präsidentenansprache. »Wie groß ist das Privileg, das uns zuteil wird«, sagte er, »indem wir nicht eine Wiedergeburt, sondern die Geburt der Architektur miterleben! Denn ganz gewiß wird in unsere Welt ein neuer Stil hineingeboren, der Stil Amerikas, der Stil der Zivilisation des 19. Jahrhunderts, der sich auf Grund ihrer Bedürfnisse, ihrer Bedingungen und Grenzen entwickelt und der genährt wird vom Besten im Leben derer, die ich hier vor mir sehe...« Die Entwicklung dieser Architektur verglich er auf günstige Weise mit dem Aufstieg der amerikanischen Literatur im Zeitalter Emersons, einem Zeitalter, das jetzt im Entschwinden war, dessen Inspiration jedoch – in einer Ära noch größerer Herausforderung – der jungen Architektur als Erbe zuteil wurde: »So groß und glänzend auch der Aufstieg der amerikanischen Literatur war – die Entwicklung der amerikanischen Architektur ist noch wunderbarer.«
John Wellborn Root, Adlers Fachgenosse, sprach beim Festmahl zur selben Versammlung: »Wir, die wir im vollen Licht des 19. Jahrhunderts leben, befreit vom Sklaventum selbst unserer weniger glücklichen Brüder überm Ozean – wir Männer der Western Association of Architects können tun, was wir wollen... Dies ist das Zeitalter und dies das Land des großen ›Tut, was ihr wollt‹ für die Architekten. Ich weiß nur von e i n e r ernsten Schwierigkeit, die uns bedrängt – und zwar ist das die Antwort auf die so beharrlich gestellte Frage: ›Was hat dieses Haus für einen Stil?‹« Root nannte die möglichen Stile der vergangenen zwanzig Jahre: den »victorianischen Laxier-Stil..., in voller Blüte bei den Londoner Gerichtsgebäuden; den Tuberkular-Stil, bekannter unter der Bezeichnung ›Queen-Anne-Stil‹; den Katalepsie-Stil, dessen Ursprung vermutlich während des letzten Jahrhunderts in New England zu suchen ist; den Hydropsie-Stil – einen sehr bekannten, geläufigen Stil, der oft als Romanik bezeichnet wird«. Er bat die Architekten, zu handeln, um die Stile von ihren Krankheiten zu heilen.
Vor derselben Versammlung verlas Sullivan seinen *Essay über Inspiration*.

Der Aufstieg der Chicago School kündigte sich durch neue Mittel und Methoden der Konstruktion an, wie z. B. den Einzelpfeiler und das schwimmende Fundament, das Stahlgerüst und das »Chicago-Fenster« – daher der Name »Chicago-Konstruktion«. Neue Mittel und Methoden sind laut Giedion die »wesentlichen Fakten«, die eine neue Tradition der Architektur kennzeichnen. Ideen jedoch sind

ebenfalls wesentlich. Neue Mittel und Methoden können mit begrenztem Verständnis übernommen werden; nicht jedes Gebäude, bei dem sie Anwendung finden, ist unbedingt »Architektur«. Ohne Ideen, ohne weitere intellektuelle Traditionen als die der Architektur entstehen keine neuen Formen für Funktionen und Gefühle. Nur vitale Intelligenz schafft neue Formen. Eine solche Intelligenz ist das Kennzeichen des Genies und eine Frucht der Tradition.
Selbstverständlich entstand die Chicago School als Reaktion auf unmittelbare Bedingungen und Bedürfnisse. Adler z. B. bestätigte das, als er von der »Ära materiellen Wohlstandes« sprach, »die der raschen Entwicklung unserer Eisenbahn-, Telegraphen- und Industrie-Systeme nach Beendigung des Bürgerkrieges folgte«. Chicago wurde ein Zentrum von Handel und Wandel; das Bürogebäude, das Hotel, das Warenhaus und das Warenlager waren sichtbare Resultate.
Die Verhältnisse, die neue Bautätigkeit anregten, regten auch neue Ideen an; es gab noch andere Chicago-Schulen neben der der Architektur: die der neuen Soziologie, der neuen Ausbildung, der neuen Psychologie. Diese zeitgenössischen Richtungen wurden von vielen Architekten übersehen. Aber selbst der beschränkteste Architekt konnte sich dem intellektuellen Gärungsprozeß innerhalb seiner eigenen Disziplin nicht entziehen. Die Fachzeitschriften machten neue Ideen bekannt, und die Fachgesellschaften erörterten sie. Sie taten es mit Eifer und Ernst, und Bauen und Diskutieren gingen — was durch tagtägliches Beisammensein gefördert wurde — Hand in Hand.
Daß die Chicago School tatsächlich eine Schule war, stellte sich erst 1883 heraus, als *The Inland Architect and Builder* unter der Leitung von R. C. McLean gegründet wurde. McLean gab eine prächtig illustrierte Monatszeitschrift heraus, an der sich die fähigsten und bekanntesten Architekten von Chicago beteiligten; Root und Sullivan waren viele Jahre lang spezielle Mitarbeiter. Und obgleich seit 1869 in Chicago eine Zweigstelle des American Institute of Architects bestand, strebte McLean eifrig die Gründung der Western Association of Architects an und erreichte sein Ziel im Jahre 1884. *The Inland Architect* wurde das offizielle Organ der neuen Gesellschaft — und das zu Recht: beide befaßten sich mit der Architektur »im Westen«.
Die Baumeister Chicagos hatten nicht immer zwischen »Bauen« und »Architektur« einen Unterschied gemacht und hatten auch nicht das Bedürfnis nach einer unabhängigen Architekten-Gesellschaft verspürt. Daß dies sich nach dem Bürgerkrieg änderte, hatte seinen Grund in dem erneuerten kulturellen Bewußtsein und der wachsenden Produktion des Gebietes. Vor dem Bürgerkrieg war der einzige Ausdruck des Wunsches nach kultureller Gleichheit mit dem Osten das Bemühen um eine »westliche« Literatur gewesen. Die literarischen Patrioten des Ostens hatten in ihrem Kampf gegen die Abhängigkeit Amerikas von der englischen Literatur vom Westen eine nationale Kunst erhofft. Der Westen jedoch war nicht bereit gewesen, diese Erwartungen zu erfüllen. Nichtsdestoweniger blieben das westliche agrarischdemokratische Gefühl und die kulturelle Nichtachtung gegenüber dem Osten bestehen — vertieft noch nach dem Bürgerkrieg durch die wirtschaftliche und kulturelle Ausbeutung des Ostens.

Die Argumente für diese westliche Kultur waren nicht neu. Sie waren schon ein halbes Jahrhundert früher von literarischen Nationalisten aufgestellt worden — und das ist der Grund, weshalb die Begriffe »westlich« und »amerikanisch« die gleiche Bedeutung erhielten. Emerson und Whitman hatten die Amerikaner ermutigt, das europäische Joch abzuschütteln; völkisch Gesinnte verlangten nun für die Kunst eine gleiche Befreiung von dem weichen, europäisierten Osten. Hamlin Garland[1] z. B. verwendet erneut Emersons und Whitmans kulturelles Programm für sein ikonoklastisches Manifest *Crumbling Idols*, das unmittelbar nach der Weltausstellung 1893 veröffentlicht wurde. Der rebellische Ton war typisch für eine Generation, die mit der Tradition auf dem Kriegsfuß stand. »Erhebt euch, ihr jungen Männer und Frauen Amerikas!« ruft er aus. »Steht aufrecht! Kehrt der Vergangenheit den Rücken — und laßt der Zukunft Gerechtigkeit widerfahren! Hört auf, korrekt zu sein — und werdet schöpferisch! Dies ist unser Tag. Die Vergangenheit hat keine Lebenskraft... Bibliotheken schaffen keine großen Dichter und Künstler...« Weiter rät er: »Wendet euch statt dessen zur Natur; sagt ja zu den Realitäten eures Landes, selbst wenn sie häßlich und gewöhnlich sind; schafft nach dem Bild der Natur.« Hier jedoch war die Architektur-Bewegung der literarischen zuvorgekommen: ein Jahrzehnt früher hatten Architekten in Chicago Ähnliches verkündet.

Die früheren und späteren Apostel amerikanischer Kultur verband mehr als nur die Verwerfung der Tradition, nämlich das Streben nach organischer Kunst. Die meisten Architekten der Western Association waren Alltagsmenschen, die aus Geschmacksgründen an Stilen klebenblieben. Sie stimmten William Mundie zu, der die Vergangenheit schätzte und von »dem abgedroschenen Thema eines amerikanischen Stils« nichts mehr hören mochte. Wenn sie ein Zugeständnis machten, dann nur bis zur Richardsonschen Romantik als dem würdigsten Stil für amerikanische Baukunst. Wie auch viele der literarischen Nationalisten aus Emersons Tagen, die Ursprünglichkeit erreichen wollten, indem sie amerikanischen Inhalten erborgte Formen gaben, so waren auch diese Architekten bereit, unter den verschiedenen Stilen einen auszuwählen, um ihn amerikanischen Bedürfnissen anzupassen. Nichtsdestoweniger verteidigten die Hauptwortführer der Western Association organische Prinzipien. Die Entwicklung organischer Tradition in der amerikanischen Architektur war in erster Linie ihr Werk (die Schriften von Horatio Greenough waren ihnen unbekannt). Viele der Ideen, die der Formel, daß die »*Form der Funktion folgt*«, zugrunde lagen — Ideen, die gewöhnlich Sullivan zugeschrieben werden und die er für sich in Anspruch nimmt —, waren Gemeingut der Chicago School.

Alle waren sich klar darüber, daß unter Berücksichtigung lebendiger zeitgenössischer Bedürfnisse gebaut werden müsse. Allen B. Pond z. B. schrieb, daß »die Bedürfnisse des amerikanischen Lebens vom Architekten Bauten fordern, die neuen Zwecken und ungewohnten Anforderungen entsprechen unter Bedingungen, die dem Fach noch nie zuvor gestellt worden sind«. Root übersetzte Gottfried Semper,

---

[1] Garland, wie Sullivan von Whitman beeinflußt, vertrat eine subjektive Ästhetik. Er wandte sich später, wie viele Chicagoer Architekten, von der funktionalen Ästhetik ab und der Romantik zu.

der prophezeit hatte, daß eine »wirklich nationale Kunst« zuerst in Amerika entstehen werde: »Stil ist die Übereinstimmung eines Kunstgegenstandes mit den Umständen seiner Entstehung und den Bedingungen und Verhältnissen seiner Entwicklung.« Und er sprach für sich selbst, als er sagte: »Wenn unsere Architektur gut ist, dann wird sie zu uns in allen Teilen passen.« W. W. Clay glaubte, daß die strukturellen Elemente eines Gebäudes ehrlich gezeigt werden sollten; und Root verlangte, daß »die Stärke, mit der die Funktion zum Ausdruck gebracht wird, als Maßstab gelten soll für den Wert eines Gebäudes als Kunstwerk«. Wahrhaftigkeit dieser Art war seiner Meinung nach eine der Qualitäten, die das Jahrhundert von der Kunst verlangte. Die organischen Prinzipien, die in einem Zeitalter der Wissenschaft geschätzt wurden, waren: Nutzen, Eignung und Wahrhaftigkeit.

Die Struktur war nicht nur dazu bestimmt, Verwendungszwecken zu dienen. Die Chicago School erkannte ein Naturgesetz der Eignung an: Das Äußere mußte die inneren Notwendigkeiten zum Ausdruck bringen und ihnen dienen. Pond sprach von »integralen Wahrheiten« und erklärte, daß »sowohl Spencer, der Realist, als auch Emerson, der Idealist, versichern, daß die innere Natur des Menschen das Äußere bestimmt..., daß der Geist den Körper formt«. Gebäude haben eine Seele – »der Plan, der Zweck, die innere Seele des Gebäudes bestimmen sein Äußeres, seine Formen und Züge...«. Und um lebendig zu sein, fordern Gebäude eine Einheit, wie natürliche Formen sie darstellen – eine Einheit, die sich sowohl im Detail als auch im Ganzen ausdrückt, weil sie aus dem Eins-Sein von Zweckdienlichkeit und Funktionstreue erwächst. Diese Einheit, so erklärte Frederick Baumann, der deutsche Intellektuelle der Chicago School, berücksichtige sogar den ideal-künstlerischen Ausdruck. Er zitierte Wilhelm Lübkes *History of Architecture*, um seine Behauptung zu unterstützen, daß Verzierung der Struktur nicht untergeordnet, sondern ihr wesentlich zugehörig sei: »Das Genie kleidet seine Schöpfung so, daß es ihm möglich wird, den Grundriß und die Konstruktion den Augen aller zu entdecken, und zwar in einer Formenaussage, die schön ist und allgemeinverständlich; das Bauobjekt muß richtig eingegliedert und klar als lebendiger Organismus dargestellt werden, so daß selbst seine Verzierungen so wirken, als seien sie durch die Kraft eines Naturgesetzes entstanden.«

Solche organischen Betrachtungen ersetzten die Frage der Stile durch die Frage nach dem Stil als solchem überhaupt – und aus dem Stil als solchem hinwiederum ergab sich die individuelle Lösung neuer Probleme.

Root sagte vom Stil: »Er wohnt im Innern – eine Sache des Kopfes und des Herzens, nicht der Haut..., er ist das Leben und das Wesen des Werkes...« Das Problem eines amerikanischen Stils wurde nun aufgeschoben in der Hoffnung, daß ein solcher Stil vielleicht aus den konvergierenden Lösungen einer Generation von Architekten entstehen könne, deren Gemeinsames in der Aufgeschlossenheit dem Zeitgeist gegenüber bestand.

Diese Lösungen, die auf dem basierten, was Sullivan in seiner ersten Rede »die rationale und organische Form des Ausdrucks« nannte, unterschieden die Architekten der Chicago School von den mehr literarischen und eklektischen Architekten des Ostens.

Ausschnitt aus der Fassade des Wainwright Building, St. Louis

Wainwright Building, St. Louis, 1890

Verlangen, daß Architektur organisch bauen soll, ist eins, sie lehren, w i e sie es tun soll, ein anderes. Sullivan tat beides. Unterrichten jedoch war für ihn eine ganz besondere Berufung. Wie Emerson wies er seine Generation auf die Quellen der Ursprünglichkeit im Menschen und in der Natur hin. Er sprach unmittelbar über das Problem der Inspiration; er wollte die mit Leben erfüllen, die Emerson die »lebendig Toten« genannt hatte. Wie Whitman fühlte er, daß die offenen Möglichkeiten der Demokratie ergriffen werden sollten und daß die Kunst im warmen Strom des menschlichen Lebens ihre Nahrung finden müsse. Er sprach zum Herzen, und er drängte seine Gefährten, sich eine demokratische Gesinnung anzueignen — eine allumfassende Zuneigung zu den Menschen, denen sie verantwortlich seien.

Indem er eine organische Kunst vorschlug, strebte er mehr an als eine durch nationalen Stil charakterisierte einheimische Kunst.

Er wollte eine neue Art des Denkens, Fühlens und des Ausdrucks — das heißt, er wollte einen M e n s c h e n , der geschaffen war für die Demokratie, wahrhaft wert seines Platzes und seiner Zeit. Und wenn er sich gegen »Stile« wandte, so war mehr als Patriotismus im Spiel. Stile repräsentierten die Vergangenheit, tote Formen und hemmende Autorität. Alledem mußte sich widersetzen, wer unverfälschte Freiheit für Leben und Sein forderte.

Sullivan stellte keine Regel auf. Der Ausspruch »Form folgt der Funktion« war keine Regel, vielmehr die bündige Zusammenfassung einer komplexen Vision. »Für mich ist Architektur nicht eine Kunst«, sagte er zu Bragdon, »sondern eine Religion, die hinwiederum nur einen Teil der Demokratie darstellt.« Er beschäftigte sich nicht einfach mit Architektur, sondern mit demokratischer Architektur. Dies machte ihn zum Dichter und Seher der Chicago School und — gemeinsam mit Dewey, Veblen, Jane Addams, H. D. Lloyd und Debs — zum Vertreter des nachdrücklichen Humanismus seiner Generation. Und daher empfand er den Fehlschlag der Architektur auf der Weltausstellung im Jahre 1893 auch als einen Verrat — einen Verrat an der Demokratie.

Fast vom Beginn seiner Laufbahn an schrieb Sullivan ein weittragendes Programm für einen nationalen Stil vor. Als er vor seinen Kollegen der Western Association im Jahre 1885 den Essay *Characteristics and Tendencies of American Architecture* verlas, war er erst 29 Jahre alt und noch nicht sehr bekannt. Er hatte noch nicht das Stahlgerüst verwandt, wie Jenney es im Jahre 1884 kühn beim Home Insurance Company Building getan hatte. Und was er entworfen hatte, war — wenn auch das Bedürfnis nach Tageslicht erfüllend — nichts Entscheidendes, war vielmehr verdorben durch seine Experimente mit Ornamenten. Nichtsdestoweniger sprach er klar und mit Nachdruck und benutzte — wie Melville es mit seinem Essay über Hawthorne getan hatte — die Gelegenheit, um seiner Überzeugung Ausdruck zu geben. Denn seine Philosophie hatte sich bereits aus dem Keim entwickelt. Er fühlte sich seiner Kräfte sicher und wußte, wie sie geleitet werden mußten. Indem er es vermied, auf sich selbst anzuspielen, sprach er von dem Individuum, das »Tag um Tag nach Möglichkeiten sucht, um seine unmittelbare Umgebung so zu gestalten, wie es die Realisierung seiner Wünsche erfordert«; er deutete an, daß die Kräfte, die das Indi-

viduum antreiben, bedeutende Wirkungen zuwege bringen könnten; und er forderte, daß die Ergebnisse, wenn auch vielleicht nicht typisch, so doch immer noch charakteristisch sein sollten. Auf diese Weise machte er sich selbst zu einer »ganzen Persönlichkeit« (zu Whitmans Repräsentanten oder, wie er selbst es nannte, zu einem »wahrhaften, normalen Typ«) und seine Disziplin zur Politik.
Solche Taktiken entsprangen nicht einfach einer Anmaßung, sondern sie ergaben sich vielmehr aus der Tatsache, daß Sullivan sich der Probleme bewußt war, die vor der Entstehung eines nationalen Stils zu lösen waren. Er wußte, daß eine ganz und gar amerikanische Architektur nicht dadurch erreicht werden konnte, daß man die Architektur der Alten Welt aufpfropfte oder verpflanzte. Er plädierte statt dessen für allmähliches Wachsenlassen auf heimischem Grund, wobei er die Schwierigkeiten dieser langsamen »Nahrungsanpassung« zugab. Da er auch wußte, daß es dabei einen »Kampf gegen Hindernisse« geben würde, hoffte er auf zwei günstige Bedingungen: Er glaubte – wie die Transzendentalisten es getan hatten – an die Energie eines »unverbrauchten Bodens« (die Mystik des Bodens war ein beständiges Element seines Gedankens), und er glaubte, daß eine neue Generation ihr amerikanisches Geburtsrecht fordern werde, »die Freiheit, Eindrücke zu empfangen und anzugleichen...«. Von der Einheit freier Menschen und frischen Bodens erwartete er »Gefühlsbewegungen von seltenem Wert« – Ergebnisse, von denen er sicher war, daß sie die wirklichen Grundlagen der Kunst bilden würden. So warf er also den Traum von einer Architektur »im Stil der Minerva« über Bord und hielt statt dessen Ausschau nach »frühzeitigen Anzeichen eines spontanen architektonischen Empfindens, das aufsteigt aus den in unserem Volk verborgen schlummernden oder sich offenbarenden Gefühlskräften.«

Daß solch eine schöpferische Gefühlsregung in der Architektur Ausdruck finden möge, war Sullivans beharrlicher Wunsch. Er glaubte, daß die Unzulänglichkeit der meisten Architekten in dem Mangel an solchen Regungen ihre Ursache habe. Aber diese Unzulänglichkeit war, wie er hier bemerkte, nicht die seine. Man könne diese Regung in »einem Element der Wärme entdecken, das scholastischem Formalismus einen Anstrich gibt«, und man könne sie gewiß antreffen in »den Bemühungen derjenigen, deren Vorstellung von der chromatischen Beredsamkeit von Worten und Musik stark ergriffen sei«, und ganz besonders finde man sie in den Werken »der Begabten, deren Seelen auf die bewegende Schönheit von Natur und Menschentum eingestellt sind«. Diese Sprache voll romantischen Gefühls macht Sullivans Problem deutlich. Was er am meisten nötig hatte, war die klare Unterscheidung zwischen gefühlsmäßigen und vitalen Regungen und die Meisterung der vitalen Regungen durch gleichzeitiges logisches Denken.

Er fand reichlichen Beweis für das Dasein von Gefühlsregungen in unserer Literatur, aber sie waren »exquisit und nicht männlich«. Trotz seiner eigenen Neigung zu romantischen Gefühlen – und vielleicht gerade wegen dieser Neigung – verwarf er mit Entschiedenheit alles Zarte. (»Unter dem Einfluß der Gefühlswärme«, sagte Sullivan als Ornamentiker, »fließen harte Linien in anmutige Windungen, alles Kantige verschwindet in einer mystischen Verschmelzung der Flächen.«)
Die Kunst des Tages schien ihm – wie auch Whitman – zu selbstbewußt zu sein, zu

sehr bewußt ihrer Ausführung und der »kleinsten Details« (siehe seine eigenen Bauten) — vor allem aber schien sie ihm »eine stillschweigende Fiktion in bezug auf Leidenschaften« angenommen zu haben. Sie drückte ausschließlich »wohlerzogene und sanfte Empfindungen« aus und war »zu sehr eine Sache des Herzens und der Hände und zuwenig ein Ergebnis des Gehirns und der Seele«. In der damals geläufigen Sprache der literarischen Diskussion verlangte er eher Kraft als Verfeinerungen.

Er klagte — wie schon Emerson fünfzig Jahre früher — darüber, daß die amerikanischen Künste weibisch und charakterlos seien, geschwächt durch das Verlangen nach dem »Männlichen oder Schöpferischen«, weil sie die Künste Europas nachgeahmt hätten und nicht durch »das Bedürfnis des Volkes hervorgerufen worden seien«. Sullivan erkannte, daß das männliche Gefühl, das er ersehnte — ein Gefühl, das »glühende Lebenskraft in Wurzeln und Stamm« goß und sich selbst in »wucherndem Blattwerk« zum Ausdruck brachte —, durch die Nachahmung geschwächt wurde. »Wir sind alle zur Abhängigkeit von unserem künstlerischen Erbe erzogen worden.« Er war überzeugt, daß der Keim zur Größe im Volk vorhanden sei. Er glaubte, daß »unsere Kunst dem Tag« bestimmt sei und dem volkstümlichen Gefühl entsprechen müsse. Und er wußte, daß der Kampf in den Reihen seiner eigenen Berufsklasse stattfand, denn wo solche Überzeugungen nicht existierten, konnte sich keine schöpferische Kraft erheben, und wo die schöpferische Kraft fehlte, da gab es kein »plastisches Alphabet, mit dessen Hilfe wir unsere Glaubenssätze entziffern können«. Er sagte, daß »die Architektur als Berufsklasse die Aufrechterhaltung der Tradition ihrer Kultur für wichtiger gehalten habe als die Verkündigung eines Belebungsgedankens«. Befragt, was denn getan werden könne, wäre seine Antwort die Emersons gewesen: »Erstens — sie von der Nachahmung befreien; zweitens — die Natur der Dinge predigen.«

Das war es, was zu tun er versuchte, indem er auf die Kraft aufmerksam machte. In der Welt des Geschäftsbetriebs, so erklärte er, hocke die Kraft nicht zu Omphales Füßen. Der Geschäftsmann achtete auf die Zeit, und wenn er die Kraft in grober und rauher Weise anwandte, so benutzte er sie doch mit einer Art schöpferischer Logik, die Sullivan bewunderte. Der Geschäftsmann, erklärte er, besaß »die Fähigkeit, elementare Ideen organisch zu entwickeln — in subtile, vielfältige und konsistente Verzweigungen zu leiten«. Diese Kraft des Gedankens war das »Gehirn«, von dem er früher gesprochen hatte; die von den Lebensnotwendigkeiten des Tages erzeugten Gefühlsregungen waren die »Seele«. Gemeinsam würden sie die rohe Kraft bändigen. »Wenn die Kraft«, so sagte er, »durch Gefühl verfeinert und durch klare Einsicht geleitet wird, dann kann sie Wunder wirken.«

Die Fähigkeit, Ideen organisch zu entwickeln, war das, was er selber nötig hatte. Das Wunder jedoch, das er prophezeit hatte, war das Marshall-Field-Warenlager von Richardson. Zu Anfang des Jahres 1886 begonnen, war dieses Gebäude das beste Beispiel für das, was Sullivan wollte. Und als in den folgenden Jahren seine Lehre in Vergessenheit geriet, wiederholte Sullivan sie, indem er das Gebäude pries wie kein anderes. »Hier«, sagte er zu dem Studenten in den *Kindergarten Chats*, »hier ist ein M a n n , der es wert ist, daß du ihn dir anschaust..., ein ganzer

Mann... Gebäude wie dieses — und davon gibt es nicht viele — sind Wegweiser... Viereckig und braun steht es da, eine physische Tatsache, ein Denkmal für den Handel, den organisierten Geschäftsgeist, die Macht und den Fortschritt des Zeitalters, die Stärke und den Reichtum der Persönlichkeit, die Kraft des Charakters; im geistigen Sinn steht es als Kennzeichen eines Willens, der groß und mutig genug ist, um mit diesen Dingen fertig zu werden, sie zu meistern, zu verarbeiten und weiterzugeben, versehen mit dem Stempel einer großen und starken Persönlichkeit; im künstlerischen Sinn steht es als das Werk eines, der seine Worte wohl zu wählen weiß..., deshalb hab' ich es — in einer Welt der Unfruchtbarkeit und Unbedeutendheit — als Mann bezeichnet, denn wo die andern von Unfähigkeit krächzen, da singt e s das Lied der schöpferischen Kraft.«

Als Sullivan im Jahre darauf wieder vor der Western Association sprach, sprach er über die Natur der Dinge und die elementaren Quellen seiner eigenen Inspiration. In der Hoffnung, seine Kollegen aus den Fesseln der Nachahmung lösen zu können, sang er kühn eine lange Rhapsodie in Prosa, den entwaffnend aufrichtigen und begeisterten *Essay on Inspiration*. Dies ist die einzige Ansprache, die Sullivan in der *Autobiography* erwähnt, und dort sagte er — und dachte dabei wahrscheinlich an das, was er Whitman geschrieben hatte —, daß die Versammlung ihm den »Vorwand und die Gelegenheit« geboten habe, etwas über seine tiefsten Gedanken auszusagen. Er erinnerte sich, daß »der Erguß nicht einschlug«, daß aber Jahre später R. C. McLean gesagt hatte, daß er »seine architektonische These« enthalten habe. Sein Vergnügen an diesen Erinnerungen war offensichtlich; er erklärte den Essay nach den Gesichtspunkten der reifen Philosophie der *Autobiography* und druckte Teile davon ab. Und da die Kritik, die er von Whitman erbeten hatte, ihm nie zuteil geworden war, übte er sie selbst: »Das Werk ist ein bißchen ›studentisch‹ und überspannt, aber der Gedanke ist gesund.«

Der Gedanke war nicht ganz und gar der Whitmans, denn wenn auch Sullivan unbewußt aus der gleichen transzendentalen Quelle schöpfte, so war die Inspiration doch seine eigene. Auch er hatte das Glück einer ursprünglichen Verbindung mit dem Universum empfunden. Wenn die Poesie, mit der er seine Begeisterung zum Ausdruck brachte, auch jämmerlich sentimental war, so war das Gefühl, von dem er getrieben wurde, doch echt und überwältigend. Er hatte die Formen und Funktionen des Lebens, den Rhythmus der bewegten Natur entdeckt und gefühlt — denn man muß fühlen, um verwandelt zu werden. Später, in den *Kindergarten Chats*, wo er seine metaphysischen Gedanken wunderbar erklärte, sagte er: »Das, was im Geist existiert, sucht und findet sein Gegenstück — sein sichtbares Abbild — in der Form...« Aber dieses Prinzip, dieser Grundrhythmus des Lebens in der Natur und im Menschen ist, wie er zugab, ebenso die Ursache der Verzweiflung wie die der Freude. Denn er kommt zum Ausdruck in beidem — »im Hochzeitsmarsch, der die Vereinigung von Form und Funktion feiert«, und »im Grabgesang ihres Abschieds...«. Das Leben i s t Wachsen und Welken, Entstehen und Vergehen; und wenn »der Gedanke in Verfall geriet«, so geriet unvermeidlich auch »die Form in Verfall« — »ist der Gedanke lebendig, so ist auch die Form lebendig«. Ausgedrückt im Beispiel von Licht und Schatten, lag sein persönliches Problem — wie das Thoreaus in *The Service* — darin, daß er kein »dunkler und sterbender Mensch« sein wollte, »der auf seinem Gang durch den Tag Schatten verbreitet«. Da er trotz des Wunsches, nur Licht zu verbreiten, doch die dunkleren Zeiten des Verfalls nicht verkannte, suchte er in diesem Rhythmus selbst die »Gewähr« der Erneuerung. »Ich will ein Frühlingslied machen«, sagte er zu dem Schüler in den *Chats*, »das die Finsternis des Winterhimmels vertreibt ... und die Lerche weckt und verjüngt — die sich emporschwingende, singende Lerche, die in den Herzen aller Jungen wohnt!« Dieses Lied war *Inspiration*. In ihm sprach er zum erstenmal über den von ihm erkannten Rhythmus, der Basis und zugleich tiefster Sinn seiner Baukunst, seiner Ornamentik und seines Schreibens war. Er bildet das wesentliche Gefüge seiner besten Bücher; er ist enthalten in der Spannung zwischen starren und fließenden Linien in seinen Ornamenten und auch in der Spannung zwischen Verzierung und Struktur seiner Bauten. Und tatsächlich brachten sogar die primären Elemente der Architektur ihn symbolisch zum Ausdruck. Der Pfeiler, so erklärte er in den *Kindergarten Chats*, gleicht in sich selbst die »beiden großen Kräfte aus: die einfachsten, elementaren Rhythmen der Natur, nämlich den Rhythmus des Wachsens, des Strebens, den Rhythmus dessen, was aufsteigt — den R h y t h m u s   d e s   L e b e n s ; den Gegenrhythmus des Abstiegs, der Zerstörung, den Rhythmus dessen, was zur Tiefe strebt, was zurückkehren will zu den Elementen der Erde — den R h y t h m u s   d e s   T o d e s «. Der statische, zeitlose Charakter des Pfeilers stellt das Gleichgewicht dieser Kräfte dar, aber der bewegliche Träger, vom Menschen daraufgesetzt, stellt die Geburt dar — neues Leben, das Erscheinen von Kunst und Wert, die Kraft des Menschen. So werden statische Formen flüssig und entsprechen menschlichen Bedürfnissen. Und im Bogen schließlich, der die Einheit von Pfeiler und Träger ausdrückt, stellt der Mensch nicht nur »seine eigene vergängliche Spannkraft« dar, sondern seine Bereitschaft, den Tod und seine Transzendenz anzuerkennen. Denn der Bogen, der eine »Kristallisierung des Abgrundes« ist, bedeutet zugleich einen Triumph über den Abgrund. Er ist erhaben, weil er eine Form »gegen das Verhängnis« ist.

Sullivans Gedicht ist solch ein Bogen. Er durfte vom Leben singen, weil er den Tod als die Bedingung des Lebens und erneuerter Inspiration akzeptierte. Die Dialektik des Gedichts, seine Bewegung vom Frühling zum Herbst, zum Zweifel am Unendlichen, bringt Hoffnung, Verzweiflung und schließliche Ruhe zum Ausdruck. Das Thema *Wachsen: ein Frühlingslied* zeigt das Erwachen des Lebens, des Frühlings, der Inspiration im Herzen des Dichters und seine Freude an der Gegenwart. Er singt von einer »immer fruchtbaren und heiteren« Natur — wie Whitman besingt er »das Zeugungsverlangen der Welt«.
Abstieg: Herbstträumerei ist ein Lied vom Tod, von der Trauer »in Erinnerung«. Das Leben kehrt jetzt in die Wurzeln zurück, und der Dichter wird der Gegensätze gewahr: des Wachsens und Verblühens, des Lichts und der Dunkelheit, der Harmonie und der Dissonanz, des Gelingens und des Scheiterns. Die Nacht bricht herein, er ist trostlos und betritt das »Tal der Verneinung«; er steht vor seiner eigenen Seele und findet verdorrte Lilien, zertretene Veilchen, verwelkte Illusionen, Strandgut — alles Zeichen des »langsamen Verfalls einst frischer eigener Entwick-

lung«. Wiederum wie Whitman, dessen *A Word out of the Sea* (»Out of the Cradle endlessly Rocking«) und *Elemental Drifts* Sullivan wiederholt, verspürt der Dichter eine unüberwindliche Todessehnsucht. Indem er sich dem Tod (und seiner Bewußtlosigkeit) überantwortet, entdeckt er — wie Whitman — eine neue Kraft: er fühlt, daß er in ein »edleres, größeres Leben« wiedergeboren wird. Denn jetzt erkennt er, daß das Leben aus dem Tod erwächst, daß durch »einen geheimnisvollen chemischen Vorgang Gift in Lebenssaft verwandelt« wird. Und doch ist seine Hymne an den Tod, den »großen Verneiner«, eine herausfordernde Hymne an die negative Kraft, an die »reaktionäre Ursache eines jeden Wechsels«. Der Tod ist nur die konstante Gewalt, die nach der »Kraft der Sehnsucht« im Menschen ruft. So stellt er sich, wenn der Sturm naht, mit seinen menschlichen Kräften den ungeheuren Mächten des Schicksals zum Kampf.

Diese naturalistische Geste war weder charakteristisch für Sullivans Reaktion auf die Natur, noch war sie eine befriedigende Erfüllung seiner metaphysischen Sehnsüchte. Im letzten Abschnitt der Dichtung (*Das Unendliche: Gesang von den Tiefen*) wendet er sich zum Meer, dem Abbild des Unendlichen und seiner eigenen Seele, um von dort die Deutung des »Unbefriedigten Liedes vom Zwielicht« zu erfahren. Jetzt möchte er das »tiefe, strömende, umfassende All« hinter Leben und Tod kennenlernen — die schließliche, endgültige Ruhe. Er bekennt, daß er das Drängen seiner Seele nicht verstanden hat, daß er seine Seele mit der »Stickerei längst übermittelter Gedanken« verhüllt hat. Er sucht Antwort beim Meer. Als jedoch ein neuer Sturm sein beginnendes Einswerden mit dem Meer vereitelt, findet er »nur Strandgut vom Schiffbruch seiner Hoffnungen«. Unter den Trümmern aber ist auch »ein Fragment der göttlichen Ruhe«. Das Meer, so sagt er uns, hat seinem fragenden Herzen Antwort gegeben, und er versichert, daß diese Offenbarung der unzerstörbare Samen reifer Inspiration ist. Dieser Samen wird — anders als die Inspiration der Jugend — in jedem Frühling des Dichters sprießen und Zeuge sein dafür, daß er die Tiefen versteht.

Ein Gleiches gilt für die Kunst des Architekten. Denn, so schloß Sullivan, große und natürliche Kunst ist die Frucht der Inspiration. Wenn sie Sehnsüchte »registriert«, wenn sie »im Stofflichen die harmonisch aufeinander abgestimmten Rhythmen von Natur und Menschheit festhalten und nachbilden kann, erfüllt von einem Geist, der zwar unerforschlich ist, sich aber in entgleitender Beweglichkeit und verharrender Ruhe offenbart«, dann erreicht sie ein bewegliches Gleichgewicht und zeigt »die tiefste Inspiration und die größte Spannweite der Kunst«. Der Dichter, so sagt er in dem Brief an Whitman, »löst sich auf in gänzliche Einheit mit Natur und Menschheit und mischt die Seele harmonisch mit dem Stofflichen«. Das kann er mit Hilfe seiner vergeistigten Sinne — mit Hilfe einer »außerordentlichen Sympathie«. Wenn er hier scheitert, dann scheitert er ganz; denn selbst die Logik als Bestandteil der Kunst wird sich dann als unfruchtbar erweisen. In den *Kindergarten Chats* warnt Sullivan den Architekten und sagt ihm, daß seine Arbeit, wenn er sie ohne Inspiration vornehme, ein »sehr prosaisches Ergebnis« bringen werde. »Logik, Gelehrsamkeit oder Geschmack — oder auch alles das gemeinsam«, behauptet er, »kann keine organische Architektur zuwege bringen.« Auch hierauf wies seine Dichtung nachdrücklich hin. Er setzte in bezug auf amerikanische Kunst seine Hoffnung auf die von der Inspiration vermittelten schöpferischen Einfälle. »Spontane und vitale Kunst«, sagte er, »muß frisch von der Natur kommen — sie k a n n nur von ihr kommen.« Diese Dichtung war noch deutlicher eine Aussage über die Entdeckung seiner eigenen vitalen Kräfte. In ihr hatte er das Unbewußte ausgelotet, die Quelle dessen, was er später die unterbewußte Energie der Vorstellungskraft nannte. In den *Kindergarten Chats* sprach er von dem »Augenblick in unserem Leben, in dem wir unsere Ketten sprengen — oder in dem es uns mißlingt, sie zu sprengen«. Sicherlich hatte die Verbindung mit Whitman und Richardson einen solchen Augenblick erzeugt. Denn als Sullivan in diesen Jahren das Auditorium Building entwarf, erstattete er damit den Männern, die ihn befreit hatten, einen bleibenden Dank. Das wuchtige Gebäude, kraftvoll und glatt, das stolz seinen Turm emporreckt, war ein Denkmal für Richardson; die Wandgemälde der Halle, die allegorisch die Themen seiner Dichtung wiedergeben, waren ein Denkmal für Whitman.[1] In dem größten Architekten und in dem größten Dichter seiner Zeit hatte er das gefunden, was er, wie er Whitman geschrieben hatte, zu finden hoffte: »die Basis für eine männliche und ursprüngliche Kunst«.

Wie gut Sullivans Kollegen seinen »Erguß« verstanden hatten, geht leicht hervor aus den darauffolgenden Diskussionen über Stile und aus der Entschiedenheit, mit der Sullivan die Untersuchung auf die zentralen Probleme der schöpferischen Tätigkeit lenkte. Während einer Diskussion über die augenblickliche Tendenz der Architektur-Planung in Amerika wandte sich Sullivan gegen Roots Forderung, daß Amerika zuerst einen nationalen Charakter haben müsse, ehe es einen nationalen Stil haben könne, und daß es in Ermangelung eines solchen nationalen Charakters das, was es bereits besitze, umändern und dem Geist, in dem Vergangenes erreicht worden sei, nacheifern müsse. »Ich glaube, wir fangen ganz und gar am verkehrten Ende an«, sagte Sullivan (er sprach bei dieser Gelegenheit aus dem Stegreif), »wir übernehmen die Ergebnisse der Vergangenheit, prüfen auf der Oberfläche und suchen von da aus nach der Quelle des Impulses. Ich glaube nicht, daß der Ursprung des Stils außerhalb zu suchen ist — vielmehr glaub' ich, daß er in uns selber ist; und derjenige, der den Impuls nicht in sich hat, wird auch den Stil nicht haben. Aber je mehr er denkt, je mehr er reflektiert, beobachtet und aufnimmt, desto mehr Stil wird er haben.« Diese Salve aus allen Rohren brachte den für gewöhnlich genialen Root aus der Fassung. Er erwiderte, er fordere vom Architekten, daß er »den ursprünglichen Quellen nachgehe, aus denen er s e i n e Inspiration schöpfe«; auf diese Weise werde er parallele Erfolge erzielen. Sullivan antwortete: »... jedes historische Motiv ... erscheint jetzt reichlich dünn und hohl, wenn es für unsere Entwürfe verwandt wird.« Damit war die Diskussion, nicht aber die Argumentation abgeschlossen.

Im Verlauf einer anderen Diskussion erklärte Sullivan, daß das Temperament, das Produkt der organischen Einflüsse von Klima und Ort, der »Schöpfer und Schieds-

---

[1] Siehe: *Die Ornamentierung des Auditoriums*, S. 127.

Getty Tomb, Graceland Cemetery, Chicago 1890

richter der Kunst« sei. Mit Taine, den er hier als Vorbild nahm, sagte er: »Laßt uns nicht länger die Werke, sondern vielmehr die Künstler betrachten — das heißt: die Art, in der die Künstler fühlen, erfinden und hervorbringen... Der Künstler muß, wenn er Objekten gegenübertritt, einen u r s p r ü n g l i c h e n E i n d r u c k erleben... Wenn er mit Talent geboren ist, arbeitet seine Vorstellung geschickt und rasch... Mit dieser Gabe dringt er zum eigentlichen Herzen der Dinge vor... Überdies ist ein so starker und persönlicher Eindruck nicht inaktiv — in einem Gegenstoß wird das gesamte Nerven- und Denksystem davon ergriffen. Ohne es zu wollen, bringt der Mensch seine Gefühlsregungen zum Ausdruck... Ihr werdet überall dem gleichen inneren Vorgang begegnen... Wir können ihn als Genius oder Inspiration bezeichnen... Aber wenn ihr ihn genau definieren wollt, müßt ihr immer darin den lebendigen, spontanen Eindruck prüfen, der die Reihe der hinzukommenden Ideen erfaßt, beherrscht, gestaltet, umwandelt und verwendet, um zur Offenbarung zu gelangen.«

Das war der Kernpunkt von Sullivans Antwort auf die Frage: »Was bestimmt die richtige Unterordnung der Details unter das Ganze?« Die rhythmische Natur des Klimas, so erklärte er, weckt »die entsprechenden Sympathien im Menschen«. Wenn sie nicht durch Theorie gehemmt werden, »bringen diese Sympathien spontan die Gleichstellung des Ganzen mit dem Einzelnen zustande — so selbstverständlich, so ursprünglich, daß sie instinktiv als buchstäblich und poetisch richtig erkannt wird«. In diesem Prozeß wird Unterordnen durch Differenzieren ersetzt, denn die organische Methode ist »eine Methode des ausdehnungsfähigen und rhythmischen Wachsens«, bei dem »ein einziger keimtreibender Impuls... oder eine Idee... das Ganze und jedes einzelne Teil mit dem gleichen Geist durchdringt...«. Ein Beispiel war für ihn das natürliche Wachsen von Baum und Blüte — so wie Whitman auch in den Tieren das Natürliche gefunden hatte —, weil der Baum nicht »hypochondrische Selbstbeobachtung übt«. Er verlangte gleiche geistige und lebendige Ergebnisse in der Baukunst, und er bestand darauf, daß sie sich nur aus dem Leben des Architekten ergeben könnten: »Auf keiner anderen Basis können Resultate von bleibendem Wert erzielt werden.«
Als Sullivan diese Diskussion wiederholte, nahm er seine Argumente direkt von Whitman. »Ich messe nur geistigen Resultaten Wert bei«, erklärte er, »ich sage: Geistige Resultate gehen allen anderen voraus und zeigen sie an.« Das Problem des Stils muß auf »einer geistigen oder psychischen Basis behandelt werden«; die Theorie muß beiseite gelassen werden; wir müssen beginnen, wo Whitman begann: bei dem Künstler, der sich in die Natur versenkt und empfänglich ist für die unerforschliche, alles durchdringende Kraft des Lebens. Und wir dürfen uns — wie Whitman — »nicht einschüchtern lassen«. Wir müssen unsere Inspiration, unsere tiefsten Gefühle akzeptieren, aber gleichzeitig, indem wir den unvermeidlichen Kompromiß mit dem Tod schließen, »große Vorsicht« üben. Die Gesetze der Kunst liegen innerhalb des Selbst — und sie sind es, die recht eigentlich den Rhythmus der Natur wiederholen.
Die Architekten jedoch wiesen Sullivans Vorschläge zurück und wandten sich entweder den Klischees der »Stile« zu oder den bereits vertrauten Regeln des Funktionalismus. O. J. Pierce z. B. sagte, daß »ein Gebäude mit einer Seele ein Produkt der Architektur« sei. Dabei verstand er unter »Seele« nicht alles das, was Sullivan damit meinte; er wollte nur sagen, daß ein Bauwerk einheitlich sein und seinen Zweck in allen Teilen deutlich zum Ausdruck bringen müsse. Indem er auf Eignung und Zweckdienlichkeit bestand, trennte er das Ganze vom Einzelnen und behauptete, daß das Ganze das Primäre sei. Nach Sullivans Ansicht enthielt diese Überlegung zwar die für Entwürfe wichtige Logik, nicht aber enthielt sie Inspiration. Und wenn auch Pierces Unterscheidung zwischen dem Ganzen als dem Maskulinen (Stärke und Kraft) und dem Detail als dem Femininen (Anmut, Verfeinerung und Schönheit) ihm gefiel, so sah er doch, daß alles, was er über Differenzierung gesagt hatte, nicht verstanden worden war.[1]
Der Schöpfungsvorgang ist immer schwer zu beschreiben. Das ist der Grund, wes-

---

[1] Siehe: *Das Ornament in der Architektur*, S. 130.

halb Sullivan schließlich den Schüler direkt zur Natur führte. Mittlerweile — in der Hoffnung, auf Verständnis zu stoßen — sprach er über den »Ausdruck«, über die »künstlerische Anwendung der Vorstellungskraft«, über die »intellektuelle oder objektive gegenüber der emotionalen oder subjektiven Architektur«. In jedem Augenblick beschäftigte er sich mit den inneren Quellen des Ausdrucks und mit der Art und Weise, in der die Seele sich mit dem Stofflichen verbindet, Objektives mit Subjektivem mischt und somit wirklich die Materie in Symbole des Geistes verwandelt.
Als er das nächste Mal über »Stil« sprach, war sein Thema das künstlerische Wachstum, das ein Streben nach solchem Ausdruck sei. Er riet, auf mechanische und intellektualistische Theorien über Kunst zu verzichten; »macht die Kräfte für normales Wachstum frei, laßt sie sich verbinden mit den subtileren Offenbarungen des Gefühls«. Solches Wachstum, erklärte er, »schenkt zu Beginn seines Rhythmus objektive und zur Zeit seiner Reife subjektive Schau«. Und berücksichtigt ferner die Seele, die unerforschliche antreibende Kraft, die einen Organismus und sein Leben bestimmt. Und beachtet ihr Wesentliches, das heißt: ihre Identität. Denn Stil (sein Beispiel war eine Föhre) »ist die Resultante von Identität und Umgebung«. Studiert die natürlichen Dinge — »habt ihr viel über gewöhnliche und einfache Dinge nachgedacht? Ist euch klargeworden, wie schön und geheimnisvoll sie in Wirklichkeit sind?« (Die Fragen waren diejenigen Whitmans.) Erkennt, wie »vollkommen spontan und wie deutlich bei ihnen die Übereinstimmung der Mittel mit den Zielen ist«. Erkennt schließlich, daß »subtile Identität« die wesentliche Bedingung des Stils ist; ihr »Auge« bzw. ihre Intuition erkennt die Wahrheit, die allen Dingen innewohnt, und durch ihre Sympathie identifiziert sie sich mit der wesentlichen Natur der Dinge — und so erhalten das Selbst und auch der Stil Nahrung. Denn der Stil — darauf bestand Sullivan stets — ist die keimende Saat im Selbst, der Ausdruck einer »folgerichtigen und definitiven Ausweitung betonter Individualität ...«.
Stil in diesem Sinn erfordert eine anspruchsvollere Belehrung als die durch Bücher; er verlangt Selbsterziehung, Ausbildung der Empfindsamkeit und aller Fähigkeiten. »Identität« war ein Spezialausdruck Whitmans, und die Lehre von der Identität, die Sullivan in seiner nächsten Rede ausarbeitete, geht ebenfalls auf Whitman zurück. Man identifiziert sich — das heißt, das Individuum wird zu seinem eigentlichen Selbst, indem es die Dinge auf sich einwirken läßt, indem es sein »Ich« (das Selbst) mit dem »Nicht-Ich« (der Welt) ständig in Berührung hält. Individualität ist also etwas Natürliches und Unvermeidliches, erwächst aus der gefühlsmäßigen Entdeckung der Welt und dessen, was man akzeptiert oder ablehnt. Wie jeder natürliche Vorgang ist auch dieser eine Angelegenheit der Zeit, der Saat, der Blüte und der Frucht — er kann nicht beschleunigt oder verzögert werden. Aber der die Frucht in sich tragende Keim der Gefühle kann kultiviert werden; man kann bereitwillig die Dinge mit den Sinnen erfassen, und zwar mit Sinnen, die »vom Herzen« angeregt sind. Sullivan faßte seine Psychologie kurz zusammen und sagte: »Gefühl ist ganz einfach die Aufmerksamkeit des Herzens.« Das hatte er von Whitman gelernt; und indem er Whitman als gut für Körper

und Seele pries, zitierte er alle Aussprüche aus *Es war einmal ein Kind, das ging vorwärts.* Aber die Lehre von der Identität hatte eine weitere Moral: Verantwortlichkeit. Wenn der Künstler sich identifiziert durch das, was er empfängt und aufnimmt, dann ist er verantwortlich für das, was aus ihm wird. Wenn seine Individualität sich deutlich in einem Ausdruck erklärt, so ist damit auch über sie das Urteil gesprochen.

Diese Reden bilden den Kommentar zu Sullivans Wachstum als Mensch und als Künstler. Sie wurden aufgeschrieben während seiner ersten erfolgreichen Bauperiode (der Periode des Auditoriums und des Wainwright Building) und sind ein Markstein auf seinem Weg zum Ruhm.

Es gibt natürlich auch »weltlichere« Zeichen: die Wahl in den Chicago-Club, ein modernes Heim, ein modernes Leben — denn Sullivan nahm auch gern den sichtbaren Lohn des Erfolges an. Darin war er ein Mensch seiner Zeit. Aber das Landhaus, das er in Ocean Springs (Mississippi) baute, war für ihn mehr als ein Zeichen des Reichtums; nichts grämte ihn mehr als sein Verlust (nicht einmal, so hat man das Empfinden, seine unglückliche Ehe). Denn es bedeutete für ihn »Natur«. Es war »freies Land« — sein Ort der Inspiration, sein Garten, eine Werkstatt lebendiger Formen und Ornamente.

In *Kindergarten Chats* betrachten Lehrer und Schüler New York, und hier — das war auch die Klage Henry James' — »ist Geld Gott — und Gott ist Geld«. Chicago, die »Stadt der Gleichgültigkeit«, ist nicht viel besser; nur seine Jugend, sein »Ich will!« lassen noch Hoffnung. Beide Städte bieten das Schauspiel der »modernen amerikanischen Menschheit«, des »gemeinen geistigen Bettlertums«. Trotz ihrer Schulen, Bibliotheken und Kunstgalerien haben sie keine Kultur: hier ist »KALIBAN«! Die Anklage war gerecht, aber nach Sullivans Ansicht richtete sie sich nur gegen die Überspanntheiten unserer Zivilisation. Er glaubte noch an die geistigen Hilfsquellen des Landes. »Große Städte«, so glaubte er, »sind große Schlachtfelder..., auf denen sich heftige Neigungen versammeln, um im wilden Rausch des Ehrgeizes zu kämpfen.« Sie brüten Verwirrung aus, Lärm, Gewühl, Plagen, Zusammenstöße und Zerstörung. Aber »das weite, offene Land bringt Gemüter und Herzen hervor, wie es seinen Weizen, seine Bäume, seinen Regen hervorbringt«. In der Stadt ist man wie in einer »verschlossenen Stube« — auf dem Land ist man »im Freien«. Die Stadt ist für Kampf und Tätigkeit bestimmt, das Land dient der Stärkung und Wiederbelebung. Das Land ist daher die »erste Quelle der Kraft«, die Stadt dagegen der Ort ihrer Verschwendung zum Guten oder Bösen. Was er über Stadt und Land sagte, kann auch als Beschreibung der Tätigkeiten und Notwendigkeiten seines eigenen Lebens gelten — als Beschreibung des Schöpfungsrhythmus (Einströmen und Ausströmen, Kontemplation und Handeln) und der Polarität des Erlebens, die von großen Männern und Zivilisationen in Einklang gebracht werden.

Dieses tiefe Begreifen des Landes als der »Kraftquelle der großen Städte«, diese Erkenntnis der Notwendigkeit, mit »dem Einfachen, dem Natürlichen, dem Menschlichen« in Verbindung zu bleiben, hätte aus Sullivan einen Städteplaner gemacht, wenn er heute lebte. Aber die »Städteplanung« seiner Zeit war im allgemeinen nichts anderes als das, wofür die Projekte Daniel Burnhams als Beispiel dienen. Sie ergänzte die klassische Renaissance-Baukunst der Weltausstellung; und wenn auch die Verschönerung der Städte notwendig war, so erfüllte die Planung von Stadtzentren, Laubengängen und Promenaden doch nicht — selbst damals nicht — die dringendsten Bedürfnisse. Diese rückständige und formelle Geste diente dem Interesse der Klasse der Müßiggänger. Was Sullivan statt dessen hätte tun können, ist ersichtlich aus seinem späteren Verständnis beim Entwurf der Gartenstadt; in diesen Jahren deutete es sich an in den Mauerrücksprüngen bei seinem Entwurf des Fraternity Temple und in der Harmonie des Hauptteils mit dem Ornament, wie sie sich seinem Empfinden nach im Wainwright Building verkörpert.

Sullivan wiederholte den Ablauf der Gedanken und Experimente, die zum Wainwright Building geführt hatten, in dem Aufsatz *Ornament in Architecture*.[1] Von Richardson hatte er gelernt, daß Masse und Proportion — ohne Verzierung — ein erhabenes Gefühl vermitteln können; und er war — zuerst beim Dexter Building und dann beim Walker Warehouse — zu einfachen und nackten Formen zurückgekehrt. Aber von Whitman hatte er auch gelernt, daß sein Streben nach Ausdruck gut und männlich war, daß es den Lebensimpuls des Künstlers bildete und daß der Ausdruck dieses Strebens in architektonischen Formen ein Gebäude mit Leben erfüllen konnte. Kunst war letzten Endes ein Gefühlsausdruck; sie wuchs aus der Natur des Menschen und erfüllte mehr als nur Anforderungen der Zweckmäßigkeit. Der emotionale Reiz von Masse und Proportion war, wie er glaubte, tiefer — der des Ornaments intensiver. Beide jedoch entsprangen der gleichen Quelle des Gefühls, und gemeinsam gaben sie der Architektur ein edles Gepräge.

Für Sullivan war das Gebäude — und nicht gerade nur seine Verzierung — das, was Whitman von seinen Grashalmen sagte: die Weide seines Herzens. Ornament und Struktur waren im wesentlichen eins; ihr subtiler Rhythmus enthielt eine hohe emotionale Spannung und erweckte doch den Eindruck von Ruhe (analog der Musik). Aber die »Identität« des Gebäudes hatte ihren Sitz im Ornament. Dies letztere war der Geist, der die Masse belebte und ihr entströmte und so die Individualität des Gebäudes zum Ausdruck brachte. Des Künstlers Sympathie mit dem Leben nährte das Ornament und gab ihm Sprache: es sprach mit der Stimme des Künstlers und der des Gebäudes — in der Tat waren sie eins: das Gebäude eine ganze Persönlichkeit und sein Architekt ein Dolmetscher und Prophet.

Solche geistigen Resultate konnten, wie Sullivan behauptete, nur in Amerika erzielt werden, »in dem Garten unserer Welt«. Er sagte: »Hier allein gibt es eine Tradition ohne Fesseln, hier allein kann die Seele des Menschen frei wachsen und reifen und nach dem ihr Eigenen streben.« So hoffte er, als er seine Gebäude erneut mit Ornamenten schmückte (das System der Verzierung war nun nicht mehr ein übernommenes, sondern ganz und gar sein eigenes), daß diese Ornamente seine

[1] Siehe: *Das Ornament in der Architektur*, S. 130.

Lehre verständlich machen würden. »Wir werden lernen«, sagte er, »den Menschen und die Wege, die er geht, zu beurteilen. Und wir werden am Ende die Entfaltung der Seele in ihrer ganzen Schönheit schauen...[1]« Aus dem Ornament sprach die Inspiration von Ocean Springs.
Und gerade auf Grund dieser Inspiration bestand das Hauptproblem des Wainwright Building in der Transzendenz der »unheilvollen« städtischen Verhältnisse, die große Gebäude erforderlich machten. Sullivan stellte die Frage, die Whitman dem materialistischen Amerika in *Democratic Vistas* gestellt hatte: »Wie sollen wir diesem sterilen, groben, rohen, brutalen Haufen, dieser starren, widerspenstigen Fratze ewigen Kampfes... höhere Formen der Empfindung und Kultur geben?« Dieses Problem ist die Ursache für Sullivans Überzeugung, daß das große Bürogebäude »eine der prachtvollsten Gelegenheiten« darstelle, die »dem stolzen Geist des Menschen« jemals geboten worden seien. Indem er die sozialen Verhältnisse als unvermeidlichen Teil des zu lösenden Problems akzeptierte, machte Sullivan aus dem Wainwright Building ein Beispiel für die Vereinigung von Zweckmäßigkeit und Schönheit. Dieser emporstrebende Wolkenkratzer war seine Bestätigung des stolzen Menschengeistes, seine »Form gegen das Verhängnis«[2]. Und nur ein Architekt, der so von Erkenntnis und Inspiration erfüllt war, konnte zur gleichen Zeit die Wainwright- und Getty-Grabmäler bauen — diese Gedichte an den »himmlischen Tod«, die mit denen Whitmans verglichen werden können.
Die unter Verwendung von Gerüsten aus Stäben und Stützen errichteten klassischen Gebäude der World's Columbian Exposition dauerten nicht so lange wie die Idee, die sie repräsentierten. Sie erhoben sich auf dem sumpfigen Gelände des Jackson Park in wahrhafter Vollendung und boten eine Wiedergabe der Szenen von Thomas Coles *The Course of Empire*. Als sie wieder abgerissen waren, erschienen überall ihre Ebenbilder in Stein. Und David Burnham, der den Aufbau der Ausstellung überwacht hatte, behielt recht: »Der Einfluß der Ausstellung wird darin bestehen, daß eine Rückkehr zum reinen Ideal der Alten angeregt wird. Wir haben in einer Periode der Erfindungen gelebt und eine ziemlich starke Verachtung gegenüber der Klassik an den Tag gelegt. Die Menschen entwickelten neue Ideen und bildeten sich ein, sie könnten eine neue Schule gründen, ohne der Vergangenheit besondere Beachtung zu schenken. Aber Aktion und Reaktion sind das gleiche ... Es wird nun müßig sein, zu sagen, daß die großen klassischen Formen unerwünscht seien — das Volk hat ihre Vision vor sich, und die kann von Worten nicht ausgelöscht werden.«
Die Chicago School starb nicht zugleich mit der Ausstellung. Aber sie wandte sich augenblicklich den Architekturformen des Ostens zu, die den vorherrschenden Geschmack der Zeit berücksichtigten. Da die Chicago School sich in ihrer Überzeugung westlicher Überlegenheit niemals ganz sicher fühlte, war sie nicht in der Lage, die Führung des Ostens in Frage zu stellen. Schon 1886 erklärte Root, der Delegierte der Western Association, vor der Versammlung des American Institute of Architects, daß der Westen ihnen keine Konkurrenz mache; und als er vom »Wilden Westen«

[1] Siehe: *Das Ornament in der Architektur*, S. 130.
[2] Siehe: *Das große Bürogebäude, künstlerisch betrachtet*, S. 144.

Das Schiller- (um 1905 »Garrick«-)Theater, Chicago, erbaut 1891/92, abgerissen 1961 (siehe auch S. 131)

sprach, sagte er vielleicht mehr, als er beabsichtigt hatte. 1887 hielt das American Institute of Architects seine Versammlung in Chicago ab; 1889 vereinigten sich beide Gesellschaften. Und von Anfang an waren die »Westerners«, die die Ausstellung selbst hätten aufbauen können, bereit, daraus ein nationales Unternehmen zu machen. Anders als die »Easterners«, die, wie Henry Van Brunt sagte, »eine Familie bildeten, die unter den gleichen akademischen Einflüssen aufgewachsen war«, besaßen sie nie die Sicherheit eines ganz bestimmten Stils.
Wenn Geschmack im Streit lag mit schöpferischer Vitalität, dann siegte der Geschmack. So sagte Veblen, der die aus der Ausstellung zu ziehende Lehre verstand: »Die Aufgabe der Nichtstuer in der sozialen Entwicklung besteht darin, die Bewegung aufzuhalten und das Veraltete sorglich zu wahren.« Sullivan, dem Veblens Gabe der Distanzierung und Ironie nicht zuteil geworden war, sprach später von der Ausstellung als von einem Alpdruck und einer Seuche, einer finstern Wolke, die das Land vernichtete. In seinem Gedankensystem gehörte die Ausstellung zum Rhythmus des Todes, und wenn er davon sprach, daß ein dekadenter Gedanke dekadente Formen hervorbringe, so hatte er dabei stets die Ausstellung im Sinn.
Die Ausstellung war jedoch nicht der Abschluß der Argumentation über Stile. Der Streit wurde niemals endgültig beigelegt, und der Kampf um die Stile wurde fortgesetzt, da die tiefere Ursache des Streites – wie Sullivan wußte – in der Auflehnung der Gegenwart gegen die Vergangenheit zu suchen war – der Auflehnung des Lebens gegen den Tod. Seit Emersons Tagen bis in unsere Zeit wurde dieser Kampf in jeder Generation wieder neu ausgefochten. Bezugnehmend auf die Ausstellung sagte Walter Behrendt: »Die Tragik der Vereinigten Staaten liegt in ihrer Unfähigkeit, geistigen Zusammenhang zu erreichen.« Aber wenn schon dieser Zusammenhang in der amerikanischen Architektur nicht zu finden ist, so doch in dem Versuch einer jeden Generation, die Bedeutung und die Möglichkeiten Amerikas für die Menschheit zu entdecken. Deshalb auch wandte sich Sullivan hoffnungsvoll an die Jungen, und deshalb definierte er in den *Kindergarten Chats* die amerikanische Architektur als etwas, was auf die völlige Realisierung des Menschen hinziele. »Die Architektur, die w i r wollen«, sagte er, »soll wie ein Mann aktiv sein, lebendig, geschmeidig, stark, vernünftig – wie ein fruchtbarer Mann. Wie ein Mann, der fünf gesunde Sinne hat; der Augen hat, die klar und deutlich sehen, und Ohren, die jeden Ton vernehmen; wie ein Mann, der in seiner Gegenwart lebt; wie ein Mann, der um das Vibrieren dieses immer beweglichen Etwas weiß und es spürt – mit einem Herzen, das die Schwingung aufnimmt, und einem Geist, der die Bewegung ausführt: diese unaufhörliche, wunderbare Geburt, diese Fruchtbarkeit nennen wir das Heute! Wie ein Mann, der seinen Tag kennt und liebt, der Stärke und Güte recht bewertet, dessen Füße auf der Erde stehen, dessen Gemüt zum ewigen Lied der Menschheit wie ein Instrument gestimmt ist, der die Vergangenheit mit freundlichen Augen ansieht und die Zukunft in einer freudigen Vision erblickt – wie ein Mann, der den Willen zur Schöpfung in sich trägt: so soll unsere Kunst sein. Denn leben, ganz und gar leben heißt die Vollendung des Seins offenbaren.« Der Geist Emersons, Thoreaus und Whitmans – der eigentliche Geist Amerikas – hatte einen neuen Fürsprecher gefunden.

Der amerikanische Gelehrte

»Wenn, wie ich behaupte, wirkliche Gelehrsamkeit
von höchstem Nutzen ist,
weil sie den Besitz der höchsten Art des Denkens,
der Vorstellung und der Sympathie bedeutet,
dann muß das Werk des Gelehrten
sein Wissen so widerspiegeln,
daß ersichtlich ist, daß dieses Wissen
ihn zu seinem Volke hin-
und nicht von ihm fortgezogen hat;
daß es als ein Mittel dient,
die Ziele des Volkes
— und damit seine eigenen — anzustreben;
daß sein Wissen zum Besten und zur Erleuchtung aller,
nicht aber zur Verzärtelung einer bestimmten Klasse Anwendung findet.
Kurz: Seine Werke müssen beweisen
(und die Beweislast fällt ihm selbst zu),
daß er ein Bürger ist und kein Lakai,
daß er ein wahrer Vertreter der Demokratie
und nicht ein Werkzeug heimtückischster Anarchie ist...
In einer Demokratie kann es nur einen Hauptprüfstein
für das Bürgerrecht geben:
Benutzt einer die Gaben,
die ihm zuteil wurden, für oder gegen das Volk?«
*Sullivan**

Nicht die Weltausstellung, sondern die Panik von 1893, die darauffolgende flaue Zeit, Adlers Austritt aus der Firma im Jahre 1895 und Sullivans eigene Anmaßung änderten die Richtung seiner Laufbahn. Ohne Adler waren die mageren Jahre noch magerer, und die Anzahl der Aufträge ging zurück. Von ein paar Fabriken und kleinen »Gebäuden« abgesehen, vollendete Sullivan während der nächsten zehn Jahre nur drei größere Projekte: das Bayard Building in New York, die Fassade des Gage Building und den Department Store von Schlesinger und Mayer in Chicago. Diese Bauten waren das reife Werk eines reifen Künstlers und trugen zu seinem Ruhm bei[1]. Tatsächlich wurde er, obgleich er weniger baute, mehr gepriesen als je zuvor. Wenn auch die Kunden ausblieben, so wandten sich doch strebsame Architekten an ihn, und um 1900 war er der anerkannte Führer der neuen Bewegung der Architektur.
Selbst seine Rede im Jahre 1894 vor der Versammlung des American Institute of Architects in New York über *Emotional Architecture as Compared with Intellec-*

---

* Kindergarten Chats 1901/02.
[1] Die Fa. Gage Bross & Co. erbot sich, zusätzliche Miete zu zahlen in Anbetracht der erhöhten Kosten, die durch die Anstellung Sullivans und den Bau der Fassade nach seinem Entwurf entstehen würden. Sie waren der Meinung, daß diese Ausgabe durch die günstige Auswirkung auf ihr Geschäft ausgeglichen würde. Sullivans Kunst hatte für sie ausgesprochenen Handelswert.

tual[1], die eine lange Auseinandersetzung um die Ausbildung des Architekten einleitete, war kein Hindernis für seine Wahl in den Vorstand des Institutes. Er war Vorstandsmitglied von 1895 bis 1897 und wirkte 1895 im Exekutivkomitee, als David Burnham Präsident war. Der treue McLean fuhr fort, ihn im *Inland Architect* zu unterstützen: Über die Auszeichnungen, die ihm Frankreich 1895 für seine Arbeit bei der Ausstellung verlieh, wurde ausführlich berichtet; alles, was er schrieb — selbst kleinere Artikel —, wurde abgedruckt oder nachgedruckt; es war immer Platz vorhanden für lebendige Schilderungen seiner Arbeit; seine Wolkenkratzer wurden gelobt; und in einer zweiten Serie über die Frage der Stile (1897) — *Is Architecture a Living Art?* — wurde seine Ansicht bekräftigt. Seit dem Erscheinen der kritischen Aufsätze von Barr Ferree (1894) und Montgomery Schuyler (1895) wurde Sullivans Arbeit mehr und mehr anerkannt und geschätzt.
Sie wurde sogar verteidigt. Der stets großzügige Adler z. B. erklärte Sullivans Doktrin, daß »die Form der Funktion folgt«, im Jahre 1896 vor der Versammlung des American Institute of Architects. Er legte die Theorie von Sullivans Artikel *The Tall Office Building Artistically Considered*[2], der schon vorher im selben Jahr bei Lippincott erschienen war, erneut dar und erweiterte sie, wobei er die Lehre vom Funktionalismus endgültig seinem ehemaligen Partner zuschrieb und — wie Sullivan selbst es getan hätte — erklärte, daß er gegen das Dogma protestiere, wonach die »Kunst der Architektur mit der Renaissance aufhöre ...«[3].
Im nächsten Jahr lobte McLean Sullivans Wolkenkratzer. F. W. Fitzpatrick sprach von Sullivan als von dem ersten Architekten in Chicago, der Vergangenes beiseite geschoben habe. »Wenn ich von der neuen Schule spreche«, sagte er, »dann denke ich an Mr. Sullivan.«
Fitzpatrick dachte dabei nicht an die Chicago School, sondern an eine andere Schule, die neben jener entstanden war. Ihr gehörten zumeist junge Zeichner an, die nicht die für die Aufnahme in das American Institute of Architects erforderliche akademische Ausbildung oder entsprechende Diplome besaßen. Ausgangspunkt waren die Architekturklubs gewesen, die in den 80er Jahren gegründet worden waren. Sie hatten die Zeichner ausgebildet, die jüngeren Mitglieder des Berufszweiges zusammengeschlossen und — anders als das American Institute of Architects — jährliche Ausstellungen von Architekturarbeiten veranstaltet. Mit der Zeit hatten sich Mitgliederzahl und Programm der Klubs vergrößert. Sie waren niemals streng professionell, machten keinen Unterschied zwischen Meistern und Schülern und nahmen sowohl Künstler als auch Amateure auf; und sie beschäftigten sich mit den Problemen, die durch das wachsende Interesse an Kunst und Handwerk, Verbesserung im Städtebau und allgemeiner Kunsterziehung auftauchten. (Sullivan trat im Jahre 1899 der Illinois Industrial Arts League bei, einer Organisation, die sich ebenfalls für derartige Probleme interessierte.) Diese unabhängigen Klubs wurden 1899 zur Architectural League of America zusammengeschlossen, und die League wurde so-

[1] Siehe S. 135.
[2] Siehe S. 144.
[3] Sullivan erwies sich später als nicht weniger großzügig. Als Adler 1900 starb, entwarf er die Umrahmung für dessen Gedenkstein.

fort als eine neue Macht in der amerikanischen Architektur begrüßt. Ihre Leiter wurden bald zusammen mit denen des American Institute im *Inland Architect* registriert, der die Bildung der League das »bemerkenswerteste Ereignis in der Architekturgeschichte dieses Landes seit dem Wiederaufleben des American Institute of Architects und seiner Vereinigung mit der Western Association« nannte. Später — immer noch in der Hoffnung auf die Entwicklung einer nationalen Architektur — wandte er sich an »diese neue Schule« — »an Sullivan und die jungen Männer, die seinen Spuren folgten...«.

Ein großer Teil der kritischen Aufmerksamkeit, die sich damals auf Sullivan richtete, war das Ergebnis seiner Vergötterung durch die League. Er hatte die Rolle eines Führers nicht selbst gewählt — eine neue Generation, die sich von neuem an den Zielen der Chicago School entzündete, hatte ihn zu ihrem Anführer gemacht. Max Dunning, der Sekretär des Chicago Architectural Club (und Sullivans hilfreichster Verteidiger in seinen späteren Jahren des Abstiegs), hatte die League eröffnet, und bei der ersten Zusammenkunft in Cleveland (1899) hatte er Sullivans *The Modern Phase of Architecture* verlesen. Diese Schrift, die sofort im *Inland Architect* — dekorativ eingerahmt — als Einleitung zum Bericht über die Versammlung abgedruckt wurde, galt als »das Ereignis der Versammlung — so genau drückte sie die Gedanken und Gefühle eines jeden der Anwesenden aus...«. Sullivan sprach darin von der Gründung der League als vom glücklichen Beginn einer neuen Ära; er legte die Möglichkeit einer amerikanischen Kunst in die Hände der jüngeren Generation — »ich habe meiner Jugend Lebewohl gesagt und heiße die eure mit Eifer willkommen«; und indem er kurz von seiner Überzeugung sprach, daß der Architekt der Dichter und Deuter nationalen Lebens sei, schloß er ein Bündnis mit der neuen Generation und rief die League auf, »das Leben eurer eigenen Zeit, eurer eigenen Generation nicht zu verraten, sondern zum Ausdruck zu bringen«. Die Rede fand, wie ein Reporter bemerkte, lebhaftes Echo und wurde in der nächsten Versammlung als »der Grundstein unserer Organisation« bezeichnet. Die Versammlung akzeptierte Sullivans Aufforderung; sie wurde in die Verfassung der League aufgenommen: »... ursprüngliche und schöpferische Architektur zu fördern und den Gedanken der Architektur zu modernen Quellen der Inspiration zu führen.«

Die Gelegenheit für Sullivans größten Triumph jedoch bot die zweite Versammlung der League, die im Jahre 1900 im Auditorium Hotel abgehalten wurde. Nur einen Monat vorher hatte George R. Dean mit seinem Artikel *Progress before Precedent* den Schlachtruf und das Thema für die Debatte geliefert. Sullivan begrüßte diesen Artikel, und wahrscheinlich wurde er von ihm zu der Schärfe angespornt, mit der er die augenblickliche Generation der Architekten — die der älteren, etablierten — in seiner Ansprache angriff *(The Young Man in Architecture).* Die Versammlung bereitete ihm noch vor dieser Rede, die beim abschließenden Festmahl gehalten wurde, einen überwältigenden Empfang. (Den Rahmen für dieses Bankett bildete der von ihm entworfene Speisesaal; Toastmaster war sein Rivale und der Vertreter der augenblicklichen Generation Daniel Burnham.)

Sullivan war gerührt über den unerwarteten Beifall, der ihm im Verlauf der Debatte gezollt wurde. Elmer Grey bezog sich in der Vorrede zu seinem Aufsatz *Indi-*

genous and Inventive Architecture auf den Mann, »der vor allen andern uns angeregt hat ... durch seine überaus vitalen Gedanken hinsichtlich des Ausdrucks in der Architektur: Mr. Louis H. Sullivan«. Hierauf und auf den stürmischen Beifall antwortete Sullivan mit seiner Rede. Er sprach unvorbereitet eine halbe Stunde lang, pries den Aufsatz von Grey, dessen Inhalt seinen eigenen Gedanken nahekam, und entwickelte seine Ideen über die Inspiration durch die Natur. Als man zum eigentlichen Programm zurückkehrte, brach Alexander Trowbridge von Cornell eine Lanze für die Vergangenheit. Indem er beiläufig Sullivan erwähnte, »den Mann, zu dem sich viele auf ihrer Suche nach Ursprünglichkeit hinwenden«, gab er seiner Hoffnung Ausdruck, daß »die Schulen nicht das Vergangene fallenlassen und sich auf einer Basis des Naturstudiums neu organisieren«. Der nächste Sprecher jedoch stand wieder auf Sullivans Seite. In einer Einführungsrede zu seiner Schrift über die Erziehung durch die Natur bemerkte Frank Lloyd Wright, daß es »kaum richtig sein dürfte, auf den Schüler zu hören, wenn man gerade erst dem Meister gelauscht hat«. Dieses offene Bekenntnis von seiten des erfolgreichen jungen Mannes, den er vor einigen Jahren ziemlich kurz entschlossen aus seinem Büro entlassen hatte, weil er sich hinsichtlich seines Vertrages Freiheiten herausgenommen hatte, bewegte Sullivan zweifellos mehr als die Aufnahme seiner Rede, die den Grundton der Debatte angestimmt hatte. Und als Wright seine eigene Ausbildung beschrieb und erklärte, daß ein »Kindergarten-Kreis sympathischer Einsicht« um ihn (den Architekten) gezogen werden müsse, sobald er geboren sei, daß er »von Propheten und Sehern« mit der Natur in Berührung gebracht werden müsse, bis er eine dauerhafte Liebe zu ihr entwickelt habe — als er von der »hilfreichen Anleitung durch einen großherzigen, naturweisen und liebevollen Meister« sprach, da rechtfertigte er nicht nur den Mann, dem er so viel verdankte, sondern erweckte in ihm auch die Idee zu den *Kindergarten Chats*. Von dieser Zeit an akzeptierte Sullivan voll und ganz das Amt des Lehrers, des Propheten und Sehers.
Dies war vielleicht der bleibende Gewinn aus seiner kurzen Verbindung mit der League. Auf Anregung des *Interstate Architect and Builder*, einer kleineren Wochenzeitschrift, die seit kurzem in Cleveland erschien, wo die alte »westliche« Begeisterung durch die League wieder geweckt worden war, stellte Sullivan sein Programm für die Erziehung des Architekten auf. Diese *Kindergarten Chats*, die in 52 Abschnitten von 1901 bis 1902 erschienen, gaben der Zeitschrift ihr Gepräge; sie waren im Vorjahr in überschwenglichen Leitartikeln angekündigt worden.
The Young Man in Architecture war mit folgendem Kommentar des Herausgebers erschienen: »... Der Aufsatz von Mr. Sullivan war ein Meisterwerk — Mr. Sullivan ist nicht nur ein großer Architekt, sondern auch ein guter Schriftsteller.« Einen Monat später wurde in einem Leitartikel mit der Überschrift *Without a Peer* erklärt, daß »Louis H. Sullivan aus Chicago ohne Frage der populärste Mann auf diesem Gebiet in den Vereinigten Staaten« sei und daß »die harten Schläge, die Mr. Sullivan den bemoosten Professoren unter den Architekten versetzt hat, sicherlich gute Folgen haben werden ...«. Denjenigen, die eine Diskussion wünschten, wurde ein Platz in der Zeitschrift eingeräumt — mit der Warnung, daß sie »gewärtig sein müssen, daß er seine Position verteidigen wird«.

Zwei Monate vor Erscheinen des ersten Abschnitts erfüllte die Zeitschrift nicht nur ihr Versprechen, einen »unvergleichlichen Genuß« — nämlich eine zehnseitige illustrierte Übersicht über Sullivans Werk (wahrscheinlich als Beispiel für amerikanische Architektur in den Chats gedacht) — zu bieten, sondern sie druckte auch einen »offenen Brief« Sullivans ab, der seine Leidenschaftlichkeit widerspiegelte und zeigte, was die plötzliche Berühmtheit aus ihm gemacht hatte. In diesem Brief beschuldigte Sullivan die Firma Tenbusch & Hill, seine Entwürfe nachgeahmt zu haben. Diesen Brief, dessen Ton an sich schon ungemäßigt war, hätte man noch von dem ehemaligen Vorsitzenden des American Institute's Committee als die Berufsethik betreffend hinnehmen können — aber ihm folgten zwei ziemlich geschmacklose Seiten: Auf der einen Seite erschien der fragliche Entwurf (von Sullivan für einen Schwimmschein der Chicago Athletic Association gezeichnet!), auf der Seite gegenüber wurde Tenbusch & Hills Entwurf für die Cathedral of the Sacred Heart in Duluth gezeigt. Am Kopf dieser Seite standen die Erklärungen des Standard Dictionary für »Plagiat«, »Unsittlichkeit«, »Schändlichkeit«. Auf der andern Seite war eine Photographie Sullivans zu sehen nebst einer biographischen Notiz, in der seine zwei an der Ecole des Beaux Arts verbrachten Jahre sowie ein als »sullivanesque« bezeichneter Stil erwähnt wurden. Sullivan, von dem dieses Material stammen mußte, hatte in einem Augenblick der Überheblichkeit vergessen, was Dwight Perkins bei der ersten Versammlung der League gesagt hatte: »Es gibt nichts in Sullivans Ideen, wovon er nicht glaubt, daß ein anderer mit poetischen Neigungen es nicht in Bauwerken ausdrücken könne. Er ist nicht der einzige Sullivan.«

Perkins' Feststellung hinsichtlich Sullivans Ideen wurde durch die *Kindergarten Chats* bestätigt. Die *Chats* waren — zumindest an der Oberfläche — durch die gleiche Unbeherrschtheit verdorben, die er bei der Denunziation der Firma Tenbusch & Hill an den Tag gelegt hatte. Außer einem einzigen Leserbrief gab es kein Echo — die *Chats* wurden nicht einmal im *Inland Architect* oder in den Berichten der folgenden Zusammenkünfte der League erwähnt; Sullivans Hoffnung, daß die *Chats*, wenn schon nicht von den Architekten, so doch von einem aufgeschlossenen Publikum verstanden würden, blieb eitel. Was eine Lehrfibel für die League und ein wirkliches Handbuch über Architektur und Gesellschaft hätte sein können, blieb zum größten Teil unbeachtet. »Es verblüfft mich, zu sehen, wie unbedeutend die Wirkung ist im Vergleich zu dem, was die Sache mich an Lebenskraft gekostet hat«, schrieb er an Bragdon. »Niemals wieder werde ich der jüngeren Generation ein so großes Opfer bringen.«

Wenn Sullivan sich auch nicht offiziell von der League zurückzog, so blieb er doch der dritten Versammlung fern — er schickte lediglich einen anspornenden Brief. An der vierten Versammlung in Toronto im Jahre 1902 nahm er jedoch teil und hielt bei dieser Gelegenheit seine letzte Ansprache: *Education*[1] (eine kurze Ergänzung der *Chats*). Und bei der fünften Versammlung sagte Claude Bragdon von den Anhängern Sullivans, sie würden nun »praktisch allein stehen in dem Bemühen, die

---

[1] Siehe: *Erziehung*, S. 149.

anstürmende Flut des Latinismus aufzuhalten, die den Osten überschwemmt und sich westwärts wälzt ...«, und er erinnerte die League daran, daß sie ein Augenzeuge von Sullivans Einfluß gewesen sei. Aber die League war nicht länger die Macht, die sie noch wenige Jahre zuvor allem Anschein nach gewesen war, als der Präsident des American Institute eine Vereinigung mit ihr vorgeschlagen hatte. Sie erlitt das Schicksal so mancher Organisationen: sie blieb in der Routine ihrer ausschließlichen Belange stecken — in der praktischen Ausbildung von Zeichnern und den Vorbereitungen für die jährliche Ausstellung; die siebente Versammlung im Jahre 1905 machte es offensichtlich, daß der ursprüngliche Impuls, der so viel versprochen hatte, ein vergeblicher gewesen war. Um diese Zeit wandte sich Sullivan, der die bereitwillige Unterstützung des *Inland Architect* und des *Interstate Architect* ganz offenbar verloren hatte, zum *Craftsman* und suchte dort ein breiteres Publikum und eine neue Grundlage[1].

Nach der Weltausstellung 1893 wurde der Streit um die Stile abgelöst durch die Frage nach einer lebendigen Architektur, und diese führte bald zu der spezifischen und wichtigen Frage der Ausbildung. An der Ausbildung hatte das American Institute of Architects natürlich immer großes Interesse gehabt. Das Wachstum des Berufsstandes erforderte nun eine strengere Beurteilung der Ausbildung, und diese ergab sich zwangsläufig durch die wachsende Solidarität des American Institute und der Berufsschulen.

Nach ihrem Sieg auf der Ausstellung gründeten die Klassizisten unter der Leitung von Charles McKim die American Academy in Rom; die Ausbildung an der Ecole des Beaux Arts wurde populär, und Architekturprofessoren wurden durch die Zeitschriften mehr und mehr prominent. Die einschränkende Tendenz dieses akademischen Einflusses rief eine Gegenbewegung hervor, deren Vertreterin die League war. Für Sullivan, der die Kulturrevolution der Zeit und den Zusammenhang zwischen der Kraftlosigkeit der Kunst und der sklavischen Anhänglichkeit an die Tradition klar erkannte, war Hauptangriffsziel jetzt der neue Akademismus.

Keiner ging in der Kritik der Architektenausbildung so weit wie Sullivan, als er sich im Jahre 1894 an das American Institute wandte. Frederick Baumann zum Beispiel stellte lediglich noch einmal fest, daß die Architektur in Amerika zu einer »toten Kunst« geworden sei und daß lebenskräftige Kunst allein von besser ausgebildeten Schülern erhofft werden dürfe. Er bot kein System an, sondern zeigte ein Ziel: daß nämlich der Architekt ein Lehrer des Volkes werden solle; und er bestand darauf, wie er es in früheren Diskussionen getan hatte, daß man von »Stilbegriffen« abgehen müsse. Die Architekten reagierten auf diesen Aufruf im allgemeinen nicht lebhafter als auf denjenigen Sullivans. Mit Peter B. Wight (von dem Baumann eine Erwiderung erhielt) glaubten sie, daß sie Anhänger und nicht Führer des Volkes seien; und sie zogen es vor, auf William R. Ware, den ersten Lehrer Sullivans, zu hören, der erklärte, daß die klassischen Stile die für die augenblicklichen Bedürfnisse am besten geeigneten seien. Auf diese Weise wurde die Hauptfrage zu einer

---

[1] Siehe: *Was ist Architektur?* S. 152.

Palace of Fine Arts, Columbia Exposition, 1893 (jetzt Chicago Museum of Science and Industry)

unbedeutenden herabgesetzt und schließlich, während die Argumente um ihre verschiedenen Streitfragen kreisten, gänzlich ausgelöscht.
So war Sullivan gezwungen, seine Forderungen nach geeigneter Ausbildung auf die dringendste Weise zu wiederholen. Er hatte sich stets mehr mit der Inspiration, die den Stil bestimmte, als mit dem Stil selbst befaßt, und er vertrat seine Sache immer mit großem – mitunter übertriebenem – Eifer. Gestützt nun auf erweiterte Kenntnisse auf den Gebieten der Erziehungstheorie und der Psychologie und mehr und mehr beunruhigt durch das Brachliegen seiner eigenen Kräfte und durch seine Befürchtungen in bezug auf die Demokratie, schrieb er eine Reihe von Essays, die unmittelbar in den Kreis des *American Scholar* gehören. Wie schon vor ihm Emerson, stellte nun auch er den Wert der Schulen und der Interessen, denen sie dienten, in Frage. Er lehnte die Erziehung durch Bücher und die Schulung des Intellektes ab und plädierte für die Erziehung durch die Natur und für die Entwicklung des ganzen Menschen. Er setzte seine Hoffnungen hinsichtlich der Unwandlung der Welt auf den unabhängigen und verantwortungsbewußten Menschen, und das Ziel dieser Umwandlung nannte er »Demokratie«.
Sullivans Gedanke wird in allen seinen Elementen deutlich zum erstenmal in seiner

größten Kundgebung *Emotional Architecture as Compared with Intellectuel: A Study in Objective and Subjective*[1]. Dieser packende Essay vervollständigte die frühere Rhapsodie über *Inspiration* und griff die Klassizisten in ihrer eigenen Festung an. Sullivan bekämpfte die historischen Stile nicht direkt, wie er dies später tat, noch warf er der älteren Architektengeneration vor, daß sie die ihr anvertrauten Werte verrate und die Architektur auf »Null« reduziere. Statt dessen sprach er über »Erziehung« und erklärte, weshalb sie für die augenblickliche Unfruchtbarkeit in der Baukunst verantwortlich sei.

Seine anfänglichen Ausführungen waren verdächtig neutral — aber die gegensätzlichen Begriffe, die sie geschickt entwickelten, waren es nicht... »Wie seltsam ist es doch«, begann er, »daß Erziehung in der Praxis so oft Unterdrückung bedeutet...« Dann, wie nach einer schweigenden Zustimmung, verkündet er seine eigene Ansicht: »Und doch ist es jetzt wie immer die wahre Aufgabe der Erziehung, die Fähigkeiten des Kopfes und des Herzens auszubilden.«

In der Voraussetzung, daß Erziehung »Wachstum« bedeute, fuhr Sullivan fort — wie er es schon zuvor getan hatte und ausführlicher noch in seinen Büchern tat —, die ersten Stufen der Erziehung eines einfachen Jungen in der Natur zu beschreiben. Er erklärte den Begriff der Identität, den er von Whitman übernommen hatte, und schilderte, wie der Junge und die Gegenstände in der Natur Seite an Seite heranwachsen und sich aus nächster Nähe einander offenbaren; und er betonte — nun, da er Whitman tiefer erkannt hatte — die Bedeutung der Berührung, die zarte Regung der Empfindung, »die warme physische Berührung des Körpers... in spontaner Gemeinschaft mit der Natur«. Die Erziehung, die er vorschlug, war zu Beginn die der Sinne; für ihn war die transzendentale Fähigkeit der Intuition ein »veredelter tierhafter Instinkt«, der — wie der Bogen — die größte Reichweite des Physischen darstellte. Den Intellekt leugnete er nicht; aber er sah sein Fundament in der »vollkommenen konkreten Analyse mittels der Sinne und der Sympathien...«.

Die Erziehung oder Ausbildung, die Sullivan vorschlug, war, wie Emerson gesagt hatte, ein wirkliches »Heraus-Ziehen«, ein »Heraus-Bilden« der Fähigkeiten. Die Natur war der beste Lehrmeister, aber weiteres Wachstum hing vom Schüler ab, dessen »ewig unbefriedigtes Sehnen« das dominierende Charakteristikum der Vorherrschaft des Menschen in der Natur ist. (Sullivan bemerkte auch, daß dies »die Rechtfertigung der Vorherrschaft einiger weniger Menschen über ihre Mitmenschen« sei.) Denn die Sehnsucht, das Verlangen, trieb den Schüler zu der Welt außerhalb seiner selbst und bestimmte die Richtung, in der er sich Nahrung für seine Fähigkeiten suchte. Das Kind ging nicht einfach vorwärts und identifizierte sich mit den Dingen, sondern wählte, geleitet vom Verlangen — dem eigentlichen Kern des Ichs —, diejenigen Dinge aus, die den Bedürfnissen seines in der Entwicklung begriffenen Wesens am ersten entsprachen. Aus diesem Grunde griff Sullivan die Verdrängungstheorien in der Erziehung an und ermahnte die Architekten, wie Emerson seine Gemeinde ermahnt hatte: »O tötet nicht seine (des Kindes) Hoffnung, unterdrückt nicht eine einzige Regung der Begeisterung...« Beide glaubten — und dies war der Kernpunkt ihres Denkens wie auch der Erziehungs-

[1] Siehe: *Vergleich zwischen emotionaler und intellektueller Architektur*, S. 135.

theorien von Fröbel und Dewey — an die Idee organischer Erziehung und Ernährung, die Emerson in Sampson Reeds *Growth of the Mind* entdeckt hatte: »Der Geist muß wachsen — nicht von dem, was ihm von außen zugeführt wird, sondern aus einem inneren Prinzip. Vieles kann von andern zu seiner Entwicklung beigetragen werden; aber bei allem, was getan wird, darf nicht vergessen werden, daß das Kind auch in seinen jüngsten Jahren einen Charakter und ein Prinzip der Freiheit besitzt, das respektiert werden m u ß und nicht zerstört werden k a n n. Seine besonderen Neigungen können festgestellt und geeignete Ernährung und Pflege gewährleistet werden; aber die kindliche Pflanze muß — nicht weniger als der bejahrte Baum — die Freiheit haben, mit ihren eigenen Aufnahmeorganen das auszuwählen, was ihr besonders zuträglich ist; andernfalls wird die Nahrung als fremde Substanz ausgeschieden oder bringt nichts anderes als Fäulnis und Mißgestalt hervor.« In der Unfähigkeit, diesen Rat in seiner ganzen Bedeutung für Kultur und Gesellschaft zu erkennen und zu befolgen, sahen Emerson und Sullivan die Erklärung für die Unfruchtbarkeit ihrer Zeit.

Durch ein weiteres Verlangen — das Verlangen, zu handeln — wird, was der Geist aufnahm, zu Gedanken und Ausdruck. Der Geist, so sagte Emerson, hat einen aufnehmenden und einen schaffenden Pol, einen Rhythmus, der sich aus Einströmen und Hinausfließen zusammensetzt. Sullivan sprach von dem Trieb, »aufzunehmen und abzugeben«. Und als Künstler war auch er in den ganzen Kreis des Denkens, der Kräfte oder Fähigkeiten mit einbezogen, die die Sehnsucht nach Ausdruck oder Handeln zur Erfüllung brachten. Diese Kräfte nannte er »Vorstellung«, »Gedanke«, »Ausdruck«.

Er erklärt: Die Vorstellung erwacht, sobald ein Mensch mit seinem ganzen Sein spontan auf die Welt reagiert. Sie bringt diesen »erleuchteten Augenblick« hervor, in dem Ideen geboren werden, und sie ist das Primäre, weil sie allein Zeugungskraft hat. Ihr schrieb Sullivan alles das zu, was Coleridge meinte, wenn er sagte: »Ich behaupte, daß die ursprüngliche Vorstellung die Lebenskraft, das primäre Agens alles menschlichen Empfindungsvermögens ist — indem sie den ewigen Schöpfungsakt im endlichen Geist wiederholt, schafft sie das unendliche ICH BIN.« Unter Hinweis auf seinen eigenen schöpferischen Prozeß stellt Sullivan fest, daß vom Augenblick der empfundenen Vorstellung an alles Weitere »eine Selbstverständlichkeit, eine absolute Gewißheit ist..., ganz gewiß ist da eine Aufgabe, aber kein Zweifel«. Der Gedanke ist (vergleichbar dem »Verstehen« Coleridges) der analytische und kritische Faktor, der die Aufgabe erleichtert. Er dient dazu, »das Schema und die Struktur zu bestimmen, die der Form eines Kunstwerkes zugrunde liegen, sie durchdringen und tragen sollen.« Da er eine Kraft ist, die »langsam und erwägend vorgeht, festigt und sichert«, steht er in enger Verbindung mit dem Zwang und den Grenzen der Materie.

»Er ist das harte Gerüst«, sagt Sullivan, »... er lächelt niemals.« Der A u s d r u c k ist das Lächeln. Die Aufgabe dieses »Liebenswürdigen, Lebendigen und Beweglich-Überschwenglichen ist es, die Struktur der Kunst in die Form der Schönheit zu kleiden...«. Der Ausdruck stellt die Körperlichkeit, die Bildsamkeit des Lebens wieder her — er ist es, der die Verzierungen anbringt.

Es handelt sich hier um natürliche Kräfte, und das Werk, dessen Erschaffung sie fördern, durchläuft – wie der Mensch selbst – einen natürlichen Prozeß des Wachstums und der Entwicklung. Eine solche Kunst ist deshalb hochzuschätzen, weil sie das menschliche Erlebnis nachbildet: »Im Verlauf ihres Wachstumsprozesses, während ihrer stetigen Höherentwicklung durch natürliche Speicherung und natürlichen Aufbau der Nahrung suchen und finden die physischen und geistigen Kräfte unseres Lebens anschauliche Äußerung in ihrem eigenen Abbild...« Das Ergebnis eines einheitlichen Impulses (bei Ausführung der Handlung wirken die Kräfte nicht getrennt) ist eine Kunst, die Leben – und Stil hat. Denn der lebendige Wert des Kunstwerks (und damit auch sein Stil) hat seinen Ursprung im »echten und ursprünglichen Erleben dessen, der es schuf«.

Der Architekt baut nicht nur – er tut weit mehr: er vermittelt. Sein Werk ist eine Metapher und besitzt die suggestiven und flüchtigen Werte der Metapher. Ein Bauwerk ist, wie Emerson sagte, eine geistige Form; es ist nicht einfach eine organische Form vom Gesichtspunkt des Nützlichen aus, sondern besitzt in sich selbst Realität. Geistige Formen sind lebendig – sie besitzen die fließende Beweglichkeit des Geistes und auch seine höchsten Werte: Gleichgewicht und Ruhe.

Selbst wenn der transzendentale Begriff der Realität nicht anerkannt wird, so ist doch die Erkenntnis, die von solchen Formen vermittelt wird, die der tiefsten und innigsten Wechselbeziehungen zwischen dem Menschen und der Natur. Sullivan, der – wie auch Emerson – das »Innere«, die subjektive Realität, gleichsetzte mit dem »Höheren«, der transzendentalen Realität, sprach in religiösen Worten von dem unmittelbaren Erlebnis, das sich auf das Selbst – und damit auch auf die Kunst auswirkt. Grundlage der Kunst war für ihn das ganz starke Eins-Sein, das »von den frommen Dichtern ›der Gang mit Gott‹ genannt wurde«.

Diese ursprüngliche Beziehung wird von der Natur dem Kind geschenkt, das hinfort stets – und das ist eine Bedingung für seine Entwicklung – den Hunger nach dem Geistigen zu stillen sucht. Daß es scheitert – und daß die Architektur ein totgeborenes Kind ist –, liegt an der einengenden und einseitigen Erziehung des Intellekts. »Es ist das Verbrechen dieser Erziehung«, sagte Sullivan, »daß sie uns der Natur entfremdet hat.«

Der Intellekt an sich ist nicht der Übeltäter. Er ist, wie Sullivan zeigte, eine antreibende Kraft des schöpferischen Gedankens; in seinen Schriften verbindet er ihn aber immer mit dem Objektiven. Objektives und Subjektives, Intellekt und Gefühl – das sind die Phasen im Rhythmus des Denkens, und dieser Rhythmus im Leben des Menschen entspricht dem Rhythmus des Absterbens und Wachsens in der Natur. So schleppt sich nach Sullivans Meinung der Intellekt mit der Last des Materialismus, des Zwanges, der Starrheit. Er hat auch alle die Eigenschaften, die ihm die Romantiker zuschrieben, die – wie Sullivan – den Streit zwischen Kopf und Herz zu beenden wünschten, indem sie den unrechtmäßigen Herrscher Kopf entthronten und das Herz zum König machten. In seinem Aufsatz über Selbsterziehung und schöpferische Kraft betonte Sullivan die Bedeutung und den Vorrang des Herzens. Historisch gesehen, bedeutet Vorherrschaft des Intellekts Feudalismus. Und wenn das Scheitern der Architektur auf eine Erziehung des Intellekts zurückgeführt wird, so heißt das, daß diese Erziehung als feudalistisch bezeichnet werden kann. Es heißt ferner, daß Architektur und Erziehung vor Gericht zitiert werden, denn nun ist es möglich, sie dem gnadenlosen demokratischen Impuls, den Sullivan als die Lebenskraft der Geschichte bezeichnet, gegenüberzustellen und entsprechend abzuurteilen. Er hatte das Empfinden, daß die Zeit, in der er lebte, feudalistisch sei – gezeichnet von einem »düsteren Materialismus«, einer »grausamen Objektivität«, einer »fanatischen Selbstsucht«. Er hoffte auf eine Morgenröte der Demokratie – und erhoffte sie von einer Gegenströmung gegen die Exzesse »dieses unseres finsteren Zeitalters«. Wie Whitman, nahm Sullivan an, daß der Materialismus die Basis bilde für die kommende geistige Ära; und indem er auf den Spuren Whitmans blieb, eröffnete er demokratische Aussichten in einer Aufzählung der Ereignisse, die im Schicksal der Demokratie eine Rolle gespielt hatten und noch spielten. Seine Aufzählung beginnt mit der Gottsuche der Hindus, Hebräer und Chaldäer; sie enthält die objektiven Griechen und die gefühlsbetonten Goten; sie erwähnt den Beginn der modernen Wissenschaft und die politischen und industriellen Revolutionen, die noch im Gange waren; und sie schließt mit der Nennung Amerikas, »eines neuen Landes, eines Gelobten Landes...«. Sullivan verkündete: »Es ist vom Schicksal gewollt, daß hier der letzte Akt des Dramas von der Befreiung des Menschen sich vollzieht – die Erlösung seiner Seele.«

Aus dem Dichter der *Inspiration* war nun ein Prophet geworden. Aber seine gewaltige Prophezeiung war – wie bei den alten Propheten – das Vorspiel zur Anklage. Noch einmal führte er – indem er diesmal näher auf Einzelheiten einging – Beschwerde gegen die »so ganz und gar sinnlose Erziehung, die wir erhalten haben«. Er äußerte beredt seine Zweifel an den Treuhänder-Fähigkeiten der Architekten seiner Generation und wiederholte nur zur Milderung ihre Entschuldigungsgründe. Und zuletzt forderte er sie zu wirklich wegweisenden Taten auf. Der Architekt, behauptete er, sei der wahre Vertreter seiner Zeit; in seiner Kunst suche er nach »einem natürlichen Ausdruck unseres Lebens, unseres Denkens, unserer Meditationen, unserer Gefühle . . .«. Wenn er die richtige Erziehung erhält, wird er die für seine Kunst erforderliche »Männlichkeit« besitzen. Und seine Kunst wird endlich eine vollständige sein – eine Kunst des Kopfes und des Herzens. Die neue Kunst, die wirklich plastisch ist und sich den »wechselnden Schwingungen der menschlichen Seele« anpaßt, wird die statischen Kräfte der Griechen und die dynamischen Kräfte der Goten in sich vereinen. Sie wird das »bewegliche Gleichgewicht« der Natur haben und »klar und beredt und mit Wärme von der Erfülltheit und Vollkommenheit der Beziehungen der Menschen untereinander und zur Natur künden«. Dies wird dann die Zeit des frei sich entwickelnden Menschen und der demokratischen Architektur sein.

Die Lehre, die in diesem Aufsatz verlangt wurde, gab Sullivan in seiner nächsten und weitestverbreiteten Schrift *The Tall Office Building Artistically Considered*[1]. Als Motto hätte er Whitmans Ausspruch wählen können: »Der Gerichtstag für den, der der größte Poet sein könnte, ist heute.« Er wollte zeigen, wie er unter Berücksichtigung aktueller Bedürfnisse und ohne Zuratziehen von Büchern einen »echten

[1] Siehe S. 144.

normalen Typus« zu bilden gedachte — einen, der die feudalistischen Verhältnisse überwand, indem er den demokratischen Hoffnungen der Menschheit Ausdruck verlieh. Zu diesem Zweck verkündete er den Lehrsatz von der Form, die der Funktion folgt, und leitete davon einen andern ab: daß nämlich jedes Problem seine Lösung in sich selbst trägt und sie andeutet.
Er brachte die sozialen Verhältnisse zur Sprache, die große Gebäude erforderlich machten; er erklärte die Physiologie des Gebäudes und die Art, in der sein Äußeres behandelt werden sollte; dann sprach er über architektonischen Ausdruck und die Beredsamkeit der »Größe«. (Für Sullivan ist der Ausdruck, das subjektive Element, unbedingt demokratisch. Der Essay geht von objektiven zu subjektiven Betrachtungen über.) Er erwog die Theorien, die auf das große Gebäude Anwendung finden könnten: daß es eine klassische Säule sei, bestehend aus Basis, Schaft und Kapitell; daß es die mystische Dreifaltigkeit darstelle; daß es eine logische Feststellung verkörpere — mit Einleitung, Mitte und Schluß; daß es organisch sei wie Blatt, Stamm und Blüte — oder wie eine Föhre (hier — wie auch mit seinen Bemerkungen über den inneren Lichthof — kam er Frank Lloyd Wright zuvor). Aber alle diese Lösungen a priori wies er zurück. Die Identität eines Gebäudes dürfe nicht aufgezwungen, sondern müsse entdeckt und zum Ausdruck gebracht werden. »Die Form folgt der Funktion« — das war ein Gesetz der Entdeckung und des Ausdrucks, und seine Bedeutung wäre klarer erkannt worden, hätte man es so formuliert: »Die Funktion schafft die Form.« Aber Sullivan hatte von der Natur gelernt, die Föhre nicht als Modell zu benutzen, sondern den Prozeß aufzuspüren und ihm nachzugehen, in dessen Verlauf der Baum seine Identität gewinnt. Die Funktionen s u c h e n ihre Formen: »Das Leben sucht Formen und nimmt sie an in gänzlicher Übereinstimmung mit seinen Bedürfnissen. Es scheint stets, als seien Leben und Form ganz und gar eins und unzertrennlich — so vollkommen ist die Erfüllung.« Der Architekt soll daher die Bedürfnisse studieren — und nicht die Bücher. Wenn das Gebäude, das er beschrieb (das Wainwright oder das Guaranty Building), dreiteilig war, so war dies, wie er feststellte, nicht das Ergebnis einer Theorie, sondern das natürliche und spontane Ergebnis seiner Funktionen. Auf diese Weise entworfen, stellte das große Bürogebäude ein neues architektonisches Beispiel dar. Entworfen von einem Architekten, der sich »der Generation gegenüber, in der er lebte, verantwortlich fühlte«, konnte es sogar als ein Werk lebendiger Architektur »des Volkes, für das Volk und durch das Volk« gelten.
Diese Essays enthielten alles, was Sullivan predigte, als er der Mentor der League wurde. Nur der Akzent hatte sich geändert — war schärfer geworden infolge von Schmeichelei und Beifall: jetzt sprach er offen als Partisan. Die Kampflinie war deutlich gezogen: Die ältere Generation hatte durch ihre Anhänglichkeit an die Stile das in sie gesetzte Vertrauen enttäuscht; ihre Schulen waren nicht in der Lage gewesen, die Kräfte des Menschen zu nähren und eine Disziplin des »natürlichen Denkens« zu bieten — und somit waren sie mitschuldig geworden an der Unfruchtbarkeit der Demokratie. Die Quelle der schulischen Geistesnahrung war »die welke Brust der Despotie« — und so blieb die Erziehung nach wie vor »reaktionär«. Dies, so behauptete Sullivan, war der Grund für den »entsetzlichen Schwund« der Ta-

Chicago Stock Exchange (jetzt 30 North La Salle Building), 1893/94

lente, die, wenn sie richtig ausgebildet würden, dem Wohl der Öffentlichkeit dienen könnten.
In *The Young Man in Architecture* versuchte Sullivan die Andersdenkenden zusammenzuschweißen, indem er mit Bestimmtheit verkündete, »daß von der Generation, die jetzt diese üble Praxis repräsentiert, keine Hilfe erwartet werden darf«. Er nutzte die Unzufriedenheit aus und intensivierte sie, um die Hoffnung heller leuchten zu lassen, die er auf die neue Generation setzte. Er spöttelte: »Die amerikanische Architektur besteht aus 90 Teilen Verirrung, 8 Teilen Gleichgültigkeit, einem Teil Armut und einem Teil Little Lord Fauntleroy; das Rezept ist in jeder Architektur-Abteilung oder in einer Architekten-Putzwarenhandlung erhältlich.« Aus den intellektuellen Richtungen der Architekten stellte er eine »Kakophonie« zusammen: »Das Schnurren der auserwählten Gesellschaft der Ruskiniten«, »das Keuchen der Emersoniten« (Emerson war von den »Feinen« gewählt worden), »das Raspeln der Spenceriten« (in den *Kindergarten Chats* sagte er: »Die Natur fördert den Fähigen, nicht den Starken«), »das Stöhnen der Tennysoniten«. Ihr Werk bezeichnete er als pervers, da sie die »Stahlrahmen-Funktion in einer gemauerten Form« benutzten; wie grotesk das sei, begreife man am besten, wenn man versuche, sich »Pferde-Adler« oder »Tarantel-Kartoffeln« vorzustellen. In jedem Artikel seines eigenen Glaubensbekenntnisses verfluchte er das ihre: Die Erziehung eines Architekten mit einem Buch zu beginnen, so sagte er, sei »ein intellektuelles Verbrechen«.
Den jungen Männern der neuen Generation sagte Sullivan, daß sie sich selbst erziehen müßten. Sie müßten damit beginnen, die Natur zu beobachten und die Lektion ihrer »spontanen Logik« zu lernen. Ebenso wichtig sei es, daß sie Psychologie studierten, »denn die menschliche Seele ist der ursprünglichste Beleg«. In der Praxis ihrer Kunst müßten sie zu den Grundelementen zurückkehren, zu Pfeiler, Träger und Bogen — und zur Sehnsucht in ihrem Herzen. Und wenn sie für die Demokratie bauen wollten, müßten sie nicht nur den Impuls zur Freiheit akzeptieren, der ihr eigentliches Wesen darstelle, sondern — und dies sei ihre Pflicht — auch den Entschluß fassen, diesen Impuls weise und segensreich zu nutzen. Er schloß, indem er die Bedeutung von Verantwortung und Entscheidung betonte: »Wollt ihr Architekten werden, von denen eine sich entwickelnde Demokratie die Interpretation ihrer materiellen und seelischen Bedürfnisse erwarten darf?« Er hätte hinzufügen können, was Emerson in einer ähnlichen Schrift den jungen Männern zugerufen hatte: »Die Stunde dieser Entscheidung ist die entscheidende Stunde eurer Geschichte!«

»Ich kenne keine Toleranz gegenüber diesem aristokratischen Geist, der Amerikas Jugend auf ihrer Suche nach Wissen irreleitet und versucht, sie mit den Lehrsätzen und der geistigen Einstellung zum Studium zu belasten, die noch aus Zeiten stammen, da Erziehung etwas für den Edelmann war, für einige wenige, für eine bestimmte Klasse — diese Erziehung, die einen Menschen von seinem Volk trennt, die das Mal der Entfremdung und der Zwecklosigkeit trägt.«
Der Lehrer spricht hier zu dem Schüler der *Kindergarten Chats*. Er erklärt, daß das

Gesagte sich auf die Schulen der Architektur beziehe, die in der Tat verderblich seien, da sie die Jugend nicht lehrten, mit den Realitäten des amerikanischen Lebens fertig zu werden. Ihre Professoren seien »Winkeladvokaten aus dem Mittelalter«; Tradition und Brauchtum hätten sie von den Tätigkeiten der Welt ausgeschlossen — sie seien die Opfer trainierter Unfähigkeit. Der Lehrer teilt Veblens Ansichten über höhere Ausbildung, ist jedoch der Meinung, daß auf anderen Gebieten die Erziehung Fortschritte gemacht habe, da sie auf neuen psychologischen und metaphysischen Erkenntnissen aufgebaut sei: »... der Kindergarten hat den Geist manch eines Kindes zum Erblühen gebracht..., und das ist das Ergebnis einer sich erweiternden Erziehungsphilosophie...« Er bedauert, daß es keinen »Kindergarten für Architekten« gibt — »einen Garten des Herzens, in dem die einfachen, offensichtlichen Wahrheiten — die Wahrheiten, die jedes Kind erfassen kann — sich noch taufrisch den Fähigkeiten anbieten — wo sie als gut empfunden werden, weil sie echt und real sind«. Der Schüler, der den Schwall dieser Rede ziemlich geduldig über sich ergehen läßt, hält sie nichtsdestoweniger für unangebracht. Er beschuldigt den Lehrer, die Axt an die Wurzel dessen zu legen, das zu verehren er erzogen worden sei; und als der Lehrer fortfährt, die Schulen anzugreifen, besteht seine einzige Verteidigung in einer Frage: »Was aber kann man tun?« Und der Lehrer antwortet: »Das, was ich mit dir tue.«

Der Schüler der *Chats* ist kein Mitglied der League. Er ist Graduierter einer Architektenschule, und seine Haltung ist typisch für das American Institute of Architects. Der Lehrer macht sich über seine Kenntnisse lustig: »Du bist aufs Haar der ›wohlerzogene‹, selbstbewußte und arglose, hoffnungsvolle junge Mann, für den ich dich gehalten habe...« Der Schüler hat die übliche Schulbildung und Ausbildung in den schönen Künsten erhalten. »Man hat dich nicht gelehrt, darauf zu achten, was in der großen Welt vorgeht..., deine Schule war zugemauert und fest abgekapselt — dein eigener Geist ist von deinen sogenannten Lehrern sorgfältig und hermetisch verschlossen worden, nachdem sie aus der Vergangenheit alles hineingefüllt hatten, wovon sie dachten, daß er es aufnehmen könne.« Als der Schüler die Erklärungen des Lehrers immer noch nicht versteht, macht ihm dieser deutlich, wie oberflächlich und nachlässig seine Erziehung sei, wie sehr sie ihn behindere — daß sein Wissen eine »widerwärtige Minuszahl« sei. Er erklärt ihm auch, daß es ein Mißgeschick für ihn sei, in der Stadt aufgewachsen zu sein — »denn es ist schwer, die Vorstellung von den Wirklichkeiten in einem Geist zu wecken, der in einer Atmosphäre der Unwirklichkeit und Falschheit großgezogen wurde«. Es sei auch ein Mißgeschick für ihn, im Osten erzogen worden zu sein, »eingewiegt in der Kultur älterer und klügerer Teile unseres Landes...«.

Weshalb der Schüler dem Lehrer folgt — das ist ein Geheimnis, das nirgends in den »Chats« aufgeklärt wird. In Wirklichkeit folgen ihm wenige Schüler. Die meisten müssen beim Lesen — wenn sie die »Chats« überhaupt lasen — wohl das gleiche empfunden haben wie der Schüler in einem Moment des Aufbegehrens: »Du rennst gegen deine und meine Zeit und Generation an. Du willst deinen Willen durchsetzen, um deine Vision anzubringen und eine Apokalypse für eine unbekümmerte Welt zu schaffen. Warum sollte ich mich von meiner Zeit und meiner Generation unterscheiden? Niemand wird mir einen einzigen Dollar dafür geben, daß ich ein Seher und Prophet bin.« Aber vielleicht war es für die Zwecke der *Chats* ausreichend, daß der Schüler die Jugend repräsentierte. Denn seine Jugend und sein Geist sind seine Rettung. Trotz der Erziehung, die er vorher erhalten hat (»wie irgendwelche andere in Büchsen eingemachte Dinge«), reagiert er jetzt auf den Lehrer, der seine Spötteleien planmäßig anbringt, und beteiligt sich an seiner eigenen Erziehung. Bald wird er streitsüchtig, dann ungeduldig, zuletzt kritisch. Durch Erfahrung lernt er schließlich die Doktrin des Lehrers; er beginnt für sich selbst Ausdruck zu finden und ist wiedergeboren — nicht nur als Architekt, sondern als Mensch. Seine Erziehung ist schwierig und vielleicht sogar brutal, weil sie eine Umerziehung ist. Was der Lehrer ändern will, sind — mit Veblens Worten — Denkgewohnheiten. Seine Absicht ist die Whitmans:

»Bleib diesen Tag und diese Nacht bei mir, und du
sollst den Quell aller Gedichte haben —
Du sollst die Güter der Erde und der Sonne besitzen,
Du sollst die Dinge nicht länger aus zweiter oder
dritter Hand nehmen,
Noch sollst du durch die Augen der Toten sehen —
noch dich von den Gespenstern der Bücher ernähren;
Du sollst auch nicht durch meine Augen sehen, noch
sollst du die Dinge von mir annehmen —
Du sollst nach allen Seiten lauschen und dir die Dinge
durch den Filter deines Selbst gewinnen.«

Des Lehrers Methode mag brutal erscheinen (viele faßten sie so auf und lehnten deshalb die *Chats* ab) — aber diese Brutalität steht im Dienst der Liebe. Der Lehrer erklärt, daß sein Zorn sich nicht gegen den Schüler, sondern gegen die Schulen richtet und daß der Schüler, den er liebt, »für die gesamte Jugend unseres Landes steht«. Und wirklich wird der Lehrer — wie nach seiner Aussage die Lehrer des Kindergartens überhaupt — von Begeisterung, Liebe und Eifer angetrieben. Er sagt dem Schüler, daß er nicht versuche, ihn zu belehren oder umzubilden. »Ich werde nur versuchen«, so erklärt er in seinem ersten Beispiel über organisches Wachstum, »die Fähigkeiten, die die Natur dir bei der Geburt verliehen hat und die jetzt zum Teil verkümmert sind, wieder ins Leben zu rufen, damit sie neue Wurzeln treiben, wachsen, sich ausdehnen und so entwickeln, wie es die Natur beabsichtigt hat.« Zu diesem Zweck wendet er die kostspieligste Erziehung an.
Denn die Erziehung ist ein Experiment, eine aktive Gegenüberstellung von Schüler und Lehrer; sie ist persönlich und direkt — ein Dialog, der angeregt wird durch die Beobachtung und das Erleben der Dinge. Der Lehrer verschenkt sich ohne Einschränkung — mehr noch als der Schüler. Er nimmt die Verantwortung auf sich, die auf sich zu nehmen er vom Architekten verlangt: er pflegt das Leben. »Du bist«, sagt der Lehrer, »für mich das vernachlässigte und brachliegende Feld unter dem weiten Himmel der Menschheit; es soll gepflügt werden, bis das Unkraut untergegraben und der Untergrund nach oben gebracht ist; und dann soll es geeggt und

beackert werden. Ich will den Samen zu vielen Gedanken säen — aber keimen müssen sie in der fruchtbaren Dunkelheit deiner eigenen Seele, unter dem wohltätigen Einfluß der zwingenden Sonne, die für alle scheint..., aber ich will auch der gute Gärtner sein, und wenn diese winzigen Keime — jeder nach seiner Weise — ihre zarten Triebe und Blätter zum Licht senden, dann will ich sie umhegen und will sie mit dem Wasser des Lebens begießen, das aus der Quelle der Natur kommt. So sollst du wachsen und Zweige und Knospen treiben. Mein Lohn soll der Duft deiner Blüte sein — ihre Frucht gehört dir.« Dies ist eines der großen Gelübde von Menschen, die sich der Erziehung gewidmet haben — man denke an Alcott (auch an Woolson) und an Fröbel, der gesagt hat, daß im Kindergarten die Kinder die Pflanzen und die Lehrer die Gärtner der Kinder sind. Als der Lehrer in *The Tulip* vom Wachsen des Menschen spricht, meint der Schüler, daß er ein Gärtner von Menschen hätte sein sollen. Und der Lehrer hofft einer zu werden, als er die fruchtbare Kindheit des Schülers zurückgewinnt. Kultur bedeutet für ihn tatsächlich »Pflege«; und ihr Endziel — in der Natur und im Menschen — ist die Erfüllung »normalen und vollständigen Verlangens.«

Es ist nichts Geheimnisvolles an dieser Erziehungsmethode. Sie hatte viele Vorläufer — aber Sullivan baute sie auf Whitman und der neuen Psychologie und Pädagogik auf, mit der Dewey an der damals gerade in der University of Chicago gegründeten Elementarschule Versuche machte. Es ist eine Erziehung »im Freien« — in der wirklichen Welt; es gibt dabei keine Bücher — die Gegenstände sind real und durch gegenwärtige Erfahrung bekannt. In Tätigkeit und Spiel werden durch die vitale Reaktion des Empfindungs- und Wahrnehmungsvermögens die Fähigkeiten nicht einzeln, sondern insgesamt ausgebildet. Die Reaktion von Lehrer und Schüler ist verschieden und gibt Anlaß zu neuer Erkenntnis. So singen sie am Ende zum Beispiel unter Einwirkung der gleichen Vision getrennt ihre eigenen Hymnen an den Frühling. Der Dialog erlaubte Sullivan natürlich, in Jugend und Alter sich selbst darzustellen und seinen eigenen Zweifeln und seiner eigenen Verzweiflung treu zu bleiben — aber er benutzte diese Form auch, weil sie seinen Glauben an die Freiheit des Infragestellens deutlich machte. Der Lehrer ist ein persönlicher, sympathischer Führer; und jede Episode stellt eine Demonstration dar, für die ihn sein »Ich denke« verantwortlich macht.

Die Methode dieser Erziehung ist dialektisch. Ihre Logik folgt der des organischen Wachstums. Das Wachsen des Schülers von innen, seine Begeisterung, seine Niedergeschlagenheit, seine Hoffnung — alles ist so gehalten, daß es mit den Jahreszeiten übereinstimmt —, und so, wie eine Jahreszeit der andern folgt, wächst und reift auch er.

Dieses Drama vom Wachstum wird intensiviert durch die Darstellung einer geistigen Reise. Die Jahreszeiten — obgleich zyklisch — liefern das Argument des ansteigenden Weges. Der Lehrer, der abwechselnd den Mantel Whitmans, Zarathustras, Vergils und Mosis trägt, führt den Schüler aus dem Tal empor zum Gipfel, vom Totengott Dis zur Natur, aus Ägypten ins Land der Verheißung: »Ich will dir die Wegweiser und Grenzsteine in dem Lande zeigen, das ich allein erforscht habe; es ist das Land der Verheißung — und ich kehre zurück, um dir davon zu erzählen und

Ausschnitt aus dem Ornament am Guaranty Building, Buffalo, New York

Guaranty (jetzt Prudential) Building, Buffalo, New York, 1894/95

den Weg zu beschreiben.« (Moses ist hier ein amerikanischer Pionier.) Nach der Erweckung des Schülers schlägt der Lehrer vor, »noch etwas höher zu steigen«; und er verläßt den Schüler nicht eher, als bis dieser den Rhythmus von Wachsen und Verblühen erlebt und im wiederkehrenden Glanz des Frühlings den ewigen Frühling der Hoffnung gefunden hat.
Die Erziehung des Schülers beginnt bei der Architektur. Der Lehrer warnt ihn: »Ich will dich damit tränken, bis dir übel wird..., wenn ich mit dir fertig bin, wirst du die Architektur von Grund auf kennen.« Aber sogar hier legt der Lehrer den meisten Wert darauf, Empfindungsvermögen und Charakter des jungen Menschen zu bilden, der eines Tages in der Gesellschaft als Architekt wirken soll. Die Besichtigung von Bauwerken mag Sullivan willkommene Gelegenheit gegeben haben, die zeitgenössische Architektur zu kritisieren — er war ein Meister in der Rhetorik der Anklage und wandte sie gern an. Aber von Beginn an kritisierte er nicht die Bauten, sondern die Baumeister, die leicht zu identifizieren waren, und die Verantwortungslosigkeit der Gesellschaft. Und da seine Methode indirekt war, deutete er den Begriff der Form und der Funktion an. Dieser Begriff war sowohl sein kritisches Werkzeug als auch die Zusammenfassung seiner Philosophie; er stand im Mittelpunkt seiner Theorien über Erziehung, Architektur und Demokratie.
Formen — Handlungen, Worte, Steine, Einrichtungen — bringen Funktionen zum Ausdruck; denn die Funktion ist ein »Druck« oder eine Kraft, die nach Aus-Druck drängt. Selbst ihre Unterdrückung ist eine Aussage. Formen sind objektiv, sind die äußere Darstellung innerer oder subjektiver Bedürfnisse. Die Unvermeidlichkeit ihrer Beziehungen zueinander geht hervor aus der Formel »Die Form f o l g t der Funktion«. Der Kritiker beschreibt nicht so sehr die Formen — er fragt vielmehr danach, welchen Funktionen sie dienen, welche Funktionen sie ausdrücken — oder verleugnen. Auf diese Weise durchdringt er ihre Masken. Wer diese Lektion im Hinblick auf Gebäude gelernt hat, ist im Besitz einer Methode, die auf alles anwendbar ist; in der Architektur sowohl als auch im Leben forscht der Kritiker nach dem inneren Impuls, dem Lebendigen, dem Geist. Whitman sagt: »Die Leute erwarten vom Dichter, daß er mehr zeigt als die Schönheit und die Würde, die immer mit stummen realen Gegenständen verbunden sind... Sie erwarten von ihm, daß er den Weg zwischen der Realität und ihren Seelen angibt.« Der Weg beginnt bei der Empfindung und endet bei der Vorstellung, dieser geheimnisvollen Kraft des Geistes. Der Seher ist ganz einfach der Wahrnehmer: er sieht die Funktion in der Form.
Diesen Weg führt der Lehrer den Schüler. Er beginnt mit dem Objektiven — den tatsächlich dastehenden Gebäuden. In den anfänglichen Episoden weist er auf verschiedene repräsentative Bauten hin und macht sie lächerlich (gewöhnliche Häuser oder das Innere von Gebäuden beachtet er nicht): Ein Gebäude mit einem Turm ist ein »schlecht gemischter Salat mit einem ziemlich ranzigen New Yorker Geschmack«; eine Endstation ist im »Zum Teufel mit dem Publikum«-Stil erbaut; ein Warenlager wirkt wie ein Hotel und wird »Judas« genannt; eine Bank maskiert sich als römischer Tempel usw. Diese Gebäude bilden den Gegenstand einer Lehre, die durch den Titel des zweiten Kapitels — *Pathology* — angedeutet wird. Sie len-

ken die Aufmerksamkeit auf die immer wiederauftauchende Frage der *Chats*: die Frage der nationalen Gesundheit; denn sie sind Anzeichen »eines Virus, der unser soziales Leben bedroht«. Sie machen den Schüler nicht nur auf versteckte Ursachen aufmerksam, sondern stellen zusätzlich auch das Problem der Verantwortung auf.

Diese beiden Punkte werden ganz allgemein soziologisch erklärt, indem der Lehrer auseinandersetzt, was er selbst von Taine gelernt hat. Jedes Gebäude hat eine Geschichte zu erzählen — die Geschichte des Mannes, der es gebaut hat, und die der Gesellschaft, die sich im Baumeister widerspiegelt. Das Studium der Architektur ist ein Studium der sozialen Verhältnisse, von denen sie hervorgebracht wurde, und liefert daher einen Maßstab für die Tendenzen innerhalb einer Zivilisation. Der Lehrer besteht darauf, daß der Schüler hinter die Fassade der Dinge schauen soll, daß er über die Verantwortung des Baumeisters und der Gesellschaft nachdenken soll. Wenn der Lehrer sich über das Warenlager lustig macht, das wie ein Hotel aussieht, bekommt der Schüler nicht nur eine Ahnung von der Beziehung zwischen Struktur und Zweck, sondern ist auch gezwungen, die Frage der Ehrlichkeit in Erwägung zu ziehen; und wenn der Lehrer davon spricht, daß Gebäude neutralen oder femininen oder maskulinen Charakter haben, so sieht er sich dem »Subjektiven« gegenübergestellt — nämlich alledem, was Sullivan unter »Ausdruck« verstand. In jedem Augenblick wird ihm vor Augen geführt, daß das Innere das Äußere bestimmt; er lernt die m o r a l i s c h e Symbolik der Dinge kennen. Der Lehrer sagt ihm: »Wir wollen die physischen Erscheinungen bis zu ihren moralischen Ursachen — und die moralischen und sozialen Impulse bis zu ihren Offenbarungen in Ziegel und Stein verfolgen.« Der Kern seiner Lehre ist bei Nietzsche zu finden: ».. . Als Zarathustra eine Reihe neuer Häuser erblickte, verwunderte er sich und sprach: ›Was bedeuten diese Häuser? Wahrlich, keine große Seele hat sie sich zum Gleichnis errichtet!‹«
So steigt der Weg vom Äußeren zum Inneren aufwärts. Was auf der soziologischen Ebene der »Klugheit« beginnt, hebt sich — um mit Emersons Worten zu reden — empor zur Ebene des »Geistes«; und so soll es auch sein, denn für beide — für Emerson sowohl als auch für Sullivan — stellen die Formen der Materie den Ausdruck des Geistes dar. Unversehens wird der Lehrer zum Philosophen.
Des Lehrers Philosophie ist — wie es Emerson von der seinen sagt — eine Metaphysik, die angewandt werden soll. Die Metaphysik ist transzendental — ihre Anwendung ist sozial. In den *Chats* entwickelt der Lehrer ausführlich die Metaphysik von Form und Funktion. Und zuletzt erklärt er: »Die Funktion aller Funktionen ist der Unendliche Schöpferische Geist.« Die Welt, der Rhythmus von Wachsen und Vergehen — alles, was in diesem Prozeß ohne Anfang und Ende zu leben beginnt und aufhört: alles das ist eine Offenbarung des Geistes, ist seine Form. Wie Emerson in *Nature* sagte: »Geist ist das, wofür und wodurch alle Dinge existieren — der Geist erschafft.« Funktion und Form — das Spiel des schöpferischen Impulses — bilden das Gesetz des Lebens; und nur wenn der Schüler diese Lektion lernt, wird er wirklich den Bereich seiner Verantwortung für seine eigenen schöpferischen Kräfte erkennen. Nachdem nun die Bauwerke ihre Elementarlektion erteilt haben, führt der

Lehrer, der wiederum das eigene Erlebnis der Regel vorzieht, den Schüler zur Natur. Die Lehre der Natur ist eine Lehre des Geistes — des gewaltigen und zugleich wohltätigen Geistes. Der Lehrer hat bereits die Beziehung zwischen dem Immateriellen und dem Materiellen angedeutet; jetzt aber erkennt der Schüler, daß diese Beziehung noch eine weitere, tiefere — nämlich die zwischen dem unendlichen und dem endlichen Geist — umfaßt. Sein Erlebnis in der Natur weckt seinen unterdrückten schöpferischen Impuls; er fühlt in sich die Woge psychischer Kraft und wird gewahr, daß die deterministische Kette von Taines Soziologie ihn nicht fesselt. Er fühlt, daß er, wenn er an der Kraft des Geistes teilhat, zu dem werden kann, was Emerson »einen Schöpfer im Endlichen« nannte. Nun beginnt er zu verstehen, was der Lehrer meinte, als er bei seiner Rede über das Vorstellungsvermögen sagte, daß die Natur »flüssig« sei; er beginnt den Zusammenhang von allem, was ihn umgibt, zu begreifen — zu begreifen auch, daß es sowohl in ihm als außer ihm ist: sein »anderes Selbst«. Aufgerüttelt durch diese Erkenntnis und überwältigt von seinem Seinsgefühl, ist der Schüler überzeugt, daß er der Adam einer neuen Welt sei. Wenn er auch bei einem Versuch, einen Ausdruck für seine Gefühle zu finden, bald feststellen muß, daß er noch nicht genug ausgebildet ist, um seine Kräfte nutzen zu können, so genügt es doch für dieses Stadium seiner Erziehung, daß er für schöpferische Möglichkeiten empfänglich ist[1]. Er hat nun für sich selbst das gelernt, wovon der Lehrer ihm später erklärt, daß es seine wahre These sei: »Im Menschen, einem geistigen Wesen, wohnt eine geistige Kraft, die fähig ist zu unendlicher Entfaltung.«

Des Lehrers These erklärt, warum er alle seine Hoffnung auf die Reform der Erziehung setzt und warum er sich so glühend der Idee der Demokratie hingibt. Der Geist wirkt im einzelnen Menschen, aber seine vollständig realisierte soziale Form ist die Demokratie. Die Demokratie ist, wie der Lehrer erklärt, die Form für diese Funktion, die geschaffen wird durch die vielfältigen Beziehungen der Individuen untereinander. Sie ist spürbar in ihrer Lebensweise. Man wohnt in ihr — sie bildet die gesamte Umwelt, die die Menschen erzieht. Sie ist lebendig, wo geschaffen wird, wo Menschen ihre schöpferischen Impulse nicht verleugnen, sondern mitteilen und zu gegenseitigem Nutzen verwenden. Des Lehrers Doktrin beginnt und endet in der Schöpfung; sie ist eine Bibel des Lebens, deren Maßstab die Erfülltheit des Lebens ist. Im Herzen der Lehre von Form und Funktion sitzt der Impuls des Lebens — ein Impuls, Leben zum Ausdruck zu bringen; und die Lehre ist moralisch, weil sie in ihrer Anwendung ein Gesetz des Lebens vorschreibt. Die tiefste soziale Bedeutung der Bauten, über die der Lehrer sich lustig macht, lieg darin, daß sie, indem sie die Funktion unterdrücken, »das Leben vorsichtig leugnen«. Und sie sind für ihn nur eines der Anzeichen dafür, daß die vornehme Gesellschaft von Krankheit befallen ist — dafür, daß »wir keine Gegenwart haben ... außer im materialistischen Sinn«, daß »wir in jedem andern Sinn leer und gestaltlos sind, zwecklos und ohne Form ...«.

---

[1] Der Schüler versuchte sich an einem Gedicht über einen Schmetterling — über die Psyche. Der Gedanke dazu kam Sullivan durch eine Zeichnung in Whitmans *Grashalmen*, die einen Schmetterling auf dem Finger des Dichters zeigt.

Diese Kritik ist ein Beispiel für das, was Sullivan meinte, wenn er an Lyndon Smith schrieb, daß er die Architektur mittels menschlicher Natur und Demokratie prüfe. Er glaubte, es sei das gemeinsame Unternehmen aller Menschen, Werte zu schaffen, »subjektiv zu machen, was vorher objektiv war«. Jede Form war entsprechend den Bedürfnissen des Lebens zu gestalten; die Umgebung mußte menschlich werden. Dafür war der »Schöpfer im Endlichen« verantwortlich. Und der Lehrer erwartet vom Schüler, daß er im Sinn dieser Verantwortung handelt. Er soll nicht nur ein Architekt sein, sondern auch der Interpret des Lebensimpulses, der im Volk latent vorhanden ist. Er muß alles das sein, was Emerson mit der Bezeichnung »American Scholar« meinte und was Whitman unter »Literatus« verstand.
Wie bei Emerson und Whitman basiert diese Verantwortung auf einer Neuschätzung der Kräfte des Menschen und auf seinem Charakter. Der Mensch hat die Kraft, mit Hinternissen fertig zu werden und sie zu überwinden (Dewey), er besitzt die Kraft der Seele und des Wissenwollens, die seine physische Kraft zu ihrem Werkzeug macht (Dewey und Veblen), die Kraft seiner Empfindungen, die ihn zum Dichter macht, die Kraft der Vision und des Traumes, die ihn zum Propheten und Interpreten macht, die Kraft des Geistes, die ihm hilft, seine Kräfte auszudehnen und zu konzentrieren, und die Kraft der sittlichen Wahl.
Alle diese Kräfte machen den Menschen zu einem Schöpfer – aber der Lehrer betont besonders diejenigen, die von den Erziehern vernachlässigt worden sind: die Kräfte der Empfindung, der Vision, des Geistes und der sittlichen Wahl. Er will die Sympathien des Schülers erweitern und den altruistischen Impuls, den er für den normalen Impuls des Herzens hält, auslösen. Die demokratische Erziehung, auf der der Lehrer besteht, müßte alle diese Kräfte zur Entfaltung bringen, müßte im psychologischen Sinne befreiend wirken und dadurch die Ursachen der Furcht und des Mißvergnügens beseitigen – diese Erzeuger feudalistischer Übel. Und ferner müßte sie, indem sie die Ziele und das Wirken der Gesellschaft klarlegt, die Entscheidungskräfte stärken und von Anfang an für die Ausbildung des Charakters sorgen.
Der Lehrer handelt dementsprechend, indem er von der Kritik der Bauwerke zur Kritik der Menschen und der Gesellschaft übergeht, die für sie verantwortlich sind. Er entwertet den volkstümlichen Begriff der »Eminenz«, indem er zeigt, daß die »Eminenten« nicht die erforderliche »moralische Größe« haben. Er macht einen Unterschied zwischen »architekt« und »architect« – zwischen dem nichtschöpferischen und dem schöpferischen Architekten. Alles, was er in den *Chats* sagt, soll dazu dienen, seine Berufung auf den Felsen des Charakters zu gründen – eine Berufung zu definieren, die gerechtfertigt werden kann. Der Schüler jedoch akzeptiert nicht sofort die große Verantwortung, die ihm der Lehrer zur Aufgabe macht. Nicht nur mißfällt ihm des Lehrers offene Philosophie (»eine Philosophie, die weder Boden noch Dach, keine Seiten und kein Ende hat«) – ihm mißfällt auch die Demokratie. »Nieder mit der Demokratie!« sagt er und bezieht sich dabei auf Carlyle und Lowell. »Sie ist die Zuflucht des Gewöhnlichen, des Durchschnitts, des Vulgären. Demokratie ißt mit dem Messer. Willst du mir erzählen, daß ein Mann in einer Demokratie ein wirklicher Mann sein kann? Ein Dollar-Mann – ja! Ein billiger Dollar-Mann – ein Billiger unter Billigen. Sieh dir die Gesichter an: alle sind sie

gemein, schweinsäugig, egozentrisch in ihrer demokratischen Barbarei...« Er glaubt mit den Sozial-Darwinisten, daß die Menschen nicht gleich seien, daß die Natur die Schwachen verachte und die Starken stütze und daß die Arznei für die Krankheit der Demokratie der autokratische Führer sei. Die Herde will keine Freiheit, sie will beherrscht werden, und sie braucht »einen Mann, der groß und stark ist und den Willen hat, zu führen und zu herrschen«. Den Herdentieren gilt der Genius nichts, sie »zerreißen« ihn; und sie geben nichts auf wohltätige Kraft — sie respektieren die Gewalt. Warum also, fragt der Schüler, sollte er » v e r f e i n e r t werden, um ein w i r k l i c h e r Architekt zu sein...«?
Der Lehrer fühlt die Stärke dieser Argumente. Sie repräsentieren die übliche Einstellung der Zeit — die Einstellung, die von der Erziehung zustandegebracht wurde, die er bekämpft; und an dieser Einstellung kann die Größe seiner Aufgabe ermessen werden. Die Abwehr des Schülers ist eine notwendige Phase des Wachstums, und der Lehrer gestattet ihm, sie zum Ausdruck zu bringen. Er antwortet dem Schüler nicht sofort, aber im weiteren Verlauf der *Chats* werden die Grundlagen der alten Einstellung ersetzt durch neue Ansichten über Natur, Menschen, Gesellschaft, Gelehrsamkeit und Kultur. Am Schluß der *Chats* steht im Brennpunkt der »Typische Mensch«, der Architekt (oder der Intellektuelle), der seine Rolle als Bürger akzeptiert. Denn der Typische Mensch erkennt seine Schuld dem Volk gegenüber, das seine Kräfte genährt hat, dadurch an, daß er diese Kräfte benutzt, um dem Sehnen des Volkes Ausdruck zu geben, um dem Volk als Deuter seiner selbst zu dienen, um »Mut, Schöpferkraft und Wohltätigkeit« in ihren Umrissen zu skizzieren und in die Gesellschaft einzuführen.
Dies sind die Dinge, für die er verantwortlich ist — und dies sind die Prüfsteine für seine »Eminenz«.
Die *Kindergarten Chats* (in der revidierten Version von 1918, die die wesentlichen Ideen seines späteren unveröffentlichten Buches *Democracy: A Man Search* enthielt) bringen die Gedanken Sullivans auf die vollkommenste und wirksamste Art zum Ausdruck. Es ist ein ungewöhnliches Werk, das niemals seinen Zweck erfüllt hat; die Tatsachen, daß die Veröffentlichung »abseits vom Wege« und mit Verzögerung erfolgte und daß das Buch als nur auf das Gebiet der Architektur bezüglich aufgefaßt wurde, trugen zu seiner Vernachlässigung bei. Es verdient einen besseren Platz in der Literatur der Demokratie; denn es ist das einzige Buch, das den Zusammenfluß des architektonischen Gedankens mit den breiteren intellektuellen Strömungen der Zeit deutlich macht; und in seinem Bemühen um Erziehung, soziale Verantwortung der Intellektuellen und weitestmögliche Realisierung des utopischen Gedankens demokratischer Kultur faßt es die reiche Tradition des Vorausgegangenen zusammen und beschenkt damit unsere Zeit.
Wenn Sullivan sein Buch in ziemlich kriegerischem Ton schrieb, so deshalb, weil er das Gefühl hatte, daß die Existenz der Demokratie auf dem Spiel stehe. Diejenigen, die am besten die Ideen vertraten, gegen die er sich auflehnte — Irving Babbitt zum Beispiel —, waren genauso besessen und streitbar. Robert S. Peabody, der Präsident des American Institute of Architects, sagte zu Sullivans Ideen etwas, was genausogut auch Babbitt gesagt haben könnte: »Die meisten von uns schaudern bei dem Ge-

Bayard (jetzt Condict) Building, New York 1897/98

danken, was aus unserem Lande würde, wenn es einer ›Befreiung des schöpferischen Impulses‹ ausgesetzt wäre.«[1]
Dies war die entscheidende Streitfrage sowohl bei Babbitt als auch bei Sullivan. Beide glaubten — aus verschiedenen Gründen — an das Individuum und seine Kraft der sittlichen Wahl; hierin unterwarf sich keiner von beiden dem vorherrschenden sozialen Determinismus. Aber sie unterschieden sich in ihrer Psychologie, in ihren Ansichten über die Natur — und dadurch in ihrer Bereitschaft zur Befreiung des Impulses. Beide schrieben historische Werke (Babbitt: *Rousseau and Romanticism;* Sullivan: *Democracy: A Man Search*), in denen die Ideen des Zwangs und der Freiheit die Träger der Handlung waren — der Wille zur Unterdrückung und der Wille zur Befreiung; und jeder gab der Gottheit des andern die Rolle des Teufels in der eigenen Darstellung.

Der Streit zwischen beiden war nicht so einfach, daß durch das Temperament hätte entschieden werden können — wenn auch das Temperament immer mitbestimmend ist, sobald es sich um Probleme der Freiheit und des Zwanges handelt. Man muß fragen: Freiheit und Zwang wozu? Denn es ist möglich — wie Sullivan erkannte, als er Verantwortungsgefühl forderte —, daß Zwang im Interesse des Lebens erforderlich wird. Zwang als allgemeines moralisches Prinzip und als höherer Imperativ ist etwas anderes — Sullivan ging diesem Problem nach in seiner Untersuchung der psychologischen Ursachen der menschlichen Geschichte. Der schöpferische Impuls ist nicht unbedingt etwas Mutwilliges, wie diejenigen vermuteten, die Partei für den Zwang ergriffen. Da er Zwang und Freiheit aus eigener Erfahrung kannte (dies war eines der Themen in der *Autobiography*) und eine Gewähr für Freiheit in dem neuen Gedanken des Zeitalters gefunden hatte, wurde Sullivan zum Verfechter des schöpferischen Impulses. Der Leitgedanke des Lebens durfte nicht mit der Verleugnung des Lebens verwechselt werden. Diese Unterscheidung war für ihn der Hauptpunkt in der Debatte über Erziehung. In diesem Punkt Verwirrung zu schaffen — und er war der Meinung, daß der Mensch dies im Lauf seiner Geschichte oft getan habe — hieß die Demokratie verwirken.

---

[1] Sullivan antwortete darauf in den *Kindergarten Chats:* »Wenn sich seine Vorstellung vom schöpferischen Impuls auf dem gleichen Niveau wie seine Gelehrsamkeit befindet, dann lächle ich und schaudere mit ihm.« Und weiter: »Ich schaudere nicht, außer wenn ich die Nähe Gottes spüre. Man muß also schon ein ›Gelehrter‹ und Präsident des American Institute of Architects sein, um ohne einen solchen Anlaß zu schaudern.«

Ausblick auf Demokratie

»Die Vereinigten Staaten sind dazu bestimmt,
entweder die prunkvolle Geschichte des Feudalismus zu überwinden —
oder aber sich als die entsetzlichsten Versager
aller Zeiten zu erweisen.«
*Walt Whitman**

»Es ist schön, als Erster zu sehen, was im Kommen ist, —
aber es ist bitter, warten zu müssen,
bis so viele von den andern es sehen,
daß ihre Zahl ausreicht, das Kommende möglich zu machen.«
*Henry D. Lloyd***

Die Volkswirtschaft war nach Sullivans Meinung nicht so wichtig, wie sie es nach der Meinung anderer war, deren allgemeine Ansichten über die Gesellschaft er teilte. Aber Volkswirtschaft und Organisation spielten eine bedeutende Rolle beim Nachlassen seiner Erfolge; und wäre er Veblen gewesen, so hätte er die neuen »Planfabriken« für Architektur analysiert, die es ihm schwer machten, sich in dem Kampf um Aufträge zu behaupten. Nahezu 20 Jahre lang hatten Sullivans Büroräume hoch oben im Auditorium Tower seine hohe Stellung versinnbildlicht — aber der allmähliche Rückgang seiner Aufträge (und zwar sowohl nach Anzahl als auch nach Umfang) zwang ihn schließlich im Jahre 1909, diese Räume aufzugeben und kleinere in einer unteren Etage zu nehmen. Dieser berufliche Abstieg war wahrscheinlich der härteste Schlag; denn in allen seinen »Nichtstuer«-Ansprüchen hatte er sich nach und nach bereits eingeschränkt. Nachdem er schon 1901 mit seinen Umzügen in weniger kostspielige Apartment-Hotels begonnen hatte, landete er 1911 in dem billigen Warner Hotel in der Cottage Grove Avenue, 33rd Street. Seine Frau, Margaret Hattabough, die er 1899 geheiratet hatte, verließ ihn 1907, nachdem sie ihm (wie aus seinen Briefen an den Verwalter in Ocean Springs hervorgeht) über die offensichtlichen Bedürfnisse der Nichtstuerklasse ebensoviel beigebracht hatte wie Veblen. Die Unruhen des Jahres 1907 vollendeten, was die Unruhen im Jahre 1893 begonnen hatten: 1908 gab er das Landhaus in Ocean Springs auf; 1909 versteigerte er seine Bibliothek, Kunst- und Haushaltsgegenstände; und 1910 trat er aus dem Chicago Club aus.

Dies ist ein Teil der traurigen Chronik des Abstiegs, die er in der *Autobiography* verschwiegen hatte (so behauptet er zum Beispiel, daß das Landhaus in Ocean Springs von einem Hurrikan zerstört worden sei); er hätte dieser Chronik die gleiche soziale Bedeutung geben können, die Dreiser seiner Schilderung von Hurstwoods Sturz in *Sister Carrie* gab. Aber Sullivan glaubte nicht an Sozial-Darwinismus oder wirtschaftlichen Determinismus. Wenn sein Scheitern irgendeine Bedeutung hatte, dann war diese in einem in sozialer Hinsicht umfassenderen »ökonomischen« Begriff auszudrücken — dem Begriff der Vergeudung: Die Talente, die er

* *Democratic Vistas*, 1871.
** *Man, the Social Creator*, 1906.

als Architekt besaß, waren nicht ausgenutzt worden; was er als Schriftsteller zu sagen hatte, blieb, wie er wußte, ungehört. In *Education* sagte er diesbezüglich (1902): »Eine Demokratie sollte ihre Träumer nicht zugrunde gehen lassen; sie sind ihr Leben und ihre Sicherheit gegenüber dem Verfall.« Seine Lage schrieb er eher seiner Vernachlässigung durch andere als persönlichem Versagen zu und klagte dafür das »verkehrte Denken« des Feudalismus an, das seiner Meinung nach die Ursache der unheilvollen sozialökonomischen Verhältnisse und der Verirrung der Architektur war.

In der *Autobiography* bemerkt Sullivan nebenbei, daß er in der Glut und Begeisterung des frühen Erfolges kein soziales Bewußtsein gehabt habe. Aber jede Krise trug zum Bewußtwerden bei und verbreiterte die Kluft, die er zwischen Feudalismus und Demokratie entdeckt hatte. Obgleich er Architektur und Gesellschaft stets zueinander in Beziehung brachte, hatte er sich in seinen ersten Schriften auf die architektonischen Aspekte der »charakteristischen Züge und Tendenzen« des amerikanischen Lebens konzentriert. Natürlich war er mit seiner eigenen künstlerischen Entwicklung beschäftigt gewesen, mit den Problemen der Inspiration und des Stils. Nun, nachdem er einen persönlichen Stil und Ausdruck gefunden hatte, sah er sich isoliert durch die gleichen Tendenzen, die er in seiner Kunst zu überwinden getrachtet hatte — und nun wurde er zum zielbewußten Erzieher und Sozialkritiker, angetrieben von einem Gefühl der Dringlichkeit und von seinem Widerwillen gegen die Überbleibsel der Vergangenheit, die sich der Reform in den Weg stellten. Die Architektur in ihrer allgemeinen Praxis war — das erkannte er jetzt — nur eines dieser Überbleibsel. Mit seiner Kritik tat er für die Architektur das, was z. B. Dewey und Veblen für Erziehung und Volkswirtschaft taten: er stellte ihre Beziehung zu einer lebendigen und sich wandelnden Gesellschaft wieder her. »Über Architektur zu kritisieren und das Leben zu ignorieren, ist frivol«, sagte er — und diese Feststellung ist typisch für seine und die allgemeine Art der Kritik in jener Zeit. Er fügte hinzu (und deutete dabei die Richtung an, die er bei seiner Untersuchung eingeschlagen hatte): »Über amerikanische Architektur und ihre Möglichkeiten reden und dabei die unterdrückende Gewalt des Feudalismus und die Ausdehnungskraft der Demokratie außer acht lassen — das ist reiner Irrsinn.« In seinen Schriften spiegelt sich jetzt dieses größere soziale Interesse wider — schon ihre Titel weisen darauf hin: *Natural Thinking: A Study in Democracy, What is Architecture?: A Study in the American People of Today, Democracy: A Man Search.* Er hoffte immer noch auf eine amerikanische Architektur und widmete seine Schriften dem Kampf um die Demokratie; mit Whitman glaubte er, daß die Lehren der Demokratie »sich nur dann in irgendeinem Zweig wirksam verkörpern, wenn ihr Geist ganz und gar in den Wurzeln und im Mittelpunkt lebendig ist«.

In einer oder der andern Form waren die Begriffe des Feudalismus und der Demokratie von jeher die Pole in Sullivans Denken gewesen. Versteckt waren sie vorhanden in den Vergleichen zwischen dem erzieherischen Wert der Schulen und dem der Natur und in den Debatten über Stile und Ausdruck. Festgelegt in Raum und Zeit wurden sie von den Kulturnationalisten, die den Kontrast zwischen der nach rückwärts gewandten vornehmen Kultur des Ostens und den fortschrittlichen maskulinen Kulturleistungen des Westens aufzeigten; und Frederick Jackson Turner hatte sie in einer Adresse während der Weltausstellung erneut deutlich gemacht, indem er hervorhob, wie sehr diese Leistungen durch das Annähern der Grenzen bedroht waren. Durch Whitmans *Democratic Vistas* waren die Begriffe natürlich geläufig geworden, und viele Schriftsteller — wie zum Beispiel Twain und Adams — hatten ihre Werte gegeneinander abgewogen. W. J. Ghent gab seiner bekannten Gesellschaftskritik den Titel *Our Benevolent Feudalism* (1902), und Edward Carpenter, ein englischer Sozialist, dessen Whitmansche Botschaft von vielen Professoren der Chicago University gern angenommen wurde, nannte seine Gedichtsammlung *Towards Democracy* (1905). Wie aus diesen Büchern ersichtlich ist, hatten die Begriffe eine neue Deutung erhalten — sie waren erfüllt von den Ängsten und Hoffnungen einer Generation, die in das Triebwerk der Industrialisierung geraten war. Die Besessenheit, mit der Sullivan sie jetzt benutzte, und die Prophezeiungen, die sie ihm eingaben, waren an der Tagesordnung; in seinem Fall waren sie nicht die Zeichen eines hohlen Moralismus, sondern die eines tiefen sozialen Interesses. Sie waren die starken Waffen eines, der die Tore einzuschlagen versuchte, hinter denen das Leben gefangen lag.

Ein Maßstab für Sullivans Interesse war seine gereizte Ungeduld, als *The Craftsman* im Jahre 1905 die nutzlose Debatte über Stile wieder aufnahm. In der Debatte, die im Sinne des Eklektizismus verlief, war man nun bei der Gotik angelangt. Frederick Stymetz Lamb hatte in einem Artikel, in dem er die Gotik mit der Neuen Kunst in Zusammenhang brachte und sie als richtunggebenden Stil für die Entwicklung der Architektur vorschlug, zur Diskussion aufgerufen. Professor A. D. F. Hamlin folgte seiner Anregung und stellte fest, »daß das Vorgehen im Sinne der Gotik am besten illustriert wird durch solche Geschäftsgebäude, wie sie von Mr. Sullivan und Mr. Burnham entworfen wurden. Sie sind die besten Beispiele für die Anwendung echter ›Neuer Kunst‹ auf dem Gebiet der Architektur, die heute anzutreffen sind.« Aber Sullivan konnte nicht auf diese Weise in eine Kategorie eingereiht werden, noch konnte man ihn mit Burnham in einem Atemzug nennen oder — wie in einem anderen Artikel behauptet wurde — mit der Romantik Bertram Goodhues. Er hatte sich immer gegen Stile gewehrt. Und noch ehe diese letzten Schriften erschienen und ehe Lamb die Debatte mit einer Feststellung schloß, deren Ironie wahrscheinlich nur Sullivan begriff (»Nirgends in der Geschichte außer im Mittelalter finden wir Verhältnisse, die den unseren gleichen«), hatte er bereits erwidert — und zwar mit der Grobheit eines Priesters, dessen Warnungen unbeachtet geblieben sind. Tatsächlich zeichneten sich alle seine Beiträge im *Craftmans* durch die gleiche Schärfe aus. Er erinnerte seine Leser daran, daß die von ihm vorgeschlagenen Lösungen des Problems amerikanischer Architektur nicht neu seien. »Ich habe sie«, sagte er in seinem letzten Artikel im *Craftsman*, »seit 25 Jahren gepredigt.«

Aber niemals war er sich bei seinem Vorgehen so sehr der drohenden sozialen Krise bewußt gewesen. Das wirkliche Problem, so schrieb er in seiner Erwiderung auf Lambs Ausführungen, betraf nicht die Stile, sondern » u n s — hier und jetzt..., das große drängende Problem des amerikanischen Lebens«. Warum, so fragte er,

konnten die Architekten »war« und »ist« nicht unterscheiden, warum beharrten sie auf dem »ewig nutzlosen Versuch, eine Kunst aus der Zivilisation herauszulösen, in der sie entstanden ist«? Lamb schien anzunehmen, daß die objektiven Formen der Vergangenheit – die Überbleibsel – immer noch lebendig seien; und er »deutet selbstzufrieden an«, fügte Sullivan sarkastisch hinzu, »daß der mittelalterliche Gedanke amerikanischer sei als der griechische oder römische – wobei er ganz und gar die Möglichkeit außer acht läßt, daß für unser 20. Jahrhundert mit seinen Verhältnissen und Ansprüchen der Gedanke des 20. Jahrhunderts der geeignete sein könnte«.
Der Gedanke des 20. Jahrhunderts für die Verhältnisse des 20. Jahrhunderts bedeutete die Berücksichtigung der Gegenwart, die recht eigentlich die Basis »natürlichen Denkens« war; und dieses natürliche Denken war Sullivans Medizin für das verkehrte oder gekünstelte Denken und den »Fetischismus« der Vergangenheit, die immer wieder die Gespenster der Stile heraufbeschworen. Stile, wie er sie jetzt sah, waren nur eines der Merkmale des allgemeinen Alpdruckes, von dem er Amerika zu befreien hoffte – eines Alpdruckes, den er deutlich machte, indem er eine kurze und lebendige Beschreibung der Geschichte Amerikas von ihren ersten Anfängen und Möglichkeiten an bis zu ihrem jetzigen Stadium der Entartung gab. Seine Geschichte war eine Naturgeschichte, eine Geschichte des Wachstums (der Organisation) und des Verfalls (der Disintegration), in deren Verlauf die Kräfte des Lebens eingebüßt wurden: »So rasch, gedankenlos und schlaff organisierten sie sich und gediehen, daß es unvermeidlich war, daß in ihren Seelen und ihrer sozialen Struktur eine Disintegration auftrat und die Korruption ständig Fortschritte machte – bis sie jetzt auf der Höhe ihres Wohlstandes auch eine erschreckende Tiefe moralischer Entartung erreicht haben...« Wenn diese Korruption schon unvermeidlich war, so war sie doch nicht unabänderlich; denn ihre Wurzeln waren psychischer Natur und saßen in den Seelen und Herzen der Menschen und – wie Sullivan in seinem Gleichnis andeutete – in ihrem Versagen, weise zu denken oder zu bauen. Er forderte »frische Luft und allgemeine geistige Gesundheitspflege« und wies auf das »Lebensgebiet natürlichen Denkens« hin; dies war nun das Ziel seines gesamten Wirkens.
Gegenstand der grundlegenden und schwierigen Lektion, die Sullivan zu erteilen hatte, war die Einheit von Denken und Tun: Er lehrte, daß der Gedanke dem Tun zugrunde liegt und daß die Handlung den Gedanken zum Ausdruck bringt – daß jeder Stil, jede soziale Institution, jede Regierungsform Ausdruck eines Gedankens ist. Sullivan erklärte diese Lehre vom sozialen Gesichtspunkt aus in *What is Architecture?*, indem er zeigte, wie sehr die Trennung von Denken und Tun – von Theorie und Praxis – das Gefüge der Gesellschaft gelockert hatte; und wann immer er die Frage der Stile anschnitt, kam er hierauf zurück – in der Hoffnung, daß eines Tages eine wirkliche Geschichte der Architektur geschrieben würde, die diese Doktrin zum Prinzip machte. Dann würde die Methode der Klassifikation der Stile ersetzt durch eine rein historische Methode; die Formen würden in ihrer Zeit und an ihrem Ort studiert – und zwar im Zusammenhang mit den Gedanken, die sie verkörperten, und als Merkmale der Zivilisationen. Und dann würden vielleicht

sogar die Professoren verstehen, was Sullivan meinte, als er sagte, daß die Gesamtheit der Menschen den sozialen Organismus bilde und daß die Architektur »nur eine der Tätigkeiten des Volkes ist und daß sie unbedingt in Einklang stehen muß mit den übrigen«.
Solch eine Geschichte könnte für die Architektur das tun, was Holmes für das Gesetz getan hatte, und als Motto könnte man — mit leichten Änderungen — seine Feststellung im *Common Law* wählen: »Das Lebensprinzip des Rechts (der Architektur) ist nicht die Logik (der Stil), sondern die Erfahrung gewesen.« Eine solche Geschichte könnte auch die Tatsache deutlich machen, daß das Leben ein Prozeß ist, in dessen Verlauf Gedanke und Ausdruck Veränderungen unterworfen sind. Eine solche Geschichte wäre willkommen gewesen — denn worauf Sullivan nunmehr bestand, das war der Wechsel, seine Notwendigkeit und Möglichkeit. Die einfachste menschliche Tätigkeit, so erklärte er, stellt eine Veränderung dar; dabei vergaß er im Augenblick seine eigene Erfahrung mit den »Überbleibseln« und auch das, was James und Veblen ihn bez. Gewohnheiten und Denkgewohnheiten gelehrt hatten. Aber er hielt seine Behauptung aufrecht, denn — wie er erklärte, als er diesen geschichtlichen Überblick vorschlug — »das Wohl der Demokratie ist, solange ich lebe, mein Hauptanliegen...«. Seine Hoffnungen auf die Demokratie und seine Rolle als Erzieher basierten auf seiner Überzeugung, daß der Gedanke geändert werden könne und daß er, einmal geändert, nie mehr werden könne, was er vorher gewesen war. »Stets Neugeburt«, sagte er, »niemals Wiedergeburt.«
Sullivans Einfluß hätte größer sein können, wenn er diese Geschichte der Architektur geschrieben hätte. Aber für ihn bedeutete der Gedanke Handlung, und er wollte handeln, ehe der Feudalismus die Demokratie überwältigen konnte. Jetzt hatte er Zeit für wissenschaftliche Arbeiten (er schrieb die weitschweifige Abhandlung über das natürliche Denken und das dicke Buch über die Demokratie), aber weder Neigung noch Geduld dazu; er zog es vor, Kritiker und Prophet zu sein und — wie Nietzsche — »unsere Bewertung der Dinge umzuwerten«. Er wollte der »männliche Kritiker« sein, »ein menschlicher Mensch, empfänglich für alles und mit offenen Augen für den modernen Tagesanbruch«, und er wollte »den modernen Menschen auf einer gerechten Waage wägen«. Sein Temperament machte ihn geeignet für diese Rolle; und was ihn für einige Zeit schweigen ließ, war nicht etwa der Umstand, daß er ein Prophet ohne Pflichtgefühl gewesen wäre, sondern vielmehr die Tatsache, daß er ein Prophet ohne Zuhörer war.
So wurden, als er auf diese Weise in *What is Architecture?* (einem Essay, der den Geist der unveröffentlichten Werke *Natural Thinking* und *Democracy* wiedergibt) von der Architektur sprach, Gebäude zu »warnenden Händen« und zu nicht zum Schweigen zu bringenden Stimmen, die die Gefahr hinausschrien, die dem Volk drohte. Äußerlich aristokratisch und feudalistisch, waren sie doch ein Appell im Namen der Demokratie — so, als hätten ihre unterdrückten Funktionen Sprache erhalten; und vieles, was sie sagten — wie der Nachtmahr, den Sullivan zu Beschwörungszwecken benutzte —, könnte aus Nordaus *Degeneration* stammen. Sie kündeten von dem Fin-de-siècle-Gefühl unendlichen Verderbens und unendlicher Vernichtung — diesem Gefühl, von dem Nordau glaubte, daß es die Reaktion der

81

aristokratischen Empfindsamkeit auf das Sterben einer Welt sei. Sullivan hingegen meinte, daß dieses Gefühl Nervenschwäche und Hysterie sei. »In dieser Architektur«, sagte er, »ist keine Lebensfreude — du spürst nicht, was Erfülltheit des Lebens bedeutet — du fühlst dich unglücklich, wie im Fieber und verstört.« (Durch einen Vergleich zwischen Bauwerken und Menschen konnte er seine Idee drastisch erklären: »Wie eure Bauten sind, so seid ihr.«) Und diese Architektur — so behauptete er und lieferte eine Aufzählung von Symptomen, die die Nordaus noch übertraf — war voll von Scheinheiligkeit, Heuchelei, besaß keine Heiterkeit und offenbarte einen Mangel an Liebe zu Land und Volk. Die ungeheure Wirkung dieser Bauwerke war Täuschung, sie beruhte nicht auf der »wahren Kraft des Gleichgewichts«. In ihnen war keine Spur des Gedankens an die »vitalen Beziehungen eines Volkes«. Da sie dieses »Gleichgewicht« nicht zum Ausdruck bringen konnten, waren sie einfach Abfall, der soziale Abfall der Selbstsucht — Abfall, wie ihn Sullivan auch im Schmutz und Rauch der Städte und in der Verfälschung von Nahrungsmitteln und Drogen erblickte. Sie prahlten jedoch mit Erfolg und erhöhten den Dollar und verachteten — wie Henry James zur gleichen Zeit feststellte — die Kraft sowohl echter Weiblichkeit als auch echter Männlichkeit.

Der Wert dieses Sozialkommentars, der umfassender war als die meisten seiner Art, bestand in der Einheit von Sullivans architektonischem und sozialem Denken. Seine Kriterien für soziale Gesundheit waren auch die für künstlerische Gesundheit; Erfülltheit des Lebens, Gleichgewicht der vitalen Beziehungen, Heiterkeit und Ruhe — diese Kriterien der Kunst und der Gesellschaft beruhten auf den tiefsten Werten der Natur. Denjenigen, die einen milderen soziologischen Wortschatz gewohnt sind, mag die Rhetorik von Sullivans Kritik ein Hindernis bedeuten; in der Wahl der Sprache (und man könnte hinzufügen: in der Wahl des Publikums) demonstriert Sullivan die Schwierigkeiten des Künstlers, der sich direkt mit Sozialkritik befaßt. Nichtsdestoweniger ist seine Kritik ganz besonders wertvoll auf Grund der Tatsache, daß er ein Künstler war — und auch durch die Größe seiner Vision. Wie James' Kritik in *The American Scene*, die sprachliche Hindernisse anderer Art aufweist, aber ebenfalls Gesellschaft und Kultur mit den Kriterien der Kunst mißt, gehört Sullivans Kritik auf das Gebiet einer Soziologie, die man als »permanente Soziologie« bezeichnen könnte — als diejenige Wissenschaft, die nach Sullivans Meinung sowohl die psychischen als auch die physischen Kräfte erforscht.

Hinter Worten, denen Sullivan mißtraute, verbirgt sich oft Unwissen. (Er zog es vor, sich an Hand greifbarer Dinge mitzuteilen — wie zum Beispiel im Fall der Banken, die er um diese Zeit auf dem Land zu bauen begann. Sie waren oft reich verziert — und dennoch den Bedürfnissen der Farmer sehr gut angepaßt, die sie in Anspruch nahmen und ihnen als »Kunstgegenständen« gegenüber keinerlei Unbehagen empfanden. Hier verewigte er in Stein seinen Glauben an die Demokratie — und dies waren die kleineren Aufträge, die seinen Glauben an das Volk lebendig erhielten.) Aber mit seiner Rhetorik verhielt es sich anders: hinter ihr verbarg sich sein Wissen. Weder half sie ihm, sich als sozialer Denker auszuweisen, noch stellte sie den Hintergrund seiner Lektüre und seiner Erfahrung zur Schau. Seiner Auffassung nach war sein Eifer Beweis genug. »Seht euch eure Gesetzgebung an«, forderte er, »kompliziert, grotesk und unwirksam — mit Klauseln vernagelt, wie Geschütze vernagelt sind. Schaut euch eure Verfassung an! Drückt sie wirklich das gesunde Leben aus, das ihr in euch habt — oder ist auch darin eine Klausel versteckt, die euch unweigerlich zum Unheil wird? Seht euch euer Geschäftsleben an: was ist es anders geworden als ein Vernichtungskampf unter Kannibalen?«[1] Diese Stelle ist typisch — sie kommt Nietzsche näher als Holmes, Beard und Veblen, die in ihrer zurückhaltenderen wissenschaftlichen Weise wirksame Mittel zur Neuschätzung der Werte fanden, auf die sich Sullivan hier bezieht. Aber wenn auch die rhetorischen Stützen schwanken, so ist in dem Gesagten doch — wie selbst die zitierte Stelle zeigt — ein fester und wahrer Kern. Sullivan hatte aus seinen Erfahrungen in Chicago viel gelernt; mehr als die meisten andern Künstler ist der Architekt mit der Gesellschaft verflochten und — wie die Herausgeber der Architekturzeitschriften — von Industrie-, Handels- und Arbeitsproblemen bedrängt. Die Architekturzeitschriften — selbst die im Westen — waren konservativ. Wenn auch Sullivan ihren Abscheu vor Berufswettkampf und militanter Reform teilte, so war er in seinem sozialen Denken doch fortschrittlich. Und wenn er auch wohl vieles nur zum Vergnügen gelesen hatte, so hatte er eben doch viel gelesen — besonders, was das Gedankengut des 20. Jahrhunderts anging.

»Woher hast du diese Ideen?« fragt der Schüler den Lehrer in den *Kindergarten Chats.* »Daher, woher sie jeder nehmen kann, der zwei Augen hat«, antwortet der Lehrer, der kein Büchergelehrter ist. Das ist eine ausweichende Antwort — und so typisch für Sullivan, daß man sich fragt, ob eine solche Antwort vielleicht der Anlaß zu George Elmslies Bemerkung war, daß es »sonderbar ist, daß er so wenige Bücher gelesen hat«. Aber der Lehrer gibt an, wo »jeder, der zwei Augen hat«, diese Ideen hernehmen kann: Es sei ganz unumgänglich, so erklärt er dem Schüler, zu untersuchen, was der Mensch mit seinen Kräften angefangen habe. Diese Untersuchung umfasse Kunst, Wissenschaft, Metaphysik, Dichtung und Ethik — dieses Studium sei der »Schwerpunkt« aller Wissenschaften; und er nennt es »Soziologie«.

Für Sullivan war die Soziologie der »Gedanke des 20. Jahrhunderts«; sie hatte für ihn wie auch für seine Zeitgenossen eine Aura, die sie für uns nicht mehr hat. Soziologie bedeutete für ihn eine neue Art des Denkens — bedeutete ihm ein echtes empirisches oder wissenschaftliches (natürliches) Denken; sie bedeutete ein neues Studiengebiet, sie bestimmte die Formen und Funktionen des Menschen in der Gesellschaft durch den Gang der Geschichte hindurch; und ein unmittelbares Ziel der Reform war die Rettung des Menschen und der Gesellschaft: die Demokratie. »Soziologie«, sagt der Lehrer, »ist die Kunst und die Wissenschaft des geselligen Menschen, der Traum des einsamen Träumers, des Sehers, des Propheten; der Traum der ewig träumenden Massen, der so alt ist wie die Welt. Diese Einheit von Wissenschaft, Dichtung und Drama, dieser Gedanke der Soziologie ist der Vorläufer der Demokratie — ist ihr Erforscher, ihr Evangelist.« Diese Überzeugung von der auslösenden Kraft der Soziologie erklärt Sullivans prophetische Haltung und die

[1] Siehe: *Was ist Architektur?* S. 152.

Art, in der er die neue Wissenschaft in seinen Schriften heranzog — und seine Furcht, daß die Gesellschaft ihre Träumer untergehen lassen könnte. Und sie trägt auch bei zum Verständnis der tiefen und beständigen emotionalen Strömungen — dieser Strömungen der Gläubigkeit, von denen Ideen getragen werden —, dieser Strömungen, die den Idealismus des Transzendentalismus aus dem frühen 19. Jahrhundert noch bis in den Pragmatismus unserer eigenen Zeit getragen haben.[1]

Dieser seiner alles umfassenden Soziologie entspricht der Umfang von Sullivans Lektüre. Hätte der Schüler aus den *Chats* im Jahre 1909 noch über die Ideen des Lehrers nachgegrübelt und hätte er Versteigerungen von Büchern und Kunstobjekten beigewohnt (was Sullivans Schüler in der Zeit seiner Erfolge wirklich für ihn getan hatten), so hätte er die Antwort auf seine Frage der Liste der Bücher entnehmen können, die Sullivan über die Williams, Barker and Severn Company zum Verkauf anbot. Zuerst wäre er wohl verwirrt gewesen über dieses »Potpourri« — vielleicht wäre er sogar bestärkt worden in dem Verdacht, der Lehrer sei ein grillenhafter Mensch mit dem unausgebildeten Geschmack eines Dorfintellektuellen. Aber Sullivan — der offenbar das meiste, was er las, auch kaufte — erstand Bücher, ehe er sie geprüft hatte: mitunter erweckte der Titel, zu anderen Zeiten der Inhalt sein Interesse. Bücher wie Otto Weinigers *Sex and Character* — ein Buch, das groben Weiberhaß und niedrigste Sexualität zum Inhalt hat — oder Casper Lavater Redfields *Control of Heredity*, in dem späte Eheschließung als Garantie für genialen Nachwuchs gepriesen wird, lassen keine Schlüsse auf Sullivans Ansichten zu, sie sind lediglich bezeichnend für sein persönliches und »soziologisches« Interesse. Bücher wie Max Müllers *Life and Religion*, Renans *The Apostles* und Madame Blavatzkys *Isis Unveiled* zeigen, bis zu welchem Grad er an dem Kampf zwischen Wissenschaft und Religion Anteil nahm, den Drapers *History of the Intellectual Development of Europe* nicht endgültig entschieden hatte. Diese Bücher hatten noch einen anderen Wert für Sullivan: *Isis Unveiled* zum Beispiel war für ihn eine Geschichte des religiösen und philosophischen Denkens. *American Weather* von A. W. Greeley und *Aspects of the Earth* von N. S. Shaler sind ein Beweis für Sullivans Interesse an den Dingen der Umwelt; Bücher über die Geschichte von Illinois und Chicago mit seinen Vorstädten zeigen sein Interesse am Lokalmilieu; und eine Anzahl von Büchern (wie z. B. die Berichte über die Expedition von Lewis und Clark und die Romane von Mayne Reid) weist darauf hin, auf welche Art seiner Meinung nach der Architekt seine Vorstellungskraft schulen mußte, um die amerikanische Vergangenheit würdigen zu können. Bücher über die Geschichte der englischen Sprache, über Grammatik und Sprachunterricht sind die Schlüssel zu dem, was der Lehrer dem Schüler über das Wesen des Wortes sagte. Die vielen Bücher über Musik sind Zeugen einer lebenslangen Leidenschaft (unter den Büchern, die er in Ocean Springs zurückgelassen hatte, befand sich das Programm des Chicagoer Symphonie-Orchesters für 1900—1901); und die vielen Gedichtbände (darunter Chaucer, Shakes-

---

[1] Eines der Schlagwörter zu Sullivans Zeit war »Realität«. Es wurde in Verbindung gebracht mit der Aufrichtigkeit der Wissenschaft, stand aber nicht im Gegensatz zum Idealismus. Sullivans Generation wollte den Idealismus von dem loslösen, was Van Wyck Broocks »die Krankheit des Ideals« nannte, und ihn mit realen Dingen verbinden.

peare, Goethe, Whitman, Heine, Swinburne und *The Science of English Verse* von Lainer) sind ein Beweis für die anhaltende Wirkung der Lehren Edelmanns und für Sullivans Bemühungen um die Meisterung einer anderen Art des Ausdrucks. Über die Dramen von Ibsen wäre der Schüler entsetzt gewesen, und über die deutschen Bücher — besonders die Goethe-Bände — hätte er sich wohl gewundert; denn nicht einmal der Lehrer hatte ihm etwas über den »Versuch, die Metamorphose der Pflanze zu erklären«, und über das Fragment *Die Natur* erzählt. Und für den Fall, daß er die Ho-O-Den-Halle der Weltausstellung und die vielen Zeitschriftenartikel über japanische Architektur hätte vergessen haben sollen, hätten die Bücher über Japan und japanische Kunst ihn wieder daran erinnert — und hätten ihn, wie der Lehrer stets getan hatte, gemahnt, »hinter« den Stilen nach organischen Zusammenhängen zu suchen.

Viele dieser Bücher behandeln Gebiete, für die Sullivan schon früh ein dauerndes Interesse entwickelt hatte; die meisten Bücher jedoch, die auf der Versteigerungsliste standen, gehörten — auch was das Datum ihrer Veröffentlichung betrifft — zu jenen soziologischen Werken, die Sullivan im Sinn hatte, wenn er von dem Gedanken des 20. Jahrhunderts sprach. Wenn der Schüler die große Anzahl von Kunstbüchern unbeachtet gelassen hätte, so wäre er wahrscheinlich zu dem Schluß gekommen, daß die Bibliothek, die da verkauft werden sollte, einem sozialen Denker und nicht einem Architekten gehört haben müsse, denn die am meisten vertretenen Werke behandelten direkt oder indirekt die Probleme der Gesellschaft. Einige Bücher hatten geschichtliche Themen — *Ancient Monarchies* von Rawlinson, *A History of Egypt* von Breasted, *Civilization in England* von Buckle, *The Critical Period of American History* von Fiske, *A History of the People of the United States* (ein sozialökonomisches Werk) von McMaster, *The Nation* (etwas volkstümlicher) von Elisha Mulford und *Redeeming the Republic* von C. C. Coffin. Auch »Schmutzfeger«-Literatur war reichlich vorhanden: *The Bitter Cry of the Children* von John Spargo, *Frenzied Finance* von Thomas Lawson und *The Greatest Trust on Earth* von Charles Russel sind Beispiele dafür. Bei den meisten jedoch der anderen Bücher handelte es sich um rein soziologische Werke: Studien über moderne Wissenschaft, Evolution, Metaphysik — darunter *American Addresses* von Huxley, *Die Welträtsel* von Haeckel, *Fundamental Problems* von Carus; Abhandlungen über Erziehung und Psychologie — hier *Education as a Science* von Alexander Bain, *Physiologie des Menschen und des Tieres* von Wundt, *The Child* von A. F. Chamberlain, *Adolescence* von G. S. Hall und *Psychology* von William James; volkswirtschaftliche und politische Werke — wie *The Theory of the Leisure Class* von Veblen, *The Theory of Business Enterprise* vom selben Verfasser, *Der Gesellschaftsvertrag* von Rousseau, *The American Commonwealth* von Bryce; Essays — oft schwungvoll, stets prophetisch und Sullivan meist geistesverwandt — wie: »*The Changing Order* von Oscar Triggs, *Man, the Social Creator* von H. D. Lloyd und — in poetischer Form — Nietzsches *Also sprach Zarathustra.*

Viele dieser Bücher gingen von der Evolutionstheorie und dem Konflikt zwischen Wissenschaft und Religion aus. Man findet in ihnen einen neuen dynamischen

Wortschatz — Prozeß, Wechsel, Anpassung, Umwandlung — und die Behauptung, daß alte Glaubenssätze es gewesen seien, die die soziale Entwicklung aufgehalten hätten — verdrehtes Christentum und das, was Haeckel die »überlebten Ansichten des Mittelalters« nannte. Wissenschaft und Intellekt waren die vorwärtsdrängenden Kräfte. Aber vielfach hatte man — unter Skeptizismus verborgen — den Wunsch, Wissenschaft und Religion wieder miteinander zu versöhnen und den brutalen Naturalismus dadurch zu veredeln, daß man eine christliche Ethik in ihm entdeckte. Manche hofften, den Kampf der evolutionären Gesellschaft, zu dessen Verteidiger man Spencer machte, dadurch abschwächen zu können, daß sie an den Altruismus appellierten, der entweder als der bewahrenswerte Teil der Religion oder aber als das Resultat des evolutionären Prozesses selbst angesehen wurde. Viele dieser Bücher, in denen die Natur und ihre Mysterien akzeptiert wurden, waren »wissenschaftliche Elogen auf die Natur« — Versuche, alte Sehnsüchte mit kosmischen »Mitteln« zu stillen. Hier — wie in Haeckels *Welträtseln* und Paul Carus' *Fundamental Problems* — stieß man nicht nur auf Ablehnung der Utilitätslehre und ihrer hedonistischen Ethik, sondern fand auch die Einheit der Natur wissenschaftlich bestätigt; Goethe und Spinoza tauchten wieder auf und mit ihnen Pantheismus und ein Monismus der lebendigen Natur — ein Monismus, der Materie und Geist in eins faßte. In *Fundamental Problems* ist Sullivans Metaphysik am besten zum Ausdruck gebracht (Carus hatte geschrieben, daß »jeder Dualismus ... das Ergebnis inkonsequenten Denkens« sei); aber irgendeine Bedeutung hatte jedes Buch für ihn — wenn auch vieles von dem, was er las (wie Haeckels *Welträtsel*), auf Grund aristokratischer Tendenz und der Ansicht, daß es der Stärkste sei, der überlebe, ihn abgestoßen haben muß.

Im allgemeinen begrüßte er in den Büchern über die Welträtsel das, was sich in seinem eigenen Denken widerspiegelte und seine eigene, im wesentlichen transzendentale — mit seinen eigenen Worten »naturalistische« — Metaphysik bestätigte. Sie lieferten ihm nicht so sehr neue Ideen als vielmehr geistige Nahrung; sie hielten ihn auf der Höhe der Strömung evolutionären Denkens und bestärkten ihn in seinem Glauben an die Kraft des Gedankens; denn der augenblickliche Zusammenbruch von Tradition und Autorität war — wie Benjamin Kidd in *Principles of Western Civilization* schrieb — das Ergebnis der evolutionären Theorie. Indem sie vier Jahrhunderte mählichen Wechsels in einer Generation zusammendrängte, wurde diese Theorie des Wechsels selbst zu seinem Instrument — und zum Vorboten der Krise. Und Sullivan sah in ihr ein vielversprechendes Prinzip: sie betonte den Wechsel, die Zukunft und die Gemeinschaft der Menschen weit stärker als das Feststehende, die Vergangenheit und das Individuum — und eröffnete auf diese Weise demokratische Aussichten.

Sullivan erwähnte in der *Autobiography*, daß er »bei Darwin reichlich Nahrung gefunden hatte. Die Evolutionstheorie schien wunderbar.« Er bemerkte auch, daß zu jener Zeit Werke, wie zum Beispiel die Spencers, ihm nebelhaft vorkamen, daß er aber »festhielt, was er greifen konnte«. Vieles von dem, was er später las — besonders Bücher metaphysischen Inhalts —, hat die Nebel wahrscheinlich nicht zerteilen können. Aber was Sullivan festgehalten hatte, reichte für seine Absichten

aus; und wie aus der *Autobiography* hervorgeht, war er in seinen Absichten von dem Glauben Drapers an die Wissenschaft als Befreierin des menschlichen Geistes und von Edelmanns Theorie der unterdrückten Funktionen beeinflußt worden. Draper festigte die Form seines historischen Denkens.
Democracy: A Man Search könnte man für Gedanken Drapers in der Sprache Nietzsches halten. Aber der Weg zu Nietzsche führte über den Begriff der unterdrückten Funktionen. Nicht nur Nietzsche der Prophet, der die Verächter des Lebens verflucht, sondern auch Nietzsche der Psychologe, der die Gesundheit predigt und die Lebensangst zu vertreiben versucht, hat der *Democracy* seinen Stempel aufgedrückt. Und wenn auch die *Autobiography* nichts von Sullivans Interesse für Nietzsche und von seinem noch größeren Interesse für Psychologie verrät, so tun dies die Versteigerungsliste und seine anderen Schriften. Der Transzendentalist, der den schöpferischen Impuls so sehr betonte, war von jeher auch ein Psychologe; die Kräfte und die geistigen Fähigkeiten des Menschen waren Gegenstand seines eifrigsten Studiums; und in der neuen Psychologie — der vielleicht wichtigsten der evolutionären Wissenchaften — fand er vieles, was er sich aneignen konnte.
Frank Lloyd Wright bestätigte stets, daß er der Centennial Exposition Dank schuldete — seine Mutter hatte dort für die Fröbel-Blocks gesorgt, die den Kindergarten in ein Atelier für Architekten verwandelten. Sullivan hingegen, dessen Schuld zwar anderer Art war, gab niemals zu, daß er seine Bekanntschaft mit der neuen Psychologie der Weltausstellung und der Chicago University verdankte, jener echten »Ausstellung des Intellekts«— gotisch zwar, was Architektur anlangt, aber modern in bezug auf den Geist. Die American Psychological Association wurde im Jahre 1892 gegründet, und zwei ihrer Mitglieder — Joseph Jastrow und Hugo Münsterberg — brachten die Psychologie zur Ausstellung: das heißt, sie stellten ihre Apparate aus und richteten ein Versuchslaboratorium ein. Ganz in der Nähe, an der Chicago University, gründete John Dewey die Schule der »funktionalen« Psychologie, der die Philosophen George Herbert Mead und A. W. Moore angehörten und deren Einfluß sich auch auf solche erstreckte, die auf entfernteren Gebieten tätig waren: z. B. auf Veblen, der Volkswirtschaftler, und auf Jacques Loeb, der Physiologe war. Der fundamentale Lehrsatz dieser Schule war, wie Dewey 1884 erklärte, folgender: »Die Idee der Umwelt ist für die Idee des Organismus notwendig; und sobald die Idee der Umwelt anerkannt wird, ist es unmöglich, sich vorzustellen, daß psychisches Leben sich als ein individuelles, isoliertes Etwas in einem Vakuum entwickelt.« Und Veblen schrieb: »Die moderne psychologische Untersuchung geht von der empirischen Verallgemeinerung aus, daß die Idee essentiell aktiv ist.« Das Denken ist die Reaktion eines Organismus auf seine (und in seiner) Umwelt; es ist eine konstruktive Tätigkeit oder Funktion, mit deren Hilfe Probleme gelöst werden und die Umwelt geändert wird. Es handelt sich dabei nicht um »Geist und Objekt«, sondern um »Verstand — Umwelt«: jeder Dualismus, jeder Elementarismus wird verworfen. Was dies für Sullivan bedeutete, ist vielleicht besser mit Deweys Worten gesagt: »Das wahre Selbstbedingte muß die organische Einheit des Selbst und der Welt sein, des Idealen und des Realen — es ist das, was wir als ›Gott‹ kennen.« Und: »Wahrheit — d. h. Realität (nicht unbedingt G l a u b e n s s ä t z e bezüglich

der Realität) — wird im lebendigen Erleben der seelischen Entwicklung vermittelt.« Sullivans Interesse an Psychologie war ebenso umfassend wie das William James'. Er ging zurück zu Lavaters physiognomischen Studien und las Bücher in der Art von A. E. Willis' *A Treatise on Human Nature and Physiognomy* (Willis war ein Professor mit eigenwilligem Stil, ein Phrenologe, dessen Buch an Selbsthilfe grenzt) und T. J. Hudsons *The Law of Psychic Phenomena: A Working Hypothesis for the Systematic Study of Hypnotism, Spiritism, Mental Therapeutics, etc.* Aber von größerer Bedeutung waren die Bücher, auf die er durch die neue Psychologie aufmerksam wurde, besonders diejenigen von A. F. Chamberlain, G. Stanley Hall und William James.

Chamberlains *The Child: A Study in the Evolution of Man* ist eine gedrängte Abhandlung; ihre Zentralthese ist die folgende: »Jugend wurde dem Tier im Ablauf der natürlichen Entwicklung als ein Mittel geschenkt, um den Reichtum angeborener Instinkte und Impulse zu verwerten und in neue und höhere Formen zu leiten... Der Mensch insbesondere besitzt Jugend, weil Kunst und Zivilisation sich aus den Instinkten über die Verwandlungskraft des Spiels entwickeln mußten.« Chamberlains Überzeugung, daß das Spiel — die Beschäftigung des Kindes — Freude an ungezwungenem Tun, konstruktiv und befreiend und eine Form des Experiments oder Erlebens sei, unterstützte die Freizügigkeit und die Pädagogik, zu der Dewey in *The School and Society* (1899) riet; und mit seiner Meinung, daß Genialität keine Nervenkrankheit, sondern der Normalzustand des Kindes sei (er zitierte Goethe: »Wenn die Kinder ensprechend ihren frühen Anlagen aufwüchsen, so hätten wir lauter Genies«), lieferte er ein grundlegendes und demokratisches Erziehungsprinzip. Die Übel, die er auszumerzen wünschte, waren das störende Dazwischentreten der Erwachsenen und die hemmenden Einflüsse von Schule und Umwelt — einer Schule, die nicht wie die Deweys als geeignete Umwelt angesehen werden konnte. Ein Garten war eine Schule, in der Werte des vorindustriellen Lebens wiedergewonnen werden konnten, wo die Impulse des Kindes nicht durch räuberische Motive des Wettbewerbs mißgeleitet wurden, sondern in wohlwollender Gemeinschaft zur Wirkung gelangen konnten. Indem er die Blüte der Zivilisation auf ihre vergessenen Keime im Kind zurückführte, nahm Chamberlain im Sinne der Genetik tatsächlich eine Umgestaltung der Werte vor. Er führte die Zivilisation und ihre Mängel auf ihre Ursprünge im Impuls des Kindes zurück und gab der Erziehung, die so oft ein Stiefkind der Gesellschaft gewesen war, eine Zentralstellung in der Reform.

Die Methode, mit der G. Stanley Hall (ein Kollege Chamberlains) an die Frage heranging, war ebenfalls genetisch — und idealistisch. Man könnte sagen, daß die Clark University, an der Chamberlain Professor und deren Präsident Hall war (und der William Rainey Harper, ein Vorkämpfer für die Erziehung, eine Anzahl namhafter Professoren für die Chicago University weggenommen hatte), eine späte Einheitsschule der Philosophie war. Hall vereinigte Emersons Glauben an die wohltätige Natur mit Alcotts Eifer in der Frage der Erziehung. Den Schlüssel zu seinem Werk gibt seine Bemerkung, daß »die Wissenschaft dem Menschen gegenüber die Wege der Liebe rechtfertigt«. Er war ein evolutionärer Spiritualist und Optimist,

der durch Ausdehnung der evolutionären Theorie auf das Gebiet der Psychologie »die genetischen Begriffe der Seele« zu entdecken und zeigen zu können hoffte, daß Idealismus, Metaphysik und Religion den Grundbedürfnissen der Seele entspringen – und daß die Seele selbst eine noch im Werden begriffene evolutionäre Schöpfung ist. Wie Chamberlain glaubte er, daß das Kind die Hoffnung und das Licht der Welt sei und daß die ganze Kultur zu seiner Pflege beitragen müsse.
Wenn Hall sich an die Jugend wandte, dann setzte er jedoch nicht nur die genetische Geschichte, die bei Chamberlain mit dem Kind begann, fort, sondern erweiterte die Forderungen hinsichtlich des Impulses. Seine *Adolescence* war eine der großen Enzyklopädien jener Tage; aber trotz all ihrer Wissenschaft war sie ein Moraltraktat. Er benutzte sie, um seine Zeit wegen ihres Mangels an Gefühl zu züchtigen. »Das Herz ist ausgedörrt und leer«, sagte er. »Die Kultur unterdrückt es, und der Intellekt schwächt die Wurzeln.« Die Transzendentalisten hatten das Gleiche gesagt, und er bestätigte sie mit seinen eigenen Worten und indem er ihre Aussprüche zitierte. Aber auch Whitman erkannte er an, und zwar ohne Vorbehalt. Das Jünglingsalter war das Gebiet seiner Forschung, weil es die Periode der großen Verwandlung, die entscheidende Periode in der Geschichte des Menschen ist. »Es ist«, sagte er, »die Zeit der Minderjährigkeit der höheren Natur des Menschen, der nun von der großen Allmutter seine letzte Ausrüstung an Energie und den letzten evolutionären Anstoß erhält.« Was dieses Alter so besonders bedeutungsvoll macht, ist »die Entwicklung der Sexualfunktion« und die Tatsache, daß »diese Funktion normalerweise der größte Stimulus für die geistige Entwicklung ist«. Hall war der Meinung, daß die sexuelle Entwicklung das Tor zur idealen Welt öffne; mit Whitman (und noch vor D. H. Lawrence) forderte er für Mann und Frau das Paradies, das die neue Psychologie nach Wiederherstellung der menschlichen Natur versprach. »Das Wissen um das Leben«, behauptete er, »ist im Grunde das Wissen um die Liebe.«
Seine Lehre rechtfertigte auch das Naturgefühl der Transzendentalisten und den allgemeinen romantischen Glauben, daß die Liebe zur Natur die Quelle der Kunst, der Wissenschaft und der Religion sei. Die Emerson-Whitmansche Botschaft kommt mit unverminderter Kraft und Glut zum Ausdruck in dem Kapitel über die Gefühle des Heranwachsenden der Natur gegenüber. Hall zitiert Emerson und Whitman nicht nur, er nimmt sie ganz in sich auf: »... Der Geist der Botanik ist da, wo Blumen wachsen... Geologie in den Feldern... Astronomie in der Stille der weiten Nacht allein.« Die Natur, sagt er, ist Gefühl, ehe sie zu Idee, Formel oder Nützlichkeit wird; nicht das wissenschaftliche Training der Schulen braucht der Heranwachsende, sondern, wie es die »genetische Pädagogik« verlangt (besonders im Hinblick auf den zunehmenden Städtebau), eine Erziehung auf dem Land. Mit Ehrfurcht sprach Hall von den beseelenden Empfindungen des Kindes Blumen und Bäumen gegenüber. Und er bestand darauf, daß »jeder junge Mensch diese Natureinflüsse in Frühling, Sommer, Herbst und Winter erleben sollte; denn dann wird das Beste in ihm reifen und die Überhand gewinnen«. Ohne hin und wieder einen Tag in »einer Stadt von Bäumen« zu verbringen, konnte, wie er fühlte, die Jugend niemals ihre ganze Aufgabe erfüllen.

Die Ideen Chamberlains und Halls (und Deweys, der Halls Schüler bei John Hopkins war) prägen sich auf vielen Seiten von Sullivans Schriften aus und sind in der *Autobiography* in der Gestalt des Großvaters List verkörpert. Sullivans Vater und Moses Woolson, diese Proponenten der Disziplin, nehmen ihre Stichworte von William James. James hatte natürlich seinen Anteil zu den grundlegenden Prinzipien der neuen Psychologie beigetragen – das heißt, er war ihre Hauptquelle. Vieles, was er in *The Principles of Psychology* geschrieben hatte – so zum Beispiel, daß die Funktionen die Organe bilden und daß der Druck den Kanal schafft –, gefiel Sullivan; am stärksten beeindruckte ihn jedoch die Diskussion über Gewohnheit, Aufmerksamkeit und Entscheidung. James sprach nicht nur von der Verächtlichkeit der Gewohnheiten, er zeigte auch, wie schwer es sei, neue zu erwerben, und wie wichtig dabei für den Lebenskampf Disziplin und Auslese seien. »Gewohnheit«, sagte er, »verurteilt uns alle dazu, den Lebenskampf auf dem Feld unserer Erziehung oder unserer frühzeitigen Entscheidung auszufechten...« Wie Emerson hätte er sagen können, daß Charakter Schicksal sei; denn auch er hatte das ausgeprägte Gefühl des Neu-Engländers für Charakter. Er erklärte, daß die Entscheidung ein nicht anzuzweifelnder Ausdruck des Geistes sei und daß »Aufmerksamkeit und Anstrengung verschiedene Bezeichnungen für den gleichen psychischen Vorgang« seien. Er unterschied zwischen angelerntem Wissen und eingehendem Wissen – letzteres ist das Wissen um die innere Natur des Dinges und kann nur durch Aufmerksamkeit erlangt werden. Genie war für ihn das Resultat beständiger Aufmerksamkeit: »In solchen Geistern knospen und sprießen und wachsen die Dinge...« Und für Sullivan, der das Wachsen des Kindes bei Chamberlain und Hall verfolgt hatte, fügte er ein weiteres Stadium hinzu, das der Jahre zwischen 30 und 40 – den wichtigsten Abschnitt für die Festlegung beruflicher und intellektueller Gewohnheiten.

Was die Psychologen für das Studium des Menschen taten, tat Veblen für das Studium der Institutionen. Auf Institutionen angewandt, wurde die genetische Methode zum Historismus. Der augenblickliche Konflikt innerhalb der Gesellschaft, den Veblen im Zusammenhang mit Geschäftsleben und Industrie beschrieb, wurde historisch beleuchtet und zurückverfolgt bis zu seinen ersten Ursprüngen im Instinkt der Arbeitsleistung. Der Mensch, so sagt Veblen in *The Theory of the Leisure Class*, ist eine wirkende Kraft, »ein Mittelpunkt sich entfaltender impulsiver Betätigungskräfte«; er ist »besessen von Lust an zweckvoller Arbeit und von Widerwillen gegen nutzlose Anstrengungen«. Dieser Instinkt bringt die Industrie hervor – »die Anstrengung, etwas Neues zu schaffen, dem die das passive (›rohe‹) Material formende Hand seines Schöpfers einen neuen Zweck gibt«. Veblen fand den reinsten Ausdruck dieses Instinkts in primitiven, archaischen Gesellschaftsformen – in kleinen, friedlichen und im wesentlichen bäuerlichen Gemeinschaften, die ihn zweifellos an sein eigenes früheres Leben erinnerten. Diese sogenannten »wilden« Gesellschaften wichen einer höheren Gesellschaftsform, der Barbarei, deren charakteristisches Merkmal die Räuberei war. Jäger und Krieger tauchten auf, und »Ausbeutung« (»Auswertung von Energien, die zuvor von anderen wirkenden Kräften für andere Zwecke ausgewertet wurden, zu eigenen Zwecken«) ward zur Herausforderung an Fleiß

und Betriebsamkeit. Unerschrockenheit, Gewalt und Betrug waren bald stärker als der Fleiß; durch Wetteifer entstanden Neid und Unterschiede. Und die Klasse der Nichtstuer, die wie die früheren Räuber »erntete, wo sie nicht gesät hatte«, trat ihre lange währende Herrschaft an, gesichert durch jene Institutionen, die ihre »Denkgewohnheiten« bewahrten und fortsetzten.
Die Ursprünge von Veblens Geschichte waren psychologischer Natur. Träger der Handlung war der Leistungsinstinkt, ein unfreiwilliger, aber unbesiegbarer Held im Kampf gegen Nutzlosigkeit und Vergeudung. Zu diesem Instinkt — der konstruktiven Kraft im menschlichen Leben — kamen später noch »eitel Wißbegierde« und »elterliche Neigung« hinzu; in der ersteren sind viele Kräfte des Spiels enthalten, und die letztere — als Pflegerin des Lebens — faßt in sich die Werte des Altruismus zusammen. Dieses Melodrama wurde durch Veblens Ironie nicht entstellt, sondern vielmehr erschaffen — und sie machte aus dem Werk ein Sittenstück, in dem sich der einfache und tugendhafte Held durch die historischen Tatsachen bewegt, die ihm von Kriegern, Priestern und Industriekapitänen auferlegt werden. Man wird an Twains Yankee-Handwerker an König Artus' Hof erinnert; Veblen beginnt mit der Feststellung, daß »die Institution der Nichtstuerklasse in ihrer bestentwickelten Form in höheren Stadien der barbarischen Kultur anzutreffen ist — wie zum Beispiel im feudalistischen Europa...«. Alles, was er über die Nichtstuerklasse sagt — über ihre Geschmacksregeln, ihre Kleidung, ihren Schicksalsglauben, ihre frommen Sitten und ihr System höherer Erziehung —, betont diese Verbindung und weist auf die Lehre von den »Überbleibseln« hin. Der Held — mit dem sich Sullivan ohne weiteres hätte identifizieren können — stellt fest, daß sein Leistungsinstinkt (Sullivan nennt ihn den Willen zur wohltätigen Kraft) von allen Seiten durch den herrschenden Feudalismus gehemmt wird. Statt des Funktionsgesetzes der Schönheit findet er das des Geldes, das Veblen mit den »achtbaren Sitten« der englischen oberen Klassen in Beziehung brachte; er findet, daß der Geschmack nicht zufriedengestellt wird von »Strukturen, die den Zweck, dem sie dienen sollen, und die Art, wie sie ihm dienen, unverblümt zur Schau stellen«. Die Nichtstuerklasse will nicht das »ästhetisch Wahre«, sondern das »ansehnlich Korrekte«; daraus folgen »Neuheit«, »unnütz angewandte Erfindungsgabe und Arbeit«, »offensichtliche Untüchtigkeit« — alles das, was Sullivan »geschmackvolle« Gebäude nannte. Weiter stellt er fest, daß friedliche Eigenschaften — wie zum Beispiel Gutmütigkeit, Gerechtigkeit und Sympathie — zu keinem Erfolg führen; Ehrlichkeit ist nicht die beste Politik. Und auch dann ist man ungeeignet, den Kampf aufzunehmen, wenn man der Typ eines »brünetten Brachyzephalen« ist (wie es Veblen und Sullivan waren) — und nicht der eines »blonden Dolichozephalen«.
Veblen sezierte den Feudalismus nur, um die Merkmale offensichtlicher Verschwendung bloßzulegen. Seine Ironie half ihm, sich von tatsächlichen Reformen fernzuhalten, aber die Moral seiner Predigt war deutlich: »Das Ziel der Industrialisierung«, sagte er, »ist die Erfülltheit des Lebens eines jeden einzelnen — absolut wörtlich genommen.« Diese Moral wurde von Veblens Freund, Oscar Lovell Triggs, und auch von Henry D. Lloyd, dem Reformator aus Chicago, nicht übersehen. »Wir müssen für alte Bezeichnungen nur neue einsetzen: ›Wettbewerb‹ für ›Anarchie‹;

›Armut‹ für ›Ausrottung der Besiegten‹; ›Streik‹ für ›blutiger Kampf‹; ›Kapitalist‹ für ›Priester‹ und ›Tyrann‹; ›Arbeiter und Bauern‹, für ›Sklaven‹; ›Geschäft‹, für ›Eroberung‹...« Vieles von dem, was Lloyd hier sagte, hatte Veblen in *The Theory of Business Enterprise* gesagt. Triggs sowohl als auch Lloyd erkannten, daß das Schlachtfeld der Demokratie jetzt die Fabrik war und daß die wirklichen Probleme des amerikanischen Lebens industrieller Art waren. Indem sie die Arbeit verherrlichten und Liebe predigten, versuchten sie den industriellen Wettstreit zu dämpfen. Sie unterstützten die soziale Bewegung, diese Tendenz des modernen Lebens, die, wie Lloyd behauptete, »aus Konkurrenten Brüder macht, privaten Wohlstand und private Macht republikanisiert und die gemeinsame Arbeit für gemeinsame Wohlfahrt demokratisiert... und zeigt, daß, wie überall, so auch in der Welt der Arbeit das Gesetz der Liebe gilt«. Demokratie war ihre Religion; sie arbeiteten für die Bekehrung, für ein Leben — wie Triggs sagte — »unter ganz neuen Bedingungen«. Es ist leicht, sich über diese Männer und ihre Hoffnung lustig zu machen — wie Veblen es mitunter tat —, wenn man vergißt, daß sie den Vorrat an demokratischer Erwartung auffüllten, von dem alle nachfolgenden Generationen zehrten. Ihre Hoffnungen waren keineswegs sentimental; und ihr Gefühl für die Krise war echt. Lloyd glaubte, daß in seiner Zeit die Unzufriedenheit größer sei als zur Zeit der Französischen Revolution. Er hatte das Gefühl, daß die amerikanische Gesellschaft sich einer der großen Krisen der Geschichte nähere — und wenn er von Hoffnung für die Zukunft erfüllt war, drückte er es so aus: »Wir befinden uns in den Stromschnellen einer neuen Ära.« Triggs nannte sein Buch *The Changing Order: A Study of Democracy*; und der Titel, den Lloyd seinem Buch gab: *Man, the Social Creator*, faßte vieles vom Inhalt des neuen Gedankens zusammen, der die Demokratie zu einem sozialen Ziel und den Menschen zum Schöpfer seines Schicksals gemacht hatte.
Wenn Sullivan vom Gedanken der Soziologie als vom »Erforscher und Evangelisten« der Demokratie sprach, so hatte er dabei Bücher dieser Art im Sinn und dachte wohl auch an seinen Freund Oscar Lovell Triggs. Als Schüler von William Morris war Triggs aktives Mitglied der Illinois Industrial Arts League, in der er Sullivan wahrscheinlich zum erstenmal getroffen hatte. Aber Triggs war auch ein treuer Anhänger Whitmans (er ist heute berühmt durch seinen Beitrag zu den *Complete Writings of Walt Whitman*, die 1902 veröffentlicht wurden) und ein eifriger Anwalt der Kunst der Demokratie.
Seine Ästhetik, die die Tradition Morris' und Whitmans in sich vereinte, war sozial: »Die Kunst ist ihrem Ursprung, ihrer Natur und ihren Ergebnissen nach sozial.« Er war der Überzeugung, daß Frederick Law Olmsted Amerikas größter Künstler gewesen sei und daß »nach Olmsted unser hervorragendster Künstler Sullivan, ein Architekt, ist«. Er begeisterte sich für die funktionale Architektur der Chicago School und wies darauf hin, welchen außergewöhnlichen Wert Sullivans Werk habe. (»Sein Werk ist — weit mehr als das irgendeines anderen Baumeisters — aus dem persönlichen Charakter und aus der persönlichen Verantwortung heraus geschaffen und von poetischem Gefühl durchdrungen.«) Er zitierte Sullivans Schriften zur Unterstützung seiner eigenen Aussagen über demokratische Kunst, und er bestätigte

das, was Sullivan gegen die Weltausstellung vorgebracht hatte. Niemand sang Sullivans Lob lauter als er, und niemand kam den Vorstellungen Sullivans von der Art, wie er gelobt zu werden wünschte, näher: Für Triggs war Sullivan nicht nur ein Künstler, sondern gleichzeitig ein Sozialreformer, ein Beispiel des modernen Künstlers, der glaubte, daß Kunst sowohl persönlicher Ausdruck als auch ein soziales Gut sei. Sullivan unterstützte mit seinem Wirken und Denken Triggs in seiner Ansicht, daß, da zwischen Kunst und Leben engste Verwandtschaft bestehe, »es zweifelhaft ist, daß einer große Kunst schaffen oder verstehen kann, wenn er nicht geniales Verständnis für soziale Reform besitzt«.

In *The Changing Order* fand Sullivan sich in der Gesellschaft der Würdigsten des Zeitalters. Der Dank, den er Triggs schuldete, konnte jedoch nur zum Teil dieser Wertschätzung seines Werkes gelten: mehr zu danken hatte er ihm für die Hilfe, mit der er seinen Weg zu dem neuen Gedanken fand — und mehr vielleicht noch für die Ermutigung zu dem Unternehmen, in seinen Schriften für die Reform zu kämpfen. Triggs war Dozent für Literatur an der Chicago University. Sein soziologischer Mentor war Veblen (zusammen mit Lester Ward). Er kannte Dewey. Er besaß den Schlüssel zur Universität und hatte, wie sein Buch zeigt, viele ihrer Türen damit geöffnet. Sullivan folgte ihm nicht überallhin — so hatte er zum Beispiel einen viel zu großen Widerwillen gegen den Feudalismus, als daß er Triggs' Meinung hätte akzeptieren können, die Arbeit sei im Mittelalter Kunst gewesen. Aber vieles, was er in *The Changing Order* fand, festigte seine Gedanken und gab ihnen Richtung. Triggs, der sich in seinem evolutionären Glauben sicher fühlte, stürmte durch die Geschichte, um die Ankunft der Demokratie zu verkünden, die die nächste evolutionäre Stufe in der historischen Entwicklung bilde. Er sprach über neue Psychologie, Erziehung und Kunst und brachte den philosophischen Monismus und die neue Ästhetik mit der Sozialbewegung in Verbindung. Er stellte die Demokratie dem Feudalismus, die schöpferischen Aspekte von Arbeit und Spiel dem Müßiggang und das »Esoterische« dem »Exoterischen« gegenüber. Feudalismus und Aristokratie waren für ihn eine äußerliche Autorität, eine aufgezwungene Ordnung; die Demokratie gelangte auf die höhere Stufe einer inneren Ordnung, sie ermöglichte die »vollkommene Äußerung und Übung« des Volkes in allen Formen menschlicher Tätigkeit. Bei seiner Beschreibung dieses Übergangs von äußerlicher zu innerer Ordnung benutzte Triggs sowohl die älteren transzendentalen Begriffe der »Übereinstimmung« als auch die modernen des »Funktionalismus«. Er zitierte nicht nur die großen Männer seiner Zeit — Dewey und Sullivan —, sondern führte auch Emerson, Whitman, Inness und Lincoln (für Amerika), Burns, Wagner, Tolstoj, Ruskin, Morris und Miller (für Europa) an. Er machte aus der Geschichte der Kunst eine Geschichte der sich voll und ganz entwickelnden Persönlichkeit. Alle Künstler, die er anführte, waren Apostel der Reform; alle leisteten sie ihren Beitrag zu der »Lehre vom Menschen«, die Whitman zur geistigen Basis der Demokratie gemacht hatte: »Ich bin nur der, der keinen Herrn — oder besser Gott — über euch setzt außer dem Etwas, das tief in euch selbst wartet.« Triggs' Buch machte Sullivan den Platz kenntlich, der in dieser Tradition der seine war, und hielt ihm die Größe seiner Mission vor Augen.

Schlesinger Meyer (jetzt Carson Pirie Scott) Department Store, Chicago 1899—1904

Ecke der Ladenfront des Schlesinger Meyer Department Store, Chicago

Das Gleiche gilt für *Man, the Social Creator*. Henry D. Lloyd hatte, wie Jane Addams und Anne Withingston bemerkten, sein Leben damit zugebracht, nach den »neueren Phasen des demokratischen Geistes« zu suchen; in diesem Buch, das sie als Herausgeber zur Veröffentlichung vorbereiteten, verfolgte er »von der Quelle an das Stärkerwerden religiöser Impulse in der zeitgenössischen Gesellschaft«. Er war immer ein religiöser Denker gewesen. Daß der Mensch der Schöpfer und Erlöser seiner selbst und der Gesellschaft sei, daß die bewegende Kraft der Erlösung Liebe und deren Wechselbeziehung Gesetz sei: dies waren seine fundamentalen Grundsätze — und sie hinwiederum waren Anlaß genug für seine Herausgeber, ihn mit Emerson in Beziehung zu bringen. Die Liebe, so sagte er, ist eine Naturkraft, ist die vereinigende Kraft; Haß ist die trennende Kraft. In der geistigen Welt wirkt die Liebe — wie die Elektrizität in der stofflichen Welt — als Kraft der gegenseitigen Anziehung. Man braucht nur gute Leiter, Menschen mit Sympathie und freie Institutionen; oder — ebenfalls volkstümlich ausgedrückt —: »Liebe — das bedeutet dasselbe wie: im Garten Setzlinge pflanzen.« Die Liebe war latent in der Menschheit vorhanden, das »gemeine Volk« war ihr Gefäß. Sobald die Liebe — zugleich mit dem breiter werdenden Strom der Evolution — zunahm, fand sie ein Ventil in der Arbeit oder im »Dienst«. Wo Liebe die treibende Kraft war, da war die Arbeit die Offenbarung — und die Universalreligion. »Das Königreich des Himmels«, sagte Lloyd, »wird nicht erstürmt, sondern durch die tägliche Arbeit gewonnen.« Er lud die Menschheit in die Kirche der Tat.

Solche scheinbar neutralen Worte wie »Instinkt der Arbeitsleistung« erhielten durch die religiöse Rhetorik Lloyds Gewicht. Worte wie »Selbstsucht« und »Selbstlosigkeit« klingen, wenn man ihnen die moralische Tönung nimmt, die sie so oft ungenießbar macht, genauso wie »Gewalt« — »Betrug« — »Fleiß« (wie schwierig ist es, von »Liebe« zu sprechen, wenn — wie Lloyd sagt — die Worte selbst erst für den Gebrauch »erlöst« werden müssen!). Lloyd kannte so gut wie Veblen die Realität »selbstsüchtiger Erziehung, selbstsüchtiger Politik, selbstsüchtiger Industrie ... dieser drei Verkörperungen des Gottes Baal in unserer Welt«. Aber Ironie hat als rhetorisches Mittel keine besondere Wirkungskraft, und die Gesundheit, die sie zuzeiten durch Reinigung herbeiführt, muß durch ehrliche, im Tonfall des Glaubens vorgebrachte Überzeugungen gekräftigt werden. Von Veblen nahm Sullivan die genaue Kenntnis der Gesellschaft, aber Männer wie Lloyd belebten seinen Glauben an die Demokratie. Als Sullivan die *Kindergarten Chats* schrieb, sah er seine Rolle als Messias voraus. Die große unmittelbare Aufgabe war, wie er sagte, die »Suche nach dem Menschen«: »Die allgemeinen Ideen über die Demokratie sind vage und die allgemeinen Begriffe von den Kräften des Menschen gestaltlos — und der Mensch, der als demokratische Persönlichkeit auftritt und aufklärt, definiert, interpretiert, erschafft und verkündet, wird der Erwählte der Stunde, wird der Mensch aller Zeiten sein.« Er hatte das große Werk, auf das seine Lektüre ihn vorbereitete, schon vor Augen, und jetzt, da es nichts zu erschaffen, wohl aber viel zu interpretieren und zu verkünden galt, machte er sich daran — aufs neue angefeuert wahrscheinlich durch die Worte Mazzinis, die Lloyd zitierte: »Der erste, der aus der Demokratie eine Religion macht, wird die Welt retten.«

Ausschnitt aus dem Ornament am Schlesinger Meyer Department Store, Chicago

Sullivans Idee des natürlichen Denkens war die Leitidee von *Democracy: A Man Search*. Wann immer er »der Wirklichkeit Aug in Auge gegenübertritt« (das ist einer der Refrains in *Democracy*), lenkt er die Aufmerksamkeit auf das natürliche Denken. Dies ist seine größte — ist die bedeutendste Inversion, die den Wechsel vom Feudalismus zur Demokratie ermöglicht; das natürliche Denken kennzeichnet die neue Ära und ist ein Ereignis in der menschlichen Geschichte, das mit der Kopernikanischen Entdeckung verglichen werden kann. »Rasch«, so sagt er, »gelangen wir von einer empirischen zu einer wissenschaftlichen Geisteshaltung, aus einem Anfangsstadium in eine organische Denkrichtung.« Wie gut begriff er den Gedanken des 20. Jahrhunderts — die Ablehnung des beschränkten Empirismus der britischen Tradition (von Morton White als »Aufstand gegen den Feudalismus« bezeichnet) zugunsten einer Philosophie des Erlebens. Er lehnte die Logik ab und befürwortete die Berücksichtigung der tatsächlichen Denkweise der Menschen; er ersetzte den Formalismus durch den Historismus; und er sah die Kultur als etwas Organisches, als ein lebendiges Ganzes an. Was er baute und schrieb, war ein Zeugnis seiner wissenschaftlichen Einstellung und der organischen Richtung seines Denkens; es brachte die frühere Erlebens-Philosophie, die er bei Whitman gefunden hatte, zum Ausdruck und verschmolz sie mit der späteren Philosophie von Männern wie James und Dewey; und wie nichts anderes in jener Zeit verband es die Idee des Organischen unlöslich mit der Idee der Demokratie. Denn Demokratie, so glaubte Sullivan, ist mehr als Politik; sie hat nichts zu tun mit dem abstrakten Begriff der natürlichen Menschenrechte — dafür aber sehr viel mit den tatsächlichen natürlichen Kräften des Menschen. Sie ist eine Art des Denkens und Lebens, eine Möglichkeit zur schöpferischen, ehrlichen, natürlichen — und sozialen Verwendung der Kräfte. Und Sullivan setzte alle seine Hoffnungen auf sie — denn (wie er in »Democracy« gesagt hatte): »Das Werk des Menschen ist das Abbild seiner Gedanken.«

Ein Versuch zur Erklärung dieser These war in *Natural Thinking: A Study in Democracy* enthalten, einem Manuskript von 162 Seiten, das Sullivan zur Ausarbeitung seines Essays für den Chicago Architectural Club (13. Februar 1905) benutzte. Dieser Essay war nach Ansicht des *Inland Architect* Sullivans bester und stellte in seinem ursprünglichen Umfang eine Studie dar, die wesentlich zum amerikanischen Denken beitragen konnte. Vieles von dem, was er in *Natural Thinking* behandelte, wurde in *Democracy* aufgenommen; letztere war ein besser aufgebautes und in vielen Teilen schöpferisch vollendetes Werk, zu dessen Abfassung er sich wahrscheinlich veranlaßt sah, weil die sprunghafte Darstellung in *Natural Thinking* den Menschen nicht wirkungsvoll zum »Sehen« verhalf. Es genügte nicht, ihnen zu e r z ä h l e n — er wollte ihnen z e i g e n, wollte die Wahl zwischen verkehrtem (feudalistischem) und natürlichem (demokratischem) Denken dramatisieren; von dieser Wahl hing das Schicksal der Menschheit ab. Die Dramatisierung war mitunter effektvoll, die Wirkung wurde jedoch durch Weitschweifigkeit und beharrliche Hartnäckigkeit abgeschwächt; und der Hauptmangel in den Augen derjenigen, die sich für Sullivans Gedanken interessierten, lag darin, daß die gedrängte Analyse des natürlichen Denkens und die Diskussion der »Öffentlichkeit«, durch die das frühere Manuskript sich ausgezeichnet hatte, hier wegfielen.

Von der Zeit an, da er seinen Essay *Inspiration* geschrieben hatte, versuchte Sullivan die Lehre vom natürlichen Denken zu verbreiten. Er hatte nicht besonders viel Erfolg damit; er hatte seine Erfahrung nicht so vollkommen vermittelt, wie Whitman es getan hatte. Aber das, was Whitman ihn gelehrt hatte und was er bei den modernen Psychologen bestätigt fand — und auch das, was er aus eigener Erfahrung besaß, bildete die Grundlage seiner Analyse. Das natürliche Denken setzt den Zusammenhang von Menschen und Natur — oder Umwelt — voraus (»das Kind, das jeden Tag vorwärts geht«). Das All und der Mensch sind eins (William James sagte, daß die Fähigkeiten, die Gefühle und die Instinkte des Menschen der Welt angepaßt seien). Unter normalen Verhältnissen — das heißt, ehe »feudalistische« Philosophen die Kräfte des Menschen in Fähigkeiten unterteilen — ist der Mensch ein einheitliches Empfangsgerät (wie Emerson sagte: »Die Ströme des All-Seins gehen durch mich hindurch...«). Die meisten der »Gedanken« des Menschen kommen aus dem Unterbewußtsein oder aus dem Instinkt; die Kräfte des Lebens denken für ihn, sobald er sie gewähren läßt. (Emerson: »Ich dehne mich aus und lebe in der Wärme des Tages wie das Korn und die Melonen.«) Sullivan nimmt als Beispiel den Vorgang des Laufens (er kannte die photographischen Bewegungsstudien von Eadweard Muybridge). Der Geist ist nichts vom Übrigen Abgetrenntes — noch ist das Denken ein besonderer Vorgang; das Denken kann nicht von einer Elite allein in Anspruch genommen werden — es ist eine allen gemeinsame Kraft und Tätigkeit und hat seinen Ursprung im Verlangen und in der Bereitwilligkeit des Geistes. Wenn der Mensch bereit ist, wenn er seine Sinne willig offenhält, wenn er sich entschließt, empfänglich und ein »Leiter« zu sein (das war in jenen Tagen eine übliche Metapher), dann stellt sich das natürliche Denken ein. Die Sinne sind die Pforten zum inneren Menschen, zum Körper, zum Hirn, zum Herzen und zur Seele — zu den Vermittlern der Reaktion. Die schöpferische Kraft des Menschen hängt nicht nur von seiner Empfänglichkeit oder Empfindsamkeit ab, sondern von der Stärke seiner Reaktion, von dem Grad seiner Bereitwilligkeit oder Aufmerksamkeit. Er muß nicht nur hören, sondern horchen (wie Woolson seine Schüler gelehrt hatte); er muß aktiv dabeisein, muß sich selbst dazu bringen, »reagierend zu reifen«. (Emerson unterschied zwischen »oberflächlichem Sehen« und »aufmerksamem Blick«.) Wenn das Gehirn bereitwillig ist, dann sieht man objektiv; wenn das Herz bereitwillig ist, hat man den »genaueren Blick« der Sympathie; ist die Seele ganz und gar bereitwillig, so hat man spirituelle Einsicht. Indem man sich dem Leben vollkommen öffnet, geht man in ihm auf, »das Gefühl des Abgesondertseins und der Vereinzelung wird von einem genommen — und so gelangt man zur Quelle und zur Nahrung des Bewußtseins«; Emerson sagte: »Jeder niedrige Egoismus verschwindet.« Und man lernt, wie Whitman es gelernt hatte, daß »die Grundlage der Schöpfung die Liebe ist«. Vom Leben selbst erhält man die Fähigkeit, die schöne Aufgabe des Lebens zu bewältigen.

Die Demokratie entspricht genau dieser psychologischen Befreiung. Sie fordert, daß der Mensch ins »Freie« komme, daß er seine Kräfte löse. Sie würde das Gleichgewicht zwischen dem, was der Mensch in sich selbst, und dem, was er außerhalb seiner selbst vorfindet, herstellen; sie würde ihm ein Heim im Universum gründen und seinen »Ankerplatz« sichern. Und sie würde dies tun, indem sie die Furcht verjagt — die Furcht, die die grundlegende Ursache des verkehrten Denkens, der Krankheit der Ideale und — wie Nietzsche sagte — des »Ressentiments« ist, das die normalerweise wohltätige Kraft (die »schenkende Tugend«) in eine bösartige verwandelt. Sie würde die »selbsterfundenen Ketten« lösen, die Blake in London und Sullivan in der »Großen Stadt« (in Chicago) rasseln hörte. Durch »Öffentlichkeit« würde sie die dunklen Höhlen der Heimlichkeiten jener, die den Geist der Menschen tyrannisieren, aufschließen.

Die Demokratie ist ein psychologischer Zustand, dessen Herstellung eine stärkere Therapie erfordert, als die politische Reform sie darstellt. Eine Bekehrung ist notwendig, ein neuer Glaube an den Menschen, ein Bejahen des Lebens. Zu diesem Zweck strebte Sullivan »Publizität« an; denn Publizität ist Kommunikation, und Kommunikation würde zur geistigen Gesundung beitragen. Die Erziehung, wie Sullivan sie beabsichtigte, war das Hauptinstrument der Publizität: nicht nur würde sie das Kind auf den Weg des natürlichen Denkens führen, — auch dem Erwachsenen würde sie sein Leben lang den neuen Gedanken vor Augen halten; und — was noch wichtiger ist — sie würde dem Verlangen des Menschen nach Kommunikation, nach Mitteilung seiner Herzensregungen ein Ventil verschaffen.

Auch die Geschichte trug nach Ansicht der Vertreter der »neuen Geschichte« zur Publizität bei. Sie würde ein Mittel der Aufklärung, sobald man die Gegenwart aus den Tatsachen der Vergangenheit erklärte, und sie würde zur Waffe der Demokratie, indem sie diejenigen Krisen, die Sullivan als »Kreuzwege« bezeichnete, deutlich machte. Auf solche Weise benutzte Sullivan sie in seiner *Democracy* und in *Natural Thinking*. In dem letzteren Werk benutzte er sie darüber hinaus — besonders die Geschichte der auf die Renaissance folgenden Jahrhunderte —, um die Fortschritte in der Publizität selbst aufzuzeigen: er wies auf die neue Wissenschaft, auf neue politische Formen wie die der Demokratie, auf neue Werkzeuge der Kommunikation hin. Er wollte — wie Whitman in seinem Werk *Passage to India* — zeigen, daß durch Kommunikation die Welt kleiner geworden war und fest zusammengeschlossen wurde. Die Mittel zur Kommunikation des demokratischen Gedankens und Strebens waren zur Hand — Mittel, von denen er glaubte, daß sie zur unverzüglichen Wahl zwischen Feudalismus und Demokratie führen müßten, und zwar nicht nur in Amerika, sondern in der ganzen Welt. (Er sagte die russische Revolution und das Erwachen der orientalischen Völker voraus.) Sein Geschichtsstudium hatte ihn weltaufgeschlossen gemacht; er war kein Nationalist mehr. In Anbetracht der Kommunikation konnte »die Demokratie nicht abgedrosselt werden«; und da die Kunst ebenfalls in den Rahmen der Publizität gehörte, war er sicher, daß der Sieg der lebendigen Formen in Amerika einen Sieg für die ganze Welt bedeuten müsse. Es war nicht so, daß Sullivan die Möglichkeiten der Kommunikation überschätzt hätte — er vergaß lediglich über die der einen Lektion der Geschichte, die er so nachdrücklich betonte, die andere. Er vergaß die Inquisition — diesen Versuch, die neue Wissenschaft der Renaissance zu drosseln. In seinem Glauben an die Publizität war er bestärkt worden durch das aggressive Auftreten der »Schmutzfeger« und durch das Verhalten jener »aufrechten und hoffnungsvollen Männer«, die die Forderung nach Gerechtigkeit und Ehrlichkeit erneut gestellt hatten. Wie er selbst, so befanden auch sie sich in der »Mitte«, gefangen zwischen den Monopolen des Handels und der Arbeit — aber immer noch frei und zu freier Rede bereit. Er sah weder ein Monopol der Kommunikation noch den manipulativen Gebrauch der Publizität voraus. Er war der Meinung, daß die Männer der Mitte (nicht unbedingt der Mittelklasse) — jene Männer, die das Amt des amerikanischen Gelehrten auf sich nahmen — immer der Sauerteig der Gesellschaft sein würden. Mit Altgeld glaubte er: »Wo immer du ein Unrecht findest — zeig es aller Welt und verlaß dich darauf, daß das Volk es berichtigen wird.« Und daher sagte er — als Publizist, Künstler und Erzieher — nicht zuviel, wenn er behauptete: »Ich habe meinen Teil zur Schaffung einer neuen Ära beigetragen.«

Henry Adams hatte während der Weltausstellung auf den Stufen unter Richard Hunts Kuppel »fast so gründlich wie auf den Stufen von Aracoeli[1] — und mit ziemlich dem gleichen Ergebnis nachgedacht«. Wie Adams, so sah auch Sullivan die großartige Fassade und dachte über ihre Bedeutung nach. Auch er erkannte, daß »Chicago im Jahre 1893 zum erstenmal die Frage gestellt hatte: ›Weiß das amerikanische Volk, wohin es treibt?‹«, und auch er stellte die Tatsache fest — die er jedoch nicht, wie Adams, akzeptierte —, daß »ein kapitalistisches System übernommen worden war ...« Er glaubte nicht, daß alles das, was Veblen in *The Theory of Business Enterprise* aufgedeckt hatte, unabänderlich sei, und er schlug in seiner Geschichte der Demokratie vor, dem Volk noch einmal die Frage von 1893 zu stellen. Er wollte eine Clopet[2]-Beweisführung vornehmen, alles auf die einfachen Nenner des Feudalismus und der Demokratie bringen und eine Volkswahl veranlassen. »Die wichtigste und unmittelbarste Aufgabe der demokratischen Philosophie ist die«, so schrieb er in den *Kindergarten Chats*, »zu vereinfachen, zu klären und sich selbst zu erkennen.« Er wollte das tun, was in Schriften wie *Communitas* und *The City in History* getan worden war: er wollte Alternativen — und die Folgen der Wahl zeigen. Er würde nicht abwarten wie Adams — oder nur fragen: »Wie lange?«, und er würde kein Meliorist sein wie Triggs und Lloyd. Er würde — wie sein Prüfer in Geschichte an der Ecole des Beaux Arts es prophezeit hatte — »die Lehren der Geschichte von oben nach unten kehren« und, sofern dies mit Publizität erreicht werden konnte, das Volk von Furcht und Verderben befreien. Das Buch *Democracy: A Man Search* ist zu Sullivans Lebzeiten niemals veröffentlicht worden[3]. Erst jetzt kann seine Bedeutung — können die ungeheure Vitalität und die Vorstellungskraft, die er hineinlegte, beurteilt werden. Wenn es auch nicht, wie Morrison meinte, als »eines der großen literarischen Meisterwerke moderner Zeit« anzusehen ist, so bleibt es doch immer noch ein ganz besonderes Werk. Seine Struktur ist fest; die Ideen sind oft sehr bildhaft nahegebracht; und mitunter ist die Prosa so gewandt und sicher und schwungvoll wie die Melvilles. Sein Thema (die Suche des Menschen nach einem Menschen in der Geschichte) ist vielleicht das

---

[1] St. Maria in Aracoeli, 1520, Predigtkirche auf dem Kapitol in Rom.
[2] Siehe S. 26.
[3] Es erschien 1950 in Louisville und 1961 in Buchform in Detroit.

größte, seine Methode (die psychologische) vielleicht die intensivste, seine Absicht (die Erlösung des Menschen) vielleicht die am meisten von Mitempfinden erfüllte und die leidenschaftlichste, die man sich vorstellen kann. Zwar ist durch Wiederholungen — besonders am Schluß — die Wirkung etwas geschwächt; aber nichtsdestoweniger ist das Ganze doch kühn entworfen und mit Haltung durchgeführt. Es nimmt vieles aus der modernen Literatur vorweg, was Archetypen, Verschmelzung von Vergangenheit und Gegenwart, Fülle und Verdichtung anlangt. Es ist nichts Herkömmliches in dem Buch enthalten — außer da, wo es ins Rhetorische gerät; es ist eine originelle künstlerische Lösung des Problems der Vermittlung der neuen Soziologie, und es trägt unverkennbar den Stempel von Sullivans Persönlichkeit.
Den dichterischen Mittelpunkt des Buches bildet *Dance of Death* (Teil II, Kap. 5). Dieses Kapitel beginnt mit *A Child's Tale*, der ersten einer Reihe von Fabeln, deren tiefe Bedeutung Sullivan in *Revolution* erklärte (Teil I, Kap. 5). Märchen — so sagt Sullivan und zitiert dabei die Bibel und »die feinen Gespinste der empfindsamen, schöpferischen orientalischen Seele«, die irgendwie seinen eigenen Ornamenten verwandt sind — haben dauerhaften symbolischen Wert; in ihnen ist immer »jetzt« gemeint, und ihr lebendiger Geist macht alle Menschen gleich. Die Erzählung des Kindes handelt von der Wesenseinheit; es ist dies eine Geschichte von »Kindern, die vorwärts gehen«, die zu Blumen und Schmetterlingen und deren Eltern zu Adlern werden, wie sie in Whitmans *The Dalliance of the Eagles* vorkommen. Es ist eine Geschichte vom einfachen Leben ganz nahe der Erde in der Fröhlichkeit des Morgens — eine Geschichte aus alter Zeit, in fremdartig anmutender Sprache erzählt. Hierauf folgt eine andere Fabel, *A Tale o' the Moor*, eine »Erzählung erwachsener Leute«, die Jahrhunderte später in einem anderen Land spielt. (Vermutlich hörte Sullivan eine ähnliche Erzählung von Julia, der irischen Magd auf der Listschen Farm.) Diese Gespenstergeschichte enthält alle Schrecken der Nacht, des Aberglaubens und der Angst. Sie berichtet von einem Wanderer, der auf einem Friedhof in Schlaf fällt, um Mitternacht erwacht, dem Totentanz von dreizehn Gespenstern zuschaut und vor Grauen stirbt. Dieser Wanderer ist »jedermann«; er wird zu Sullivans »Mann auf der Straße« und sogar zu Christus. Und er wird nicht, wie Sullivan zu Anfang gehofft hatte, beim Hahnenschrei in der Morgendämmerung gerettet: Er wird nicht gerettet, weil er — wie diejenigen, die die Erzählungen anhören und ihren Eindruck durch entsetzensvolle Anrufungen Gottes noch vertiefen — das Opfer seiner eigenen Ängste ist. Er lebt in der trügerischen Welt des Feudalismus. In der nächsten Episode, *Interlude*, bildet die zeitgenössische Zivilisation den Rahmen der Handlung. Nun darf angenommen werden, daß die Menschen sich nicht mehr vor der Dunkelheit der Nacht fürchten und daß der Beweggrund ihrer Handlungen nicht länger die Angst ist. Auch diese Dichtung berichtet — wie z. B. *The Man on the Street* und *The Great City*, die Kapitel, die dem *Dance of Death* einen realistischen Rahmen geben — von einer Zivilisation, die um Geld tötet und kreuzigt und so ihren eigenen Totentanz inszeniert. *Interlude* ist ein Dialog, in dem des Erzählers heftige Anklage der modernen Zivilisation von dem »Mann auf der Straße« bestritten wird; seine Erwiderungen haben — ironisch genug — oft die Substanz der innigsten Hoffnungen des Erzählers zum Inhalt und führen dann als tra-

gende Stützen gerade die Institutionen an, die dieser verurteilt. Die Ironie ist dreist und beeindruckend — recht geeignet, um Heuchelei und Scheinheiligkeit zum Ausdruck zu bringen; und in dem Augenblick, da der »Mann auf der Straße« verlogene Platitüden zu plärren beginnt, geht der Dialog in ein Gedicht (*The Dance of Death*) über, das seine innersten, wirklichen Gedanken wiedergibt, die er mit seinen Worten und mit »frommem Schielen« vorher hatte verbergen wollen:

»Wir umkreisen den Mann — den die Falle gefangen! —
Den Wicht, der uns nicht aus dem Weg gegangen! —
Den Mann, der da denkt, wir seien nicht hier! —

Sie haben — ans Kreuz —
Einen Mann geschlagen —
's ist unser Gewinn —
Und war sein Versagen;

Am Kreuze — hoch — hängt Christ, der mit
Den Wucherern — und Wechslern — stritt!«

Das Gedicht endet mit dem Rat, leise zu sprechen, stille zu sein; denn:

»Du triffst einen Mann —
Auf der Straße an —
(und er könnte sehr unfreundliche und unangenehme Gedanken bekommen)
Und es wäre
(ziemlich unklug, ihn auf Dinge aufmerksam zu machen, die ihn auf gar keinen Fall etwas angehen)«

Aber die Geschichte, die — in utopische Form gekleidet — folgt, ist nicht »hübsch«. Es ist *A Traveler's Tale* — »... die Geschichte eines Mannes! Eine Geschichte..., die sich an einem Ort der Ruhe abspielt, an einem Ort, der vielleicht nicht auf der Landkarte verzeichnet ist, der aber gewiß der Erde und der Luft und dem Himmel offensteht.« Man könnte sich vorstellen, daß Mr. Homos, der Altrurier in Howells' utopischen Romanen, diese Geschichte erzählte. Und tatsächlich benutzt Sullivan das ernsthaft und liebenswert geschriebene Werk Howells' für seine eigenen Zwecke von Anfang bis Ende des Buches. Phrasen wie »zu beschäftigt«, »Geldgespräche«, »Geschäft ist Geschäft« werden in *Democracy* zu düsteren Refrains; es sind allgemein übliche Phrasen, oft gar nicht bedacht von denen, die sie benutzen; aber wie die Umgangssprache des literarischen Realismus zersplittern sie die Selbstzufriedenheit höflicher, konventioneller Rede. Schon die Existenz zweier Sprachen ist eine der Widersinnigkeiten, die der Reisende beobachtet.

Der Reisende in Sullivans Geschichte ist aus Amerika in ein Land zurückgekehrt, in dem die Kinder Blumen, Vögel und Bäume zu freundlichen Gefährten haben; sein Altrurien ist das Land aus *A Child's Tale*. Sein Bericht kündet von Sullivans Liebe zu Amerika und — wie Howells' Bericht — von den offenkundigen Paradoxien, auf die er dort gestoßen ist. Er erzählt seinen Freunden von dem weiten und schönen

Land — »niemals gab es für eine so große Menschenmenge einen so freien, ausgedehnten, angemessenen, großzügigen, anmutigen und einfachen Lebensraum«. Er berichtet von einem Land ohne Hungersnot; von einem Land, das von einem Netz der Kommunikation und des Austausches durchzogen ist, einem Land der Schulen und der Allgemeinbildung, einem Land, wo es keine sozialen Kasten gibt und wo die Menschen Freiheit der Wahl, der Rede und des Gottesdienstes haben, einem Land, dessen Bevölkerung ungeheuer kraftvoll ist. Aber statt »Ergebnisse einfacher, edler, starker und fruchtbarer Harmonie« zu sein, erweisen sich die Städte als »Schandflecke« auf der reinen Fläche des Landes, und die Massen in den Städten — mit ihren »Schablonengesichtern« (»Gesichter, die ungewöhnlich ausdruckslose, zerrüttete und schmutzige Züge haben«) — machen seine (und Sullivans) Suche nach dem, was sich unter den Paradoxien verbirgt, noch dringlicher. Er bemerkt die Barschheit oder die Leutseligkeit, hinter denen sich der wirkliche Mensch versteckt, den Mangel an ursprünglicher Spiritualität und die Nervosität, die auf Mißbrauch von Drogen und Alkohol zurückzuführen ist. Da er die Nahrung verfälscht findet, hält er Ausschau nach geistiger Nahrung — und findet diese vom »Gift« des Feudalismus durchtränkt. »Das reichte mir!« sagt er. »Feudalistische Philosophie, feudalistische Religion — bei solchen Leitbildern war es klar, wohin der Weg führen mußte.« Jetzt begreift er, was die Institutionen verdecken sollen, jetzt beginnt er die Bedeutung des Doppellebens und die leeren Gesichter der Gespenster, denen er in den Straßen begegnet, zu verstehen. Statt Demokratie sieht er eine Hölle: »Wahrlich, mir drehte sich das Herz um, als ich sie sah, die Tag um Tag ihre leblosen Körper und ihre grauen, vergifteten Seelen schleppten. Kein traurigeres, kein tragischeres Schauspiel kann man sich vorstellen als das dieser Träumer fauler Träume, die dahingeschwemmt werden wie ekelhafter Bodensatz ...«

Aus der amerikanischen Geschichte lernt er, daß das feudalistische Gift von Anfang an existiert hatte, und zwar in der Negersklaverei; jetzt findet man es in der »Leibeigenschaft der Weißen«. Und die Schulen und Kirchen begünstigen diese Vergiftung. (»Die Priester waren nur mehr soziale Parasiten, die von Wohlhabenden und Reichen genauso ausgehalten wurden, wie viele von diesen auch Frauen aushielten.«) Tatsächlich unterstützt das gesamte »System« die Leibeigenschaft: Das Ganze ist ein »Spiel« des Vertrauens — und die Partie endet mit Betrug. Der Handelsgeist mit seinem Gesetz »Der eine frißt den andern« ist der wirkliche Inhalt des amerikanischen Lebens; das allgemeine Ideal ist die Selbstsucht. Wenn das Verhängnis (an das der Reisende nicht glaubt) der westlichen Zivilisation eine Falle gestellt hat, so ist es diese; denn Gold »ist der kleine Köder in der riesigen Falle«. Wenn er dies bedenkt, so wird er an eine »alltägliche« Geschichte erinnert, die er einmal gehört hat — *Tale o' the Moor*. Für ihn ist das Wesentliche dieser Geschichte der Hahnenschrei: »Das Krähen des Hahns in der Dämmerung — diese klingende, jubilierende, wachrufende Stimme Chanteclairs — muß jenen längst Dahingeschiedenen wie ein Symbol der Hoffnung, wie der Vorbote eines lichteren Tages in die verdunkelten Seelen gedrungen sein...« Er vergleicht den Totentanz der Erzählung mit dem des amerikanischen Lebens und fragt sich, ob wohl der Hahn für Amerika eine neue Morgenröte ankündigen wird.

Bradley-Haus, Madison, Wisconsin, 1909

Wenig ist es, worauf er seine Hoffnung setzen kann: das Land selbst — die Tatsache, daß er Stimmen in der Wildnis gehört hat — und die Promptheit, mit der die Amerikaner, wenn sie erst einmal sehend geworden sind, ihre Gedanken in die Tat umsetzen. Er hofft entgegen aller Hoffnung: Die Logik der amerikanischen Zivilisation zerbricht um ein Haar seinen Glauben an die Natur und den Menschen. Denn er kommt zu dem Schluß, daß »eine psychologische Stunde« bevorsteht, da, wenn Amerika versäumen sollte, auf den Hahnenschrei zu achten, die Zivilisation selbst »in einem sicheren und raschen Sturz« ihr Ende finden wird. Dann wird »die Barbarei — entfesselt — grausam wirklich und nicht künstlich sein; und die Menschen werden in einer wahnwitzigen und blutigen Orgie erschöpft von der Erde verschwinden, um sich dem bleichen Zug der Vergangenheit anzuschließen, der sich in die Finsternis des Abgrunds bewegt«. Der Reisende hat die fallenden Türme, die verhüllten Karawanen, die unwirklichen Städte gesehen; er hat das Läuten der Glocken und den Gesang der Stimmen aus leeren Zisternen und versiegten Brunnen gehört. Noch hofft er »mit all der Glut der Liebe, die ich dem Menschengeschlecht entgegenbringe«. Er spricht für Sullivan, der — im Sinne Thoreaus — selber ein »Chanteclair« war, der »das grellste Morgenrot ankündigte, das die Welt je erlebte«.
Jeder Teil der *Democracy* ist typisch für das Ganze. In der *Introduction* werden —

wie in Whitmans *Inscriptions* — die Themen angezeigt. Der Leser betritt ein Theater und wird Zeuge der Entwicklung des Dramas von den Träumen des Menschen; er sieht auf der Bühne der Zeit — die jetzt hell erleuchtet, jetzt in Dunkel gehüllt ist — die Narrheit der »Selbstverfinsterung des Menschen«. Jede Episode spielt sich in Vergangenheit und Gegenwart zugleich ab. »Der Mensch«, sagt Sullivan, »stand und steht einsam — ein Wanderer, ein Fremdling in seiner eigenen Geschichte; fern von Gott, fern vom Menschen, fern vom Selbst — während er doch scheinbar der Erde, dem Selbst, den Göttern und den Menschen so nahe, so lebendig nahe ist.« Allein schon die Suche nach dem Grund, »wie — und warum das so war und noch so ist«, dramatisiert die Kraft des Gedankens, die nach Sullivans Meinung der Hauptdarsteller — Held und Schurke zugleich — im Schauspiel der Geschichte ist. Was der Mensch sich erträumte, das hat er gebaut. Das Wie und das Warum kann man in seinen Träumen und seinen Gedanken finden. Indem er danach forscht, was er bis jetzt (in sich selbst) zu beachten versäumt hat, wird der Mensch den Ursprung der Geschichte aufspüren. Denn die Geschichte ist keine äußerliche Macht. Sie ist nicht Verhängnis oder Bestimmung, sondern der »Stoff, aus dem die Träume gemacht sind«. Der Suchende muß — wie Sullivan — ein Psychologe sein. Als Psychologe einer Kultur der Furcht irrte Sullivan sich nicht bei der Bestimmung der wesentlichen Symptome. Das Buch beginnt mit dem Kapitel *What is the Use?*. Und dieser Aufschrei der Nutzlosigkeit, in dem man später die Stimme des Feudalismus erkennt, ist der Refrain des Buches; er beschwört eine negative Vision herauf: die Vision des Nihilismus, des Todes, der vergeblichen Hoffnung. Es ist der Schrei der Vergangenheit — und der Gegenwart. Und er wird dramatisiert durch das Gespenst, das ihn zuerst ausstößt: Der Suchende kommt zu der Tür, die er öffnen will — und wird von dem Gespenst, das sie bewacht, festgehalten. Ihm wird gesagt, da sei keine Tür — nur die Mauer, die vom Verhängnis errichtet worden sei; auch andere hätten schon nach der Tür gesucht und seien gekreuzigt worden; wenn er ein Buch zur Tür machen wolle, um den Menschen zu zeigen, daß sie selbst die Mauer errichtet hätten, und um sie zur Suche nach dem Menschen zu veranlassen, so werde auch er vernichtet. Aber der Suchende, der hier als Siegfried dargestellt ist, beachtet die Warnung nicht. Er trifft seine Entscheidung, denn er weiß, daß allein schon die Entscheidung den großen Verneiner in die Flucht schlagen muß. Die einzige Antwort auf gespenstische Rede ist die Entscheidung. Das wird in *The Point of the Ways* (Teil I, Kap. 2) deutlich gesagt: Man muß seine »Lebenskraft« entweder dem Feudalismus oder der Demokratie geben.
Wieso die Mauer errichtet wurde und wieso das Gespenst dort steht, wird in *Night and Day* erzählt, einer brillanten Darlegung der primitiven, prähistorischen Ursprünge dualistischen Denkens. Früher einmal waren die Menschen Kinder im Garten der Welt; sie gingen täglich vorwärts und staunten über die Wunder von Tag und Nacht. Und weil ihnen zwischen all den Mächten ringsum ihre eigene Winzigkeit und Zerbrechlichkeit so recht zu Bewußtsein kam, verkörperlichten und vergöttlichten sie diese Mächte. In ihrem Verlangen nach Sicherheit schufen sie Götter — so, wie sie später in ihrem Verlangen nach Aufklärung philosophische Systeme schufen. Obgleich sie »Pioniere« und somit wert waren, geachtet zu werden, ent-

Farmers and Merchants Union Bank, Columbus, Wisconsin 1919

fremdeten sie sich der Welt und entzweiten sich, indem sie überall die Polarität ihres Denkens zum Ausdruck brachten. Im System Zoroasters, das als ein späteres Beispiel benutzt wird, wurde das Leben des Menschen (die Einheit von innen und außen) »wie mit einer blitzenden Axt mittendurch gehauen — und DAS, was EINS war, fiel entzwei«. Alle nun folgenden »prächtigen Gewebe«, die die Menschen verhüllend zwischen sich selbst und dem Unbekannten anbrachten, waren nach diesem Urmuster gewirkt.

Das »Zu beschäftigt« des nächsten Kapitels ist nur die Ausrede eines ruhelosen Volkes, das sich weigert, die Wirklichkeit der Dinge zu prüfen, und dessen leere Geschäftigkeit lediglich eine Maske für die Unruhe ist, die es beherrscht. Diese Leute ziehen es vor, den Folgerungen, die aus den vorausgegangenen Kapiteln zu ziehen sind — nämlich: daß das Werk des Menschen das Abbild seiner Gedanken ist und daß er selbst die Verantwortung für seine Entscheidung trägt —, auszuweichen. Aber der Suchende läßt ihre Ausrede nicht gelten. Er will sie den Tatsachen »Aug in Auge« gegenüberstellen, indem er sie den Weg von der Handlung zum Gedanken zurückführt; und er will ihnen beibringen, daß sie für diesen Gedanken verantwortlich sind, indem er ihnen zeigt, daß sie selbst den Gedanken des »Eminenten« diktieren und selbst noch in ihrer Gleichgültigkeit genau das wählen, was diesen Gedanken zum Ausdruck bringt. (Eine der bedeutendsten Inversionen Sullivans, die in einem Zeitalter der öffentlichen Meinungsforschung nicht mehr überraschend wirkt, ist die, daß die Mächtigen, Reichen und Eminenten von der Masse hervorgebracht werden und ihr verpflichtet sind.) Das letzte Kapitel dieses Teils, *Revolution*, trägt den Untertitel *A Turning-Movement* und verdeutlicht Sullivans eigene Entscheidung zugunsten eines intensiven Wechsels. Hier wird der Leser über das Wesen der Worte und der Geschichte unterrichtet und auf das nun Folgende vorbereitet.

Die erste Kapitelgruppe — *Parting of the Ways* — dient zur Einführung. Die zweite Gruppe — *Face to Face* — behandelt die Philosophie des Suchenden und einige Zeichen der gegenwärtigen Zeit. Die dritte Gruppe *The Man of the Past* — beginnt die historische Untersuchung, die über *Dreams* (Gruppe IV) bis zu *The Man of Today* (Gruppe V) fortschreitet. Die Untersuchung endet bei der letzten Gruppe, *The New Way*, deren Gegenstand die Kräfte des Menschen sind. Die Untersuchung ist nicht so abwegig, wie es scheinen könnte; die historischen Wanderungen sind leicht mit der Gegenwart in Verbindung zu bringen — sie sind ebensosehr ein Teil des Bewußtseins des Suchenden wie die historischen Flüge in *Song of Myself*. In der Tat erinnern der allgemeine Entwurf und einige Teile des Buches an das Werk Whitmans. Sullivan setzt voraus, daß alle Menschen — die der Vergangenheit und die der Gegenwart — gleich sind. Er sucht nach derjenigen Selbsterkenntnis, die nach Whitman Gesundheit und die Möglichkeit des »demokratischen Lebens in Sympathie« schenkt. Er will den Menschen zum Menschen machen, damit er das »Ich selbst« begreife und sich bejahend zum Leben äußere. Der Leser wird oft direkt und mit „Du« angesprochen; der Suchende hofft, seinen durch das Herkömmliche getrübten Blick erhellen und ihn »ins Freie« führen zu können. »Dann«, so verspricht er, »werde ich mich auflösen«, der Leser wird allein zurückbleiben, gestärkt durch seine Erfahrung, bereit, den neuen Weg der »offenen Straße« zu wählen. Wie bei

den *Kindergarten Chats*, so bleibt auch bei *Democracy* das Ende offen — es gibt hier keinen Abschluß, vielmehr einen Aufruf an den Leser, neue Möglichkeiten der Erfahrung zu finden. Beide Werke enden mit: »BEGINNT JETZT!«
Die Suche ist nicht so leicht oder so einfach, wie man etwa aus der melodramatischen Gegenüberstellung von Feudalismus und Demokratie schließen möchte. Diese Ausdrücke werden zum »äußerst dringenden Zweck der Intensivierung« gebraucht; sie sind keine Schlagwörter. Das ganze Buch dient der Erforschung ihrer gesamten Bedeutung. Philosophisch gesehen, sind ihre Äquivalente Dualismus und Monismus; psychologisch — abstrahierender Intellekt und Vernunft (Intellekt in Verbindung mit dem Herzen); psychisch — das krankhafte Ego und das Ego, das die Summe aller befreiten Kräfte des Menschen bildet; medizinisch — Krankheit und Gesundheit; moralisch — Selbstsucht und Selbstlosigkeit, Verrat und Ehrenhaftigkeit, Böswilligkeit und Güte; politisch — Absolutismus und Demokratie; sozial — Individualismus und Gemeinschaftslehre. Jeweils einer dieser Begriffe führt zur Verzweiflung, der andere zum Optimismus, einer bejaht den Tod, der andere das Leben, einer ist endloses Suchen und Umherirren, der andere ein Nachhausekommen. Jeder ist zu beurteilen nach seiner Gottesvorstellung, denn »die Gottesvorstellung stimmt immer mit der sozialen Vorstellung überein«. Der eine dieser Begriffe enthält den absoluten und herrschenden Gott, dessen Gesetz »Macht ist Recht« heißt — der andere kennt nur einen Gott, der eins ist mit der »ruhigen, frommen Ganzheit des Lebens«. Feudalismus und Demokratie verzweigen sich mit ihren Bedeutungen in dem großen Ganzen, aber in ihrer gewöhnlichen Gegenüberstellung bilden sie das Maß dieses Ganzen, indem sie an die Einfachheit im Herzen aller Dinge mahnen.
Wenn *Dance of Death* der dichterische Mittelpunkt des Buches ist, so kann man *The Nazarene* und *Story of the Church* (Gruppe IV, Kap. 3 und 4) als seinen soziologischen Mittelpunkt bezeichnen. Beide als wesentliche Teile des Werkes veranschaulichen die Bedeutung von Feudalismus und Demokratie. Die Geschichte von Christus, der der eigentliche Held der *Democracy* ist, dient verschiedenen Zwecken. Seine Ankunft ist ein Hinweis auf den sich verwirklichenden Traum der Massen und das Aufblühen neuen Lebens aus der Verzweiflung. Nach der langen Nacht der Geschichte während der Herrschaft des imperialistischen (feudalistischen) Römischen Reiches verkündete Christus zum erstenmal die Botschaft der Demokratie. Die Botschaft wurde verraten — zum Teil deswegen, weil sie zu früh kam (die Welt war nicht so bereit für sie wie jetzt), aber hauptsächlich deshalb, weil sie in das Gewebe des feudalistischen Denkens eingeflochten war. Die Kirche — zu jenem Zeitpunkt der Geschichte die große Verräterin — war oberste Wirkerin solch prächtiger Gewebe. Ihr Geschäft war die Gottesherstellung. Sie war in der Tat ein »Geschäftsunternehmen«, ein »Muster-Monopol und -Trust«, eine politische »Maschine«, die allem, was jetzt auf diesem Gebiet existierte, überlegen war. Die Kirche »verstand ihr Handwerk«. Auf Betrug gegründet und von List unterstützt, scheinbar fest und sicher durch ihr Monopol des Studiums und ihre »Organisation«, regierte sie durch Jahrhunderte, bis ihre Vorherrschaft vom neuen Gedanken (der arabischen Wissenschaft) gebrochen wurde. Ihre »Magnaten« waren rücksichtslos arrogant geworden; mit Hilfe der Inquisition versuchten sie die »Publizität« zu unterdrücken — und

scheiterten. Sie entschieden sich für Wohlstand und Macht statt für den freien Geist des Menschen, aber sie konnten dem »allumfassenden Gesetz des inneren Ausgleichs« nicht entkommen. Darauf folgte die unvermeidliche Reaktion.[1]
Der Feudalismus ist der alte Traum der Menschheit — die Demokratie der neue. Der alte Traum ist verantwortlich für die Geschichte des Menschen von Anbeginn; die Formel paßt — nur mit geändertem Vorzeichen — auf »die Epoche, das Jahrhundert oder die Generation«. Der Mensch von heute — der »praktische Mensch«, der »hervorragende Mensch«, der »Selfmademan«, der »Politiker«, der »Parasit«, der »Monopolist« — ist der Mensch von gestern. Aber es müssen neue Träume geträumt werden, solange »wir alle am wachsten sind«; das sind die Träume, die vom hellen modernen Licht angestrahlt und vom neuen Gedanken mit einem neuen Vorbild des Menschen erfüllt werden — mit einem neuen Tag und seinen neuen Taten. Der neue Gedanke hat die Trugbilder der Vergangenheit aufgelöst; er hat des Menschen wahre Natur bestimmt; er treibt die schöpferischen Kräfte in ihm an und läßt ihn von einer neuen Zivilisation träumen. Er lehrt den Menschen, was Whitman gelehrt hatte: daß das Beste, worauf der Mensch sich verlassen kann, die menschliche Natur selbst ist mit ihren »angeborenen, normalen, vollentwickelten Werten«; er lehrt, was Emerson lehrte: daß »entartende Philosophie seit Generationen die Eigenschaften des Individuums und nicht die allgemeingültigen Fähigkeiten der Menschheit betont hat«. Und schließlich verbindet Sullivan das organische Denken mit dem demokratischen und nicht mit dem hierarchischen.
Von allen Gleichnissen in *Democracy* ist *A Child's Tale* dasjenige, das Sullivans größte Hoffnung zum Ausdruck bringt. Es enthält seinen Traum von der »Sonne und Freude der Menschheit, vom Glück erfolgreichen Lebens und Tuns«, von strahlender Gesundheit, von Mut und »ruhiger, menschlicher, geistiger Vollständigkeit«; es ruft jene Zeit der Einfachheit ins Gedächtnis zurück, da die Menschen ihrem »Leistungsinstinkt« folgten. In krassem Gegensatz hierzu steht die Gespenstergeschichte, die »Erzählung erwachsener Leute«. Sie stellt eine Verbindung dar zwischen den *Kindergarten Chats* und der *Autobiography* und macht deutlich, warum Sullivan schließlich die Zivilisation an der Entwicklung des Kindes maß. Wenn die Menschen zögerten, das Kind in den Gang ihrer Zivilisation einzuschalten, so war dies ein Zeichen des Fehlschlags; und wenn die Zivilisation die Ganzheit des Kindes achtete und begünstigte, so war dies ein Zeichen ihres Erfolges. Das Kind war Leben, war Saat, war seine Hoffnung. Und wenn er — wie Thoreau — zu zeigen vermochte, daß der Boden noch fruchtbar war und noch Menschen hervorbringen konnte, dann vielleicht war die festere Grundlage für die Lebenserneuerung, die von der Demokratie verheißen war, gegeben. In dieser Hoffnung lebte er, und das Gespenst an der Tür konnte ihn nicht zum Schweigen bringen. In der *Autobiography* verherrlichte er nicht sich selbst: er berichtete von dem Kind, das jeden Tag vorwärts ging und, als es zum Mann geworden war, Werke schuf, die Abbilder seines Denkens waren.

---

[1] Dieses Melodrama hat viele Vorläufer im amerikanischen Denken. Sullivan bringt, indem er mitunter die ältere Sprache der Religion und öfter die neuere Sprache modernen Denkens benutzt, eine neue Version von dem, was Charles L. Sanford die »Suche nach dem Paradies« nennt.

Rückblick

»Denkt an den Keim!«
*Sullivan**

Ende 1917 schrieb Sullivan an einen seiner früheren Zeichner: »Was mich angeht: der Boden ist herausgefallen, und die Zukunft ist eine weißes Blatt.« Unfähig, irgendwelche Arbeit für den Krieg zu leisten, und gezwungen, in noch schäbigere Räume des Auditorium Building umzuziehen, erkannte der alternde Architekt in seiner Untätigkeit, in der Verbitterung seiner Krankheit und seines einsamen Lebens die Wahrheit dessen, was er in *Democracy* gesagt hatte: »Jetzt ist kein gutes Wetter für Propheten.« Als er auf das Drängen von Bragdon hin im Jahre 1918 die *Kindergarten Chats* noch einmal durchsah, war dies für ihn eine Bestätigung der Jahreszeit seiner eigenen Verzweiflung: In »Winter« hatte er einen Gott angerufen, der ihn ohne Antwort gelassen hatte: »Hab' ich nicht für meine Kunst gelebt? Muß ich auch noch für sie sterben? Und soll ich, sterbend, nichts zurücklassen als ein paar kostbare Samenkörner, die ich in die Erde gelegt habe und die jetzt der Schnee deckt — wo mein Herz doch so voll war und so fruchtbar...?« »Warum«, klagte er, »bringst Du Leid über die, die in Deinem Namen wirken?« Er kannte den Winter, in dem es »nicht Kraft, nicht Geist, nicht Atem« gibt; er fürchtete sich vor der kahlen Landschaft, vor dem traurigen Anblick einer »entblätterten Kunst, die keinen Lebenssaft mehr hat«. Und nur, indem er den poetisch begeisterten »Spring Song« hinzufügte (der einen großen Teil des Glaubensbekenntnisses *Life and Love* aus den früheren Gedichten *Nature and the Poet* wiedergibt), konnte er das Gleichgewicht seines Glaubens wiederherstellen.
Während dieser Jahre quälte ihn die Vorstellung der Degeneration. Die Evolutionstheorie, die seine Intuition hinsichtlich des Rhythmus von Leben und Tod unterstützt hatte, setzte die Devolution voraus — Desorganisation sowohl als auch Organisation. Die vielen psychologischen Werke, die er gelesen hatte, stimmten darin überein, daß sie das Leben stufenweise vom Säuglings- über das Kindes- und Jünglingsalter zum Alter der Reife (das gewöhnlich mit 60 Jahren endet), zum Greisenalter und zur Degeneration führten. Haeckel z. B. schrieb, daß »die psychischen Kräfte des Menschen die gleiche Entwicklung durchmachen wie alle anderen Kräfte seines Organismus: Aufwärtsentwicklung, volle Reife, Abstieg und Degeneration«. Aber Sullivan, sosehr er auch unter seiner Herzkrankheit litt, wollte dies nicht wahrhaben. Er wollte nicht der Uralte aus der *Autobiography* sein, der »die Straße hinabwankte, die staubig die Gedanken seiner Kindheit wiedergab — welk inzwischen und altersschwach...«. Wenn er auch traurig von »jenen Tagen« des Ruhms sprach, als er Adler in *Development of Construction* (1916) seinen Dank zollte, so erzählte er in der *Autobiography* doch eine andere Geschichte:
Er brachte dort eine andere Version der Suche nach dem Menschen, ein Märchen

* *A System of Architectural Ornament According with a Philosophy of Man's Powers*, 1924.

von der Jugend, in dem er den Aufstieg des Menschen schilderte, wie er ihn im Werk Chamberlains, Halls und James' verfolgt hatte. Das war der bestimmte Zweck, den er anstrebte; denn mit Charles Whitaker (dem Herausgeber des *Journal American Institute of Architects*, der die *Autobiography* anforderte und aus ihr die Moral für die zeitgenössische Zivilisation zog) glaubte er, daß »die einzige Möglichkeit, die es noch gibt, die ist, das Leben des Kindes neu zu gestalten«.
Für ihn selbst bedeutete der Rückblick auf die Kindheit ein Vorwärtsschauen in Erwartung des Frühlings. Das Thema und auch die Tätigkeit des Schreibens wirkten auf ihn wie Stärkungsmittel. Er hatte gelernt, daß ewige Kindheit ein Kennzeichen des Genies ist; und er bewunderte Michelangelo nicht so sehr, weil er »aus dem Moment« geschaffen hatte, sondern vielmehr, weil er sich seine Kräfte unvermindert bis ins hohe Alter erhalten hatte. Der große Wert, den er der *Autobiography* und dem *System of Ornament According with a Philosophy of Man's Powers*, den Werken seiner letzten Jahre, beimaß, lag für ihn nicht nur darin, daß sie wirklich vortrefflich waren und die Sache der Demokratie förderten: sie rechtfertigten auch sein Vertrauen in sich selbst. Das eine der beiden Werke veranschaulichte die Entwicklung seines standhaften Glaubens an die allumfassende wohltätige Schöpferkraft des Menschen, das andere bewies in der Wahl des Gegenstandes seine unfehlbare Geschicklichkeit und die beständige Fruchtbarkeit seiner Phantasie. Beide waren Merkmale der Gesundheit — des Mutes zur Überwindung der Krankheit und der Verzweiflung mit Hilfe der Kunst. Er siegte durch seine schöpferische Kraft.
Beide Bücher sind bemerkenswert — an erster Stelle aber steht *A System of Ornament*. Hier werden Sullivans Grundideen nicht nur genauestens festgelegt, sie werden auch bildhaft dargestellt. Er schildert hier den Menschen — und den Schöpfungsakt als die reifste Erfüllung seiner Kräfte; und für alles gibt er Erläuterungen und Beispiele an Hand der Prinzipien seiner persönlichen Elementarlehre der Ornamentik. In diesem Werk rechtfertigt der Künstler mit Hilfe der wohltätigen Kraft der Kunst die Ansprüche, die er an die Kräfte des Menschen gestellt hat. Er zeigt, wie die Seele sich harmonisch mit dem Stofflichen verbindet, und beweist, daß »es nichts wirklich Anorganisches für den schöpferischen Willen des Menschen gibt«, der die Macht hat, alles in das Abbild seiner Leidenschaft zu verwandeln: die Macht, zu erschaffen, »was bisher nicht existent war« — eine menschliche Umwelt, seinen eigenen sicheren Ankerplatz. Der Mensch ist ein Lebensgeber, und da, wo der Mensch auftritt, braucht nichts ohne Leben zu sein. Die Schöpfertätigkeit ist die bedeutendste und die ihm am besten anstehende Art der Tätigkeit.
Die Quelle dieser vitalen Kraft ist das Ego, die Einheit aller physischen, seelischen, emotionalen, moralischen und geistigen Kräfte des Menschen. Es ist vergleichbar dem Keim, der der »Sitz der Identität« ist, der den »Willen zum Leben« enthält — den Drang, der sich stets in der Form zu äußern sucht. In *A System of Ornament* ist der Keim dargestellt, der — sich entfaltend — seine Form sucht. Die *Autobiography* zeigt das ganz ähnliche Heranwachsen des Kindes und die Entfaltung einer Idee. Tatsächlich bietet das Buch über Ornamentik die beste Erklärung für den Inhalt der *Autobiography* und die Werte, die bei der Suche nach dem Menschen zu gewinnen sind.

Die Kräfte sind laut Sullivan keine besonderen Gaben. Sie bilden die natürliche Grundlage für das Genie und sind latent in jedem Menschen vorhanden. Das Ego ist die »Kraft der Initiative«, denn es ist nicht nur die Summe von Kräften wie z. B. Intellekt und Sympathie (die in Wirklichkeit seine Agenzien sind), sondern es ist der Instinkt selbst. Es wird vom Willen getrieben, voll und ganz zu leben, und dieser Wille drückt sich in dem Verlangen aus, s e i n e e i g e n e Form zu finden — und hierdurch erklären sich sowohl Sullivans Begriff des Funktionalismus als auch die Tatsache, daß er Feudalismus und Demokratie auf Unterdrückung beziehungsweise mitteilende Äußerung zurückführt. Eine Kultur der Furcht ergibt keine geeignete Lebensgrundlage. Wenn Sullivan in *Kindergarten Chats* vom modernen Menschen spricht, so sagt er, daß er »ein Verräter an sich selbst ist, da er eine Hälfte seiner selbst unterdrückt« — und zwar die Hälfte, für die Sullivan den gültigsten Ausdruck in seinen Ornamenten fand. Er spricht von der Erschütterung, die im Jahre 1918 — einem Jahr der Renaissance in der Kunst — spürbar wurde, »einem neuen Verlangen, einem neuen, erweiterten schöpferischen Impuls, einer neuen Regung des Instinkts«. Diese Erschütterung schien ein Vorbote der Demokratie zu sein, für die er stets gekämpft hatte; denn sie setzte schöpferische Kräfte frei: »Die Funktion der Demokratie besteht darin, zu befreien, zu erweitern, zu intensivieren, jede menschliche Fähigkeit auf ein bestimmtes Ziel hinzulenken, jede menschliche Kraft zu nutzen.« Der Lehrer, der dies in den *Chats* dem Schüler erklärt, während er ihn in der Kunst des Ausdrucks unterrichtet, fügt hinzu: »Alle geometrischen Formen stehen dir zur Verfügung..., es liegt bei dir, sie zu verwenden, zu handhaben, umzuwandeln — und zwar mit Gefühl und Klugheit.« In *A System of Ornament* zeigt Sullivan, wie das getan werden kann. Er beginnt mit einem rohen Block, mit geometrischen und starren Figuren; und mit einigen mechanischen Kunstgriffen erläutert er die Beherrschung der Materie durch den Künstler und das Sichtbarwerden des hineingebildeten Elements. In der anschließenden Reihe von Zeichnungen wird die mechanische Methode der »natürlichen« Methode der »befreienden Energie« gegenübergestellt; einfache und komplizierte Blattformen machen ihre natürlichen, organischen, morphologischen Veränderungen durch und nehmen die fertige Gestalt an, die Sullivan als Motiv für andere Skizzen verwendet. Man findet überall Organisches und Mechanisches einander gegenübergestellt — als Beweis (wie Emerson sagte) dafür, daß es in der Natur keine geraden Linien gibt. Der Wille des Menschen macht die Geometrie plastisch; »mit seiner Kraft bewirkt er, daß Anorganisches und Starres fließt«. Wenn die starre geometrische Form Energie enthält, so ist es der Mensch, der sie durch sein Geschick frei macht (Sullivan führt vor, wie ein Pentagon »beweglich« wird); und wenn Achsen auch starr erscheinen, so können sie doch, wenn sie von der Geometrie losgelöst werden, »beweglich und empfänglich für die zartesten Herztöne des Lebens« gemacht werden. Das Herz lehrt den Kopf, der ihm jetzt untertan ist, die Lehre vom Leben; das Gefühl bildet sich den Intellekt.
Mit Hilfe des Ornaments erläutert er die überlegene Kraft beweglicher Kunst: »Harte Linien fließen in anmutige Windungen, alles Kantige verschwindet in seiner mystischen Verschmelzung der Flächen.« Und er verwirft jetzt dieses Zeugnis »exquisiter« Romantik nicht mehr, denn das Feminine war nun der Instinkt,

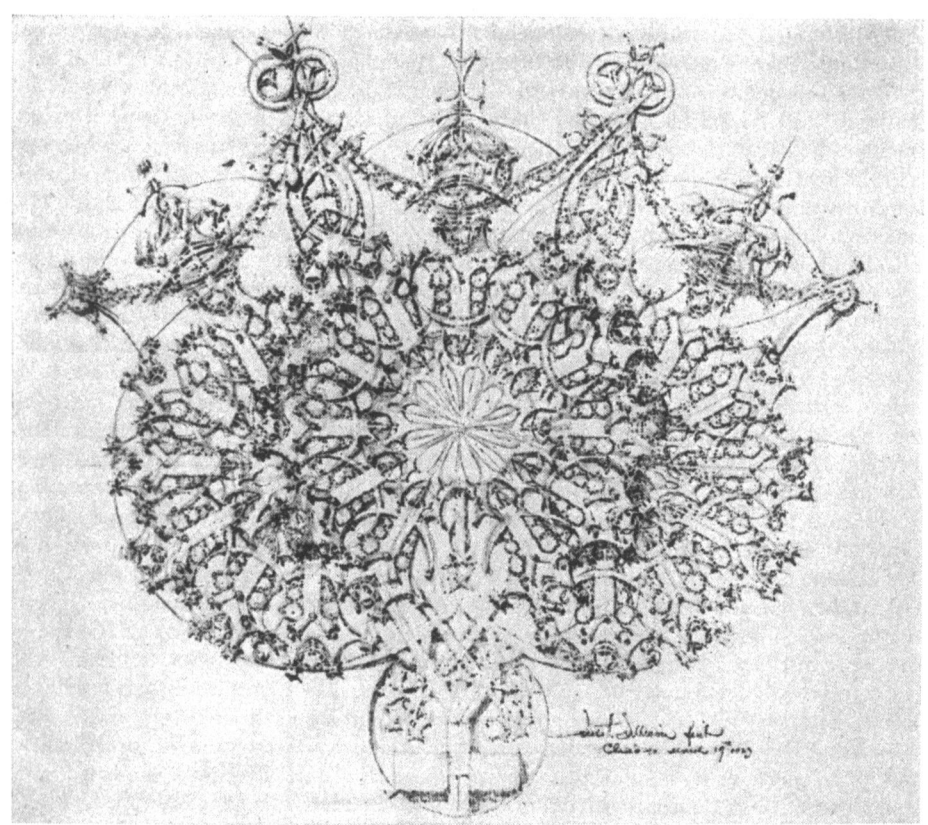

Ornament (Tafel 20) aus *A System of Architectural Ornament According with a Philosophy of Man's Powers*, 1924

den der Mensch verleugnet hatte. Das Ornament war ein Beispiel der Schöpfung, des in eine Form sich ergießenden Lebensimpulses. Hier konnte man deutlich die »bewegliche Logik des Instinkts« erkennen.
Nach Sullivans Meinung war die Tätigkeit des Instinkts immer der des Intellekts überlegen, wenn auch nicht von ihr getrennt. Er glaubte nicht, daß Kunst und Wissenschaft separate Tätigkeiten seien, wie er auch nicht glaubte, daß Gefühl und Gedanke oder Organisches und Anorganisches getrennt voneinander existierten. Der Fluß der Kunst war »herrschend«, weil er die sogenannten Gegensätze miteinander verband; die Kunst humanisierte die Wissenschaft. Sullivan machte einen sorgfältigen Unterschied zwischen der dualistischen Anschauung, dem »Euklidschen Begriff der Parallele«, und seiner eigenen Einheitsanschauung, dem »Parallelismus«; dieser »Parallelismus« ist das mystische Reich, in dem Kunst, Wissenschaft und Philo-

sophie ineinander aufgehen — und er verstand darunter das, was Emerson unter »Übereinstimmung« verstand. Es gibt, so sagte Sullivan, »einen Parallelismus zwischen Menschen und der Natur — und zwischen dem Menschen und seinen Werken«; denn beide befinden sich »innerhalb des Lebensbereichs, innerhalb der Universalkraft oder Energie, die überall zu allen Zeiten strömt (das ist die Emersonsche Über-Seele, die jede Bucht umspült)...«. Inmitten dieses Universums der Energie steht der Mensch, »ein Zeuge, ein Teilnehmer — und durch seine Kräfte ein Mitschöpfer...«. Für ihn ist die »transzendentale Logik« des Lebens, der Funktion und der Form eine Logik der Symbolik und des Geistes, der sich eine Form sucht. Der Mensch ist ein Symbolist und ein Interpret — und so schafft er sich seine Welt. Die Zeichnungen, die diese »wissenschaftlich-poetische Theorie« erläutern, beweisen, daß für Sullivan — wie auch für Blake — das Freimachen von Energie auf diese ewig-schöpferische Weise ein immerwährender Genuß war. Dies ist vielleicht letzten Endes die Lehre seiner Ornamentik: Sie ist das Spiel des Künstlers, ist Gesang, Dichtung, Äußerung; und sie zeigt, daß Freiheit und Spontaneität keine Illusionen sind. Die flüssige Symbolik verdeutlicht die Emotionen, die Rhythmen des Erlebens, den Fluß des Lebens. Ihre Plastizität — wie auch ihre Blätterform — macht sie zu einer Offenbarung der »Fälle und der verfeinerten Kraft des Lebens«[1]. Diese Offenbarung strahlt auch aus den Flächen seiner Gebäude und veranschaulicht den Gehalt seiner vitalen organischen Philosophie; sie ist eine an die »Form-folgt-Funktion-Mechanisten« (wie Frederick Gutheim diejenigen nannte, die das ursprünglich Organische mißgestalteten) gerichtete Beschwörung, ebenfalls aus der Quelle seines Denkens zu schöpfen. Das Ornament erinnert daran, daß alle Formen Symbole des menschlichen Gefühls sind und daß der schöpferische Prozeß, den das Ornament so deutlich zum Ausdruck bringt, der gleiche ist, mit dessen Hilfe dem Gebäude die Form gegeben werden kann, die aufs genaueste der Funktion entspricht. Funktionen müssen eine organische und nicht nur eine organisierte Form finden; und Formen — wie auch das Ornament selbst — müssen mehr ausdrücken als nur Nützlichkeit. Emerson sagte, daß der Dichter »Formen dem Leben zuliebe und nicht der Form zuliebe benutzt«. Und Sullivan glaubte übereinstimmend mit John Szarkowski, daß »die Sehnsucht des Menschen das wichtigste Baumaterial... und ein Rahmen für seine psychischen Bedürfnisse das größte strukturelle Problem« sei.
Das Ornament ist ein notwendiger Kommentar zu dem Gebäude und zu der gesamten Organisation, die man »Kultur« nennt. Es veranschaulicht das stetige Drängen des Lebens und der Sehnsucht und die vielfältigen Möglichkeiten der Form. Es kündet beredt von einer Kunst, in der Nützlichkeit nicht unschön, Materielles nicht geistlos, Mechanisches nicht leblos ist. Es lehrt die wichtigste Botschaft der *Democratic Vistas*: daß nämlich die Materie nichts Reales ist und die Seele nicht befriedigen kann, wenn sie nicht »von Gefühl und Geist durchdrungen ist«. Hier — wie in *Leaves of Grass* — liegt der unerschöpfliche Reichtum eines Mannes ausgebreitet, der von seiner Kindheit an jeden Tag vorwärts gegangen war und sich schließlich in der Natur wiederfand. Das Ornament bestätigt Sullivans Märchen von der Jugend.

---

[1] Siehe: *Was ist Architektur?* S. 152.

Vielleicht ist die Idee zur *Autobiography* auf Taine zurückzuführen, der einer der ersten Lehrer Sullivans war und der die Ähnlichkeit zwischen Saatkorn und Idee erwähnt und die »Wohltätigkeit« als den Prüfstein der Kunst bezeichnet hatte. Die *Autobiography* enthält die Idee der wohltätigen Kraft und handelt von dem Kind, das sich immer stärker des schöpferischen Impulses bewußt wird, und von dem Mann, der diesen Impuls für soziale Zwecke nutzt und meistert. Als die Reihenveröffentlichung des Werkes angekündigt wurde, kommentierte der Herausgeber die ungewöhnliche Form wie folgt: »Wir bezweifeln sehr, daß je zuvor ein Architekt eine Theorie eine oder Idee an Hand einer Autobiographie zu erläutern versucht hat.« Ungewöhnlich war nur der Beruf des Autors — die Autobiographie ist die zum Festhalten des Wachstums- und Bildungsprozesses geeignete Form. Woodsworth, Thoreau und Whitman hatten sie benutzt — und auch Henry Adams, mit dessen *Education* Whitaker Sullivans Buch verglich.

Whitaker schrieb Sullivan, daß sein Werk bedeutender sei als das Adams'. Warum er dies glaubte, sagte er nicht, obgleich er an einer anderen Stelle (dort schrieb er: »Ich sehe nicht so viel Hoffnung wie Sie«) Aufklärung versprach. Sullivans Buch ist ein Zeugnis seines Festhaltens an dem, was er einen stabilen Optimismus nannte — einen »modernen Optimismus«, der, wie er in den *Kindergarten Chats* sagt, gegründet ist auf »den Glauben an die Dinge und auf wohlbedachte Überzeugungen..., auf die Kräfte des Menschen und die schöpferische Fruchtbarkeit der Natur«. Wenn er auch die dunklen Wolken der modernen Zivilisation wahrnahm und Pessimismus ihm nicht fremd war, so wollte er doch seinen Geist nicht nach Adams' Modell formen. Er erklärte Whitaker, daß er die Erzählung in der dritten Person geschrieben habe, weil ihm dies größere Freiheit gestatte. Das war zwar der Fall, aber auf diese Weise wurde auch ein Vergleich mit Adams herausgefordert, und der zeitgenössische Leser, für den Adams ein Wortführer geworden war, wurde gezwungen, Sullivans Umkehrung von Adams' Pessimismus zu erkennen. Adams, dessen Bruder Brooks die *Education* als Suche nach dem neuen Geist bezeichnete, sah seine Erziehung als vergeblich an, während Sullivan die seine für musterhaft hielt: In der *Autobiography* gibt er einen Überblick — repräsentativer und eher zur Nutzanwendung geeignet als der Adams' — über die Heranbildung eines neuen Geistes.

Das Thema der *Autobiography* kehrt überall in Sullivans Werk wieder. In den *Kindergarten Chats* zum Beispiel sagt er, daß der »Keim« zur Lösung des Problems der Demokratie im einzelnen Menschen und in seinen Grundanlagen zu finden sei: »Hat man erst einen Menschen, seinen Geist und seine Kräfte erkannt, so hat man alle Menschen erkannt.« In *The Young Man in Architecture* rät er, den Geist sich frei entwickeln zu lassen: »Wenn der Geist entsprechend genährt und trainiert, wenn ihm Freiheit zu spontanem Handeln gegeben wird, so kommt der individuelle Ausdruck von allein — so, wie die Blüte zur Pflanze kommt: nach dem Gesetz der Natur.« Die Erziehung des Schülers in *Kindergarten Chats* demonstriert dies zum Teil; deshalb vielleicht bat Sullivan Whitaker, das frühere Werk zu veröffentlichen. Er wollte darlegen, wie eine Erziehung »im Freien« unter gewöhnlichen Einflüssen zu der Blüte natürlichen Denkens und demokratischen Charakters führen konnte. Was *Democracy* für die neue Soziologie, das war die *Autobiography* für die neue Erziehung — sie vermittelte die Vorstellung ihrer Idee. Sobald die Geschichte bis auf das Kind — »die ungetrübte Quelle der Kraft« — zurückgeführt ist, hat die Suche nach dem Menschen ein Ende, und die Erziehung des demokratischen Menschen kann beginnen. Natürlich ist die Pädagogik ein Teil der neuen Soziologie. In *Face to Face* (der Titel wurde dem 2. Teil der *Democracy* entnommen) führt Sullivan die wesentlichen Ideen des früheren Buches auf und formuliert seine Pädagogik aufs genaueste. Die demokratische Erziehung, die er vorschlägt, ist auf der Tatsache aufgebaut, daß jedes Kind »den Keim zum Genie« in sich trägt. Genie ist die »höchste Form des Spiels mit den Mächten des Lebens« und muß vom Gärtner des Kindes, der mit seiner Pflege betraut ist, weise kultiviert werden. Von klein auf muß dem Kind gestattet sein, zu träumen und seinen Geist auf seine eigene Weise zu gebrauchen. Seine Identität mit den Dingen und sein mystisches Empfinden des Naturnaheseins dürfen nicht gestört werden. Das feudalistische Denken Erwachsener darf ihm den Weg nicht vertreten, und jede Spur feudalistischer Angst muß beseitigt werden. Das Kind muß die Möglichkeit haben, in seiner eigenen »gesunden Tätigkeits-Atmosphäre« aufzuwachsen. Das einzige, was der Lehrer lehrt, ist die Art der Auslese.

Sobald das Kind etwas herangewachsen ist, wird die »Pflege«, wie Sullivan es nennt, nach und nach von Training und Disziplin abgelöst. Das Kind, das in den Anfängen des Wachstums von Großvater List gehütet wurde, kommt nun in die Obhut Patrick Sullivans. Die Kräfte seines Körpers, seines Geistes und seines Herzens werden koordiniert, die Idee der natürlichen Kräfte wird ihm nahegebracht und objektiv deutlich gemacht. Zu diesem Zeitpunkt fühlt sich das Kind, nachdem es aus seinen Träumereien herausgewachsen ist, durch die reale Welt angeregt und ist bereit, sich die Anfangsgründe der elementaren Bildung (Lesen, Schreiben, Rechnen) anzueignen — wenn sie ihm nur real dargestellt werden können.

Auf dieses Stadium folgt das Knabenalter — eine Periode des »vegetativen Wachstums«, in der exakter Unterricht erforderlich ist. Und danach kommt das »Gefahrenalter«, das entscheidende, das Jünglingsalter, in dem der Instinkt erneut auflebt und der ganze Mensch unstet wird. Jetzt ist das Hauptziel der Erziehung die Festigung des Charakters. Sullivan denkt hierbei an die Art der Erziehung, wie er sie von so verschiedenartigen Lehrern wie Moses Woolson und Minnie Whittlesey erhalten hat. Er wünscht ein »intensives Training der angeborenen Kräfte des wahrhaften Fühlens, des aufrichtigen Denkens, des aufrechten Handelns...« und will »den moralischen Wert der Entscheidung so klarmachen, daß der Mensch die Verantwortung für die Folgen der Entscheidung deutlich erkennt..., die Vorstellungskraft üben durch konstruktives Vorausschauen, Aufspüren der realen Dinge, Denken und Fühlen, physische und geistige Lebensfreude; den Geselligkeitssinn in sozialer Richtung stabilisieren; die Würde des eigenen Ichs und aller andern Ichs zum Ausdruck bringen«. Das sind einige der Ziele einer Erziehung, die das Heranwachsen nicht sinnlos erscheinen lassen. Die neuen, im Jünglingsalter frei werdenden Kräfte müssen genutzt und gestärkt werden durch »schwere Arbeit« — aber gleichzeitig müssen sie in würdige Richtungen geleitet werden: die Frucht der de-

mokratischen Erziehung ist der würdige Mensch, »frei im Geist, rein und stolz, fest auf der Erde stehend, mit klaren und aufrichtigen sozialen Überzeugungen«. Die ganze übrige Erziehung muß — auch wenn sie technische Dinge betrifft — von diesem Geist erfüllt sein. Alle Spezialgebiete müssen, wie Sullivan in den *Kindergarten Chats* erklärte, als »Gesamtheit der sozialen Tätigkeiten« aufgefaßt werden. Jede Disziplin — und besonders die der Erziehung — muß als soziale Funktion verstanden und verwertet werden, denn der Mensch ist die moralische Grundlage der Zivilisation. Alles, was er tut, ist daraufhin zu prüfen, ob es »der allumfassenden Kunst dient, aus dem grausigen feudalistischen Chaos entgegengesetzter Zwecke eine Zivilisation, einen Zustand des Gleichgewichts für freie Menschen, die sich ihrer Kräfte bewußt sind und sie unter moralischer Kontrolle halten, zu schaffen«. Allein eine solche Zivilisation war, so glaubte Sullivan, des Menschen würdig, und nur eine solche Zivilisation würde bestehen.
Wenn Whitaker nicht auf den Schlußkapiteln bestanden hätte, dann hätten am Ende der *Autobiography* die letzten Zeilen aus *Face to Face* gestanden: »So erweitert und vertieft sich uns die Kraft und die Herrlichkeit demokratischer Sicht!« Der Aufbau des Buches wäre einfacher gewesen, und es wäre nicht so wörtlich als Autobiographie aufgefaßt worden. Aber wenn sich Sullivan auch Whitakers Forderungen fügte (Whitaker hatte ihm einmal erklärt, die Architekten verlören die Geduld mit dem Kind und wollten etwas über Architektur hören), so benutzte er doch die zusätzlichen Kapitel für seine eigenen Zwecke. Er veranschaulichte die Moral seiner Erziehung durch die Gegenüberstellung zweier Träumer und ihrer Visionen der Zivilisation. Als Hintergrund für sich selbst benutzte er Daniel Burnham. »Daniel Burnham«, sagte er, »war besessen von der feudalistischen Idee der Macht. Genauso besessen war Louis Sullivan von der segensreichen Idee der demokratischen Macht.« In den Schlußkapiteln wird dieser Gegensatz entschlossener Männer weiterentwickelt — und wenn Burnham scheinbar gewinnt, dann nur, weil »David den einfacheren, Louis den schwierigeren Weg wählte«.
Burnham war ein Mann seiner Zeit, aus dem etwas wurde, weil er die Überzeugung der Massen vertrat. Seine Helden waren Industriekapitäne, Handelsfürsten und Räuberbarone; sein Traum war »Größe«. Nach der Beschreibung seines Biographen war er ein Selfmademan, ein »reines Produkt des Mittelwestens, bereit, die Gelegenheit zu ergreifen...«. Sullivan sagte, daß Burnham der einzige Architekt in Chicago gewesen sei, der die Bedeutung der Entwicklung auf Monopole und Trusts hin erfaßt habe; in der Tendenz nach »Größe, Organisation und intensivem Kommerzialismus spürte er das reziproke Wirken seines eigenen Geistes«. In Sullivans Dämonologie ist Burnham ein Monopolist; mit seiner Verkaufsleidenschaft — die, wie Sullivan sagte, die treibende Kraft im amerikanischen Leben war — ist er außerdem ein »Kolossal-Händler«.
Sullivan bestätigte die Kraft des Burnhamschen Traums, aber nicht seine Wohltätigkeit. Selbst in Burnhams Organisation sah er schädliche Resultate. Er identifizierte sich mit Root, dem Künstler der Firma, der nicht immer seinen Willen dem Kaufmann gegenüber durchsetzen konnte und auf diese Weise die Schwierigkeiten demonstrierte, denen Freischaffende ausgesetzt waren. Den Künstler lähmte die Poli-

tik des Kaufmanns — »es ist keine gute Politik«, läßt Sullivan Burnham sagen, »sich weit über das allgemeine Niveau der Intelligenz zu erheben«. Darauf fragt Sullivan, der an die Möglichkeiten der Weltausstellung denkt (»eine vortreffliche Offenbarung der Leistungsfähigkeit Amerikas — eine Ansprache, eine Schilderung, die sie ins rechte Licht rückt«): »Was nützt der Traum, wenn er einen falschen Eindruck wiedergibt?« Wozu überhaupt träumen, wenn der Traum »sich nicht in seiner Vision über das allgemeine Niveau der Intelligenz erhebt, wenn er nicht auf dem Weg über klares Denken und aufrichtige Interpretation zu einer Prophezeiung wird...«? Burnham, der Konstruktionsleiter der Weltausstellung, baute die Weiße Stadt seines Traumes. Und Sullivan behauptete: »Jener Mann tat in seiner stumpfen Vernarrtheit in Größe und in seinem komischen Heldenverehrungswahn sein Bestes und Schlimmstes — entsprechend seinen Eingebungen...«

Der Fluch der Weltausstellung lag nicht nur in ihrer »Größe«, sondern auch in ihrem »Eklektizismus«: ihre Bauten waren »unverschämt gestohlen«. Wären nicht die Nachbildungen von Kolumbus' Segelschiffen gewesen, so hätte man nicht erkennen können, daß es sich hier um eine Kolumbus-Ausstellung zur Erinnerung an die Entdeckung Amerikas handeln sollte. Es wurde eine Vergangenheit gefeiert, die gar nicht die Amerikas war; die Ausstellung war in Geist und Stein ein Betrug. Rückblickend sprach Sullivan mit einigem Recht davon, daß die Ausstellung ein Kulturvirus gewesen sei, der die feudalistische Seuche verbreitet habe. Nicht allein an den neuen »Ausschlag« der Stile dachte Sullivan dabei, sondern auch an die verschiedenen Städtebaupläne, die Burnham nach seinem Erfolg auf der Ausstellung und nach dem Weltkrieg herausgebracht hatte und durch die eine neue Generation — wie auch Sullivan selbst — zum Nachdenken darüber veranlaßt worden war, »ob wohl die Entdeckung Amerikas ein Segen oder ein Fluch für die Menschheit gewesen sei«. Die Weltausstellung hatte eine Probe amerikanischer Kultur geliefert, die nach Sullivans Überzeugung ein Verrat an der amerikanischen Kultur war.

Veblen hätte wohl in Burnhams Bauplan für Chicago einen bürgerlichen Rahmen für offensichtlichen Müßiggang gesehen — und dahin ging auch Burnhams Absicht. Er bewunderte Haussmanns Boulevards und wollte aus Chicago ein zweites Paris machen, in dem die reichen Müßiggänger des Mittelwestens ihr Geld ausgeben könnten. Die Seefront hatte er für die Wohlhabenden vorgesehen und plante nicht etwa eine Stadt, sondern einen Vergnügungspark; die Armen sollten von der Stadt selbst nichts haben — sondern nur von dem, was die Reichen dort ausgaben; ihr Schicksal sollte das gleiche sein wie das der Arbeitslosen, die sich im Jahre 1893 am Seeufer versammelt hatten und von der Polizei auseinandergetrieben worden waren, damit die Besucher der Ausstellung ihr Elend nicht sähen. Wenn Burnham — wie Sullivan in *Democracy* — die Villen auf den Boulevards und die Süßwarenläden in den andern Straßen sah (»die nicht ›Boulevards‹ genannt wurden, weil sie nicht ansehnlich genug und nicht gut gepflastert waren, weil sie keine Bäume und Rasenplätze hatten, weil auf ihnen keine schönen Equipagen und keine hübsch gekleideten Kinder zu sehen waren«), so sah er sie ohne ihre wirtschaftlichen und bürgerlichen Zusammenhänge. Für ihn war Schönheit nur etwas Angenehmes, das sich bezahlt machte; der Ruhm der Stadt bestand in ihrer Großartigkeit. Burnham hatte niemals die »soziale Drohung und Gefahr« der Wolkenkratzer erkannt; seine Organisation entwarf keine Banken für Farmer. In seinen feudalistischen Traum versunken, war er nicht wie Sullivan in der Lage, sich »eine prächtige Gartenstadt« vorzustellen, »die wirklich die Sehnsüchte und das herzliche Verlangen der vielen erfüllt, wo jede Einzelheit mit Sorgfalt bedacht ist und wo jede Funktion die ihr gebührende Form erhält, wo ein Hauch von Menschlichkeit im besten Sinne spürbar ist, wo alles davon überfließt...«.

Das Planen und Bauen auf Burnhamsche Art trug, so glaubte Sullivan, zur unsicheren Situation der modernen feudalistischen Gesellschaft bei. Es sprach sich darin ein aggressiver Wille aus, nach eigenem Belieben zu handeln; seiner Meinung nach war hier die Phrase »Geschäft ist Geschäft« sehr zutreffend, die er in *Democracy* auf ein einziges Wort reduziert hatte: »Tod«. Diese Phrase war ein Euphemismus für eine andere: »Der Geschickte überlebt« — sie verdeckte die Gewalt und den Betrug des Geschäftslebens, die Sullivan beide aufgedeckt hatte, indem er das Geschäftsleben als eine Menschenjagd beschrieb, die natürlich nicht verlaufen konnte, ohne daß Wild zur Strecke gebracht wurde. In der *Autobiography* bildet den Rahmen für diese Gesellschaft der Geschäftsleute der Viehhof, und es soll an Burnhams feudalistischen Traum erinnert werden, wenn Sullivan die Bewunderung Burnhams für seinen Schwiegervater, John Sherman, »den großen Mann der Viehhöfe«, erwähnt. Die Viehhöfe sind die Kehrseite von Chicagos Wohlstand. Sullivan machte aus den Vorgängen im Schlachthaus eine erschreckende Fabel vom Menschen — seine Tierfarm: Einige Schweine, so schreibt er, träumen davon, zum Kongreß zu gehen, andere davon, daß sie die Welt für die Demokratie gewinnen wollen; und wenn ihre Zeit gekommen ist, folgen sie dem Ruf des Landes (»vielleicht, um kleine Löcher in der Erde auszufüllen, wo Mohnblumen wachsen und blühen«). Diejenigen, die zurückbleiben, dienen auf ihre eigene Weise: gemästet und getränkt, in »Prunkwagen« abgeholt, landen sie schließlich bei dem Mann mit dem Messer; sie werden nicht gemordet, sondern »nur geschlachtet« — und für die Tafel zubereitet, wo sie mit Freuden als Wohltäter der Menschheit empfangen werden. »Auf diese Weise«, sagte Sullivan, »kann ein Schwein die höchsten Stufen des Altruismus erreichen. Es lohnt nicht, niedrige Anfänge als Endziele zu setzen; es ist bewiesen, daß Gutes auch aus dem Schweinestall und aus der Krippe kommen kann.« Das ist Sullivans letzter Versuch, die Menschen zur Entscheidung aufzurufen. »Was soll mit den andern geschehen, die heute noch jung sind?« fragt er. »Sollen sie in einer Kultur aufwachsen, die ihre Opferung verlangt?«

Wahrscheinlich kannte Sullivan Charles Moores *Daniel H. Burnham, Architect, Planner of Cities* (1921), dieses zweibändige Werk voller Lob, wie er auch Mrs. Rensselaers und Harriet Monroes von Sympathie erfüllte Biographien Richardsons und Roots kannte; und da er keinen Biographen hatte, war er gezwungen, sein eigener zu sein. Offenbar wünschte er seinen Ruf wiederherzustellen und sich noch für einige Zeit vor vollständiger Vergessenheit zu bewahren. Aber mehr noch — und das ist ein Maßstab für seine Persönlichkeit — hatte er den Wunsch, den Wert seines Lebens zu prüfen. Die Frage, die ihn beschäftigte, war die gleiche, die den Lehrer in den *Kindergarten Chats* ständig beschäftigte — »die Frage des vorrückenden Alters ..., die immer dringender wird, je mehr Jahre vergehen und je näher der Tag der Abrechnung rückt«. Die Frage ist nahezu so alt wie die Menschheit selbst: »Was hülfe es dem Menschen, so er die ganze Welt gewönne und nähme doch Schaden an seiner Seele?« Vom Menschen wird verlangt, daß er die Ordnung seines Lebens prüfe, »seine Haltung, sein Gleichgewicht, seine Symmetrie« und seinen Wert danach bemesse. So wurden die letzten Kapitel, dieser »Rückblick« des Alters, eine moralische Arena, in der der Verlierer im Kampf um die Architektur mit dem Lorbeer des geistigen Sieges gekrönt wurde. Er hatte den schwierigeren Weg gewählt; seine Suche nach der Bedeutung des Lebens und des Menschen war von einer Erhabenheit, die dem Verfechter der »Größe« fremd war. Und vor allem hatte er den Mut gehabt, »selbst angesichts einer solchen Entweihung standhaft im Glauben zu bleiben«. Noch in jenen dunklen Jahren vermochte er es, sich den Glauben des Kindes zu bewahren — des Kindes, das, wie er hoffte, im Laufe seines Lebens sich die organische Weisheit aneignen würde, die er gelernt hatte, nämlich: daß »ein einziges Leben ganz gewiß ausreicht, wenn es wirklich gelebt und erfüllt wird«. Auf dieser Grundlage konnte noch eine neue Zivilisation des Menschen aufgebaut werden. Das Saatgut, das er gespeichert hatte, war bereit und trug so viel Hoffnung in sich wie die Saat der Tugend, die Thoreau in Walden Pond gesät und gehegt hatte. Man braucht sich nur der im Keim schlummernden Kräfte zu erinnern und sich zu entschließen, ein Gärtner nicht eines »Bohnenbeetes« — wie Thoreau sagte —, sondern »einer neuen Generation von Menschen« zu sein.

Die Essays, die Sullivan zu dieser Zeit schrieb, stehen in direktem Zusammenhang mit der *Autobiography* und könnten fast als ihre laufende Geschichte bezeichnet werden. In *The Chicago Tribune Competition* stimmte er für den Entwurf von Eliel Saarinen, der den 2. Preis erhielt, und griff die Jury an (die, wie Whitaker ihm später erzählte, einem Ausländer nicht den ersten Preis hatte zuerkennen wollen), weil sie den gotischen Entwurf Raymond Hoods preisgekrönt hatte. Auch hier wieder waren zwei Männer — einer ein Meister der Ideen, der andere ihr Sklave —, die für Sullivan den Gegensatz zwischen Bildendem und Nachgebildetem, zwischen Demokratie und Feudalismus verkörperten. In einem anderen Essay, der zwei Monate später veröffentlicht wurde, hob er einen anderen Meister der Ideen hervor, der — wie Sullivan bald in der *Autobiography* schreiben sollte — gezeigt hatte, daß »klare Vision zu vernünftigem Denken, vernünftiges Denken zu vernünftigem Handeln, vernünftiges Handeln zu segensreichen und dauerhaften Ergebnissen führt«. Denn Frank Lloyd Wrights Imperial Hotel — das, wie Sullivan in seinem letzten Artikel über die Katastrophe in Tokio schrieb, »gedankenbaut« war — widerstand dem Erdbeben.

Die Katastrophe in Tokio war für Sullivan eine Sintflut, die alle seine Ahnungen und Hoffnungen bestätigte. Es war eine schicksalsschwere Stunde, als die solide erbauten Häuser — diese Gebäude, die Engländer und Deutsche errichtet hatten, ohne zu wissen, daß sie zur Zerstörung geradezu aufforderten — ihren »Totentanz« tanzten. In diesem Inferno sah er eine »erschreckende Ideentragödie, in der das Abstrakte in der allgemeinen Zerstörung unterging, während ein l e b e n d i g e r

Gedanke und ein lebendiger Gegenstand überlebten«; und dies, so behauptete er, war »das Zeichen dafür, daß auf der großen Bühne des Weltdramas zwei Ideen, beide ungeheuer stark, einander gegenüberstehen und die Angst und den Mut der Menschheit dramatisch herausfordern«. Tokio, nunmehr Symbol der Zivilisation, war durch »falsche Bauweise« verurteilt worden. Aber inmitten von Asche und Schutt stand das Imperial Hotel, und nicht ohne Grund sah Sullivan in ihm das bedeutendste Architekturdenkmal der modernen Welt. Sein Erbauer hatte seine Doktrin des natürlichen Denkens und seine Vision der Zukunft gerechtfertigt.

Panik und Krieg, dunkle Wolken und Sturm, Erdbeben und Feuer – das waren die Bilder des Schreckens, die Sullivan zur Intensivierung seiner melodramatischen Vision der Ideentragödie benutzte. Um die Alternativen deutlich zu machen und eine Entscheidung zu erzwingen, wählte er die dualistische Form von Gut und Böse, Hell und Dunkel. Irgendwie paßte diese einfache Kriegführung, in der der Sieg immer eine Inversion darstellte, zu dem kämpferischen Propheten sowohl als auch zu dem angriffslustigen Architekten. Aber Bilder der Natur kamen seinem Denken näher und waren tiefer darin verwurzelt – Bilder nicht des Aufstandes und der Revolution, sondern des rhythmischen Wachsens und der Jahreszeiten von Mensch und Natur. Sein Geist war – wie der Henry Adams' – geformt durch die Abwechslung von Sommer und Winter, Land und Stadt. Wenn er befreit war vom feudalistischen Hader der Stadt, dann dachte er nicht an Dualismus oder Unheil; dann dachte er, wie er uns gerade in den Kapiteln über seinen Kampf um die Architektur erzählt, an den Strom des Lebens. Ocean Springs führte den Unterricht zu Ende, den South Reading begonnen hatte und in dessen Verlauf er »die Zerstörung, die wir angerichtet haben«, zu begreifen anfing. Als er in die Stadt zurückkehrte, brachte er keine naive Agrarphilosophie, sondern eine Philosophie der Schöpfung mit. »Die Form folgt der Funktion« – das war die Formel dieser Philosophie, und das »bewegliche Gleichgewicht« der Zivilisation gibt ihr Ziel an: das Schöpferische. Man erkennt den Träumer, so sagt Sullivan, an der Art seines Traumes. Sein Traum, der augenblicklich auch von einer jüngeren Generation geträumt und zum Teil erfüllt wurde, hatte zum Inhalt einen neuen Tag und neue Taten, neues Sonnenlicht, das die Mondscheingespenster der Schande verjagte, eine neue Kunst des Ausdrucks und eine neue Zivilisation, in der die Einzelwesen nicht mehr von der »Zügellosigkeit der Selbstsucht« vergiftet waren. Er träumte, als er »am wachsten« war – und er träumte vom größten Abenteuer des Menschen: »von der Kunst, aus der Demokratie eine vollkommene, komplexe und doch einfache, schöpferisch wirkende Zivilisation zu machen«. Zu diesem Zweck gab er dem Schöpferischen im Menschen eine Richtung und vermachte ihm den Geist seines Werkes. In dem unveröffentlichten Gedicht *The Master*, das er innerhalb eines Monats nach seiner Aufnahme in die Architectural League vollendete, spricht er von seiner Liebe zum Land und zum Volk dieses Landes und erklärt, daß Amerika seine Hoffnung und seine Verheißung sei. Und dann sagt er – was auch Whitman schon vor ihm gesagt hatte –, daß er zwar scheiden müsse, daß er aber dennoch immer nahe bleiben werde; er werde seine Seele »als Vermächtnis hinterlassen – um aufzumuntern, zu begeistern und vorwärts zu drängen«.

Biographie

1855	wurde Louis Sullivan am 3. September zu Boston, Massachusetts, geboren.
1860—70	besuchte er das dortige Gymnasium. Den Sommer verbrachte er fast immer auf der Farm seiner Großeltern mütterlicherseits in South Reading.
1870	trat er in die English High School, Boston, ein. Der Unterricht Moses Woolsons hinterließ bleibende Eindrücke. Sullivans Familie zog nach Chicago.
1872—73	besuchte er die Architektur-Vorlesungen des Massachusetts Institute of Technology; er verließ das Institut, ohne sein Studium abgeschlossen zu haben. Sullivan arbeitete als Zeichner im Büro von Furness & Hewitt in Philadelphia, wo er einen Onkel hatte. Die zu jener Zeit herrschende Flaute bewog Sullivan, nach Chicago umzusiedeln, wo er von William LeBaron Jenney angestellt wurde.
1874	ging er nach Europa, um an der Ecole des Beaux Arts zu studieren. Er fuhr über Liverpool und London nach Paris und bereitete sich in 6 Wochen auf die Aufnahmeprüfung vor. Nachdem er sie glänzend bestanden hatte, arbeitete er etwa 2 Jahre im »Atelier libre« von Vaudremer. Er besuchte Italien, wo ihn besonders die Werke Michelangelos tief beeindruckten. In Paris wohnte Sullivan die meiste Zeit in einem Haus Ecke Rue Monsieur le Prince und Rue Racine, das heute noch steht.
1876—79	Sullivan kehrte nach Chicago zurück und nahm nacheinander verschiedene Stellen als Zeichner an, bis er in Dankmar Adlers Büro angestellt wurde.
1881	Partnerschaft Adler/Sullivan. Während der nächsten 12 Jahre war dieses Architektenbüro das aktivste in Chicago (z. B. das Auditorium, 1887—1889); von 1880 bis 1895 entwarf Sullivan mehr als 100 Gebäude.
1893	Transportation Building, Weltausstellung (Kolumbus-Ausstellung), Chicago (das einzige Gebäude, das im Ausland Anerkennung fand: eine Medaille von der französischen Regierung). Die Ausstellung hat entscheidende Folgen für die Entwicklung der Architektur in den USA und für Sullivans Karriere.
1895	Auflösung der Partnerschaft mit Adler.
1895—1924	Sullivan arbeitet allein. Über diese Zeit können nur wenige Angaben gemacht werden. Sullivans finanzielle Schwierigkeiten werden deutlich durch die Versteigerung seines Eigentums im Jahre 1906. Viele Jahre lang wurde der Büroraum im Auditorium Tower (Nr. 1600) beibehalten. Die meisten seiner Arbeiten schrieb er im Klub der »Cliff Dwellers«, in dem er Mitglied auf Lebenszeit war. Das persönliche Interesse von Freunden und Kollegen war der Anlaß zur Überarbeitung der *Kindergarten Chats* (1918), die veröffentlicht werden sollten, wozu es aber nicht kam, zur Niederschrift der *Autobiography* und zu den Zeichnungen für *A System of Architectural Ornament*.
1924	starb er am 14. April in einem Hotelzimmer zu Chicago.

Bibliographie
der Schriften von Louis H. Sullivan

[1] *Characteristics and Tendencies of American Architecture*. The Inland Architect and Builder 6 (1885) S. 58—59. Nachdruck in *Kindergarten Chats and Other Writing* (siehe [22]) S. 177—181.
[2] *Essay on Inspiration*. The Inland Architect and Builder 8 (1886) S. 61—64 (siehe auch [14]).
[3] Erwiderungen auf *What Are the Present Tendencies of Architectural Design in America?* The Inland Architect and News Record 9 (1887) S. 23—26. Sullivans Zuschrift befindet sich auf S. 26.
[4] *What is the Just Subordination, in Architectural Design, of Details to Mass?* The Inland Architect and News Record 9 (1887) S. 51—54. Building Budget 3 (1887) S. 62 bis 63. Teilweise nachgedruckt in *Kindergarten Chats and Other Writings* (siehe [22]) S. 182—186.
[5] *Style*. The Inland Architect and News Record 9 (1888) S. 59—60.
[6] *The Artistic Use of the Imagination*. The Inland Architect and News Record 14 (1889) S. 38—39.
[7] *Ornamentation of the Auditorium*. Industrial Chicago 2 (1891) S. 490—491. Deutsch: Die Ornamentierung des Auditoriums. Siehe S. 127.
[8] *Ornament in Architecture*. Engineering Magazine 3 (1892) S. 633—644. Nachdruck in *Kindergarten Chats and Other Writings* (siehe [22]) S. 187—190. Deutsch: Das Ornament in der Architektur. Siehe S. 130.
[9] *Emotional Architecture as Compared with Intellectual: A Study in Objective and Subjective* (Vortrag auf der Jahresversammlung 1894 des American Institute of Architects, New York). The Inland Architect and News Record 24 (1894) S. 32—34. Nachdruck in *Kindergarten Chats and Other Writings* (siehe [22]) S. 191—201. Deutsch Vergleich zwischen emotionaler und intellektueller Architektur: Eine Studie über das Objektive und das Subjektive. Siehe S. 135.
[10] *The Tall Office Building Artistically Considered*. Lippincotts 57 (1896) S. 403—409. The Inland Architect and News Record 27 (1896) S. 32—34. Nachdruck, geringfügig geändert als: *Form and Function Artistically Considered*. The Craftsman 8 (1905) S. 453—458; nachgedruckt in The Western Architect 31 (1922) S. 3—11; nachgedruckt in *Kindergarten Chats and Other Writings* (siehe [22]) S. 202—213. Deutsch: Das große Bürogebäude, künstlerisch betrachtet. Siehe S. 144.
[11] *An Unaffected School of Modern Architecture: Will It Come?* Artist (New York) 24 (1899) S. 33—34.
[12] Unveröffentlichte Zuschrift an den Chicago Architectural Club vom Mai 1899, aufbewahrt in der Burnham Library, Chicago.
[13] *The Modern Phase of Architecture*. The Inland Architect and News Record 33 (1899) S. 40. The Architectural Annual (1900) S. 27.
[14] *The Master*. Teil III von Nature and the Poet. Eine Gruppe von Gedichten beginnt mit *Inspiration* (1886) und enthält *Sympathy-a Romanza* (1899). Unveröffentlichtes Manuskript, aufbewahrt in der Burnham Library, Chicago.
[15] Brief als Erwiderung auf George R. Deans *Progress before Precedent*. Der Brickbuilder 9 (1900) S. 96.
[16] *The Young Man in Architecture*. The Brickbuilder 9 (1900) S. 115—119. The Inland Architekt and News Record 35 (1900) S. 38—40. Nachdruck in The Western Architekt 34 (1925) S. 4—10. Twice A Year (1939) S. 109—121. *Kindergarten Chats and Other Writings* (siehe [22]) S. 214—223.

[17] *Remarks at the Second Convention of the Architectural League of America.* The Inland Architect and News Record 35 (1900) S. 42—43.
[18] *Reality in the Architectural Art.* The Interstate Architect and Builder 2 (1900) S. 6—7. The Inland Architect and News Record 36 (1900) S. 16. Nachdruck aus The Chicago Tribune.
[19] *Open Letter.* The Interstate Architect and Builder 2 (1900) S. 7.
[20] *Letter.* The Brickbuilder 10 (1901) S. 112.
[21] *Architectural Style.* The Inland Architect and News Record 38 (1901) S. 16.
[22] *Kindergarten Chats.* Aufsatzserie in The Interstate Architect and Builder 2 (1901) bis 3 (1902). In Buchform herausgegeben von Claude F. Bragdon (Lawrence, Kansas: Scarab Fraternity Press, 1934); revidierte Ausgabe 1918: *Kindergarten Chats and Other Writings,* herausgegeben von Isabella Atley (New York: George Wittenborn, Inc. 1949).
[23] *Education.* The Inland Architect and News Record, 39 (1902) S. 41—42. Nachdruck in *Kindergarten Chats and Other Writings* (siehe [22]). S. 224—226. Deutsch: Erziehung. Siehe S. 147.
[24] *Natural Thinking. A Study in Democracy.* Teilweise vorgetragen am 13. Februar 1905. Unveröffentlichtes Manuskript, aufbewahrt in der Burnham Library, Chicago.
[25] *Reply to Mr. Frederick Stymetz Lamb on Modern Use of the Gothic. The Possibility of a New Architectural Style.* The Craftsman 8 (1905) S. 336—338.
[26] *Letter.* The Craftsman 8 (1905) S. 453.
[27] *What is Architecture. A Study in the American People of Today.* The American Contractor 27 (1906) S. 48—54. The Craftsman 10 (1906) S. 145—149, 352—358, 507—513. Nachgedruckt und erläutert von W. G. Purcell in The Northwest Architect 8 (1943); nachgedruckt in überarbeiteter Fassung in *Kindergarten Chats and Other Writings* siehe [22]) S. 227—214. Deutsch: Was ist Architektur. Mit einem Vorwort von I. K. Pond, herausgegeben von der Akademie der Künste, Berlin 1926, in Zusammenhang mit der Ausstellung Neuer Amerikanischer Baukunst. Ferner Abdruck auf S. 152.
[28] *Democracy. A Man-Search (1907—1908).* Veröffentlicht auf microcards mit einer Einführung von Hugh Morrison, Louisville: Free Public Library 1905; in Buchform veröffentlicht mit einer Einführung von Elaine Hedges, Detroit: Wayne State University Press 1961. Auszüge in Twice A Year 5 (1940) und 6 (1941) S. 17—28; ferner unter der Überschrift: *Wherefore the Poet?* Poetry 7 (1916) S. 305—307.
[29] *Louis H. Sullivan Emphatically Supports the Viewpoint of Gutzon Borglum Toward American Art.* The Craftsman 15 (1908) S. 338.
[30] *Is Our Art a Betrayal Rather Than an Expression of American Life?* The Craftsman 15 (1909) S. 402—404.
[31] *Suggestions in Artistic Brickwork.* Vorwort zu Artistic Brick, herausgegeben von der Hydraulic-Press Brick Company, St. Louis (etwa 1910) S. 5—13.
[32] *Development of Construction.* The Economist (Chicago) 55 (1916) S. 1252, 56 (1916) S. 39—40.
[33] *The Autobiography of an Idea.* Aufsatzreihe im Journal of the American Institute of Architects 1922—1923. Herausgegeben in Buchform von der AIA, New York 1924; von W. W. Norton, New York 1934; Peter Smith, New York 1949; Dover, New York 1956.
[34] *A System of Architectural Ornament According with a Philosophy of Man's Powers.* Bildtafeln vom Januar 1922 bis Mai 1922. Herausgegeben vom American Institute of Architects, New York 1924.
[35] *The Chicago Tribune Competition.* The Architectural Record 53 (1923) S. 151—157.
[36] *Concerning the Imperial Hotel, Tokyo, Japan.* The Architectural Record 53 (1923) S. 333—352.
[37] *Reflections on the Tokyo Disaster.* The Architectural Record 55 (1924) S. 113—117. Zusammen mit [36] nachgedruckt in H. Th. Wijdeveld, *The Life Work of The American Architect, Frank Lloyd Wright,* Santpoort, Holland, 1925 S. 101—131.

Treppenaufgang des Chicago Auditoriums, 1886—1889 (siehe S. 25)

Anhang

Eine Auswahl aus Sullivans Schriften

Die Ornamentierung des Auditoriums*

Die bemerkenswertesten Dekorationen sind natürlich im Haupt-Auditorium zu sehen. Hier ist das Farbschema breit, einfach und erhaben: Gold und Alt-Elfenbein in abgestuften Tönen. Drei große Wandgemälde geben der »Pièce de Résistance« ihr Gesicht: eines befindet sich über dem Proszeniumsbogen, je eines an den Seitenwänden. Sie drücken allegorisch die beiden großen Rhythmen der Natur aus: Werden und Vergehen. Auf dem Mittelgemälde sind in der Hauptsache Figuren abgebildet; die Seitengemälde zeigen Motive der freien Natur, und auf jedem ist nur eine einzige menschliche Gestalt zu sehen: der Dichter, der Zwiesprache mit der Natur hält.
Diese Gemälde deuten das Musikalische an. Die Proszeniums-Komposition besagt, daß »die Äußerung des Lebens ein Gesang ist — die Symphonie der Natur«; im Allegro und Adagio dieses Werkes ist der Einfluß der Musik zu spüren. Auch die Seitengemälde illustrieren die Symphonie der Natur: ihre Stimme dringt heiter oder auch traurig in die aufmerksame Seele des Poeten und weckt dort jene sanften, antwortenden Harmonien, die man Inspiration nennt.
Auf der einen Seite sieht man — entsprechend dem Allegro des Mittelgemäldes — das »Frühlingslied«, eine Szene in der Morgendämmerung: ein ruhiger Bach fließt durch eine Wiese, auf der Bäume stehen. Der Dichter ist unterwegs, um die Lerche zu grüßen; die Landschaft ist überflutet von den blassen Farben des Sonnenaufgangs; überall schwebt der zarte Hauch frischen Grüns. Die Freude des erwachenden Lebens bewegt den wandernden Dichter aufs tiefste, und sein Gesang ist getragen von Begeisterung: »O freundlicher und liederreicher

* *Ornamentation of the Auditorium* aus Industrial Chicago 2 (1891) S. 490—491.

Innenaufnahme des Chicago Auditoriums, 1886—1889

Lenz, du Erstgeborener des Lebens und der Liebe!« Dann — zur Seite hin — wechselt die Szene entsprechend dem Adagio. Hier ist der natürliche und ruhige Abstieg des Lebens dargestellt: eine Herbstträumerei im Zwielicht — Symbol des Niedergangs. Die Szene zeigt weglose Wildnis, grauen, sterbenden Herbst; braune Blätter rascheln durch die Luft und lassen sich nieder zu den schon gestorbenen, indes der Wind (das Adagio) seine Totenklagen pfeift. Die müde Natur, die ihre Aufgabe erfüllt hat, zieht sich, ihres lieblichen, vielfarbigen Gewandes beraubt, hinter fallende Schleier zurück und sinkt in Schlaf.

Traurig sinnend wendet sich der Dichter und steigt hinab ins tiefe, düstere Tal; er weiß, daß jetzt ein großes Leben zu Grabe gegangen ist und auf das Requiem der winterlichen Schneestürme wartet.
So haben alle Dinge ihren Auf- und Niedergang, ihre Morgenröte und ihr Zwielicht, ihre Frühlingslieder und ihre Herbstträume. Und so deuten diese Wandgemälde mit ihrer Symbolik die aneinandergereihten Phasen der Natur und des Menschenlebens an. Leichtes und Schweres drücken sich in Musik, Heiteres und Tragisches im Drama aus. Das Mittelgemälde veranschaulicht — auf seinem mehr konventionellen gol-

Proszeniumsbild im Chicago Auditorium, 1886–1889

denen Hintergrund — die vielfachen Einflüsse der Musik auf die menschliche Seele, die sich in Tanz, Serenade, Grabgesang äußern; eine tiefere Bedeutung — der Rhythmus des Lebensliedes — kommt in besonderen Gruppen und Figuren zum Ausdruck, die insgesamt symbolischen Charakter haben. Zur Rechten steht ein Altar, auf dem das Feuer des Lebens lodert. Davor sieht man eine frohlockende Gestalt — die Darstellung der Morgenröte des Lebens, des Menschenfrühlings, des frühen Fluges der Vorstellungskraft. Zur Linken befindet sich ein zweiter Altar — und das Feuer, das auf diesem brennt, flackert nur noch und ist am Verlöschen; und dabei steht mit sehnsuchtsvoll ausgestreckten Armen die symbolische Gestalt des Zwielichts, der Erinnerung, der Zärtlichkeit, des Mitgefühls. Die Mittelgruppe bedeutet Gegenwart, Zukunft und Vergangenheit. Die Gegenwart sitzt auf dem Thron, in der Hand die Leier — die Verkörperung des Liedes, des Lebensgesanges. Zu ihr hin neigen sich alle Elemente der Komposition, denn in diesem Brennpunkt zeigt sich deutlich ihre ganze Bedeutung: die Gegenwart ist der magische Augenblick im Leben — die Gegenwart ist es, durch die wir erst Beziehung zu Zukunft und Vergangenheit erhalten.

Das Ornament in der Architektur*

Ich halte es für einleuchtend, daß ein Gebäude ohne jegliche Verzierung allein auf Grund seiner Masse und Proportion ein Gefühl der Erhabenheit und Würde vermitteln kann. Nicht einleuchtend erscheint mir, daß die Verzierung wesentlich zur Steigerung dieser elementaren Werte beitragen sollte. Warum also verwenden wir das Ornament? Ist nicht erhabene und einfache Würde ausreichend? Weshalb mehr verlangen?
Wenn ich diese Frage in aller Aufrichtigkeit beantworten soll, dann möchte ich sagen, daß es vom ästhetischen Standpunkt aus uns nur zum Besten gereichen könnte, wenn wir für eine Zeitlang das Ornament beiseite ließen und uns ganz und gar auf die Errichtung von in ihrer Nüchternheit schöngeformten und anmutigen Bauwerken konzentrierten. Auf diese Weise würden wir wohl oder übel vieles vermeiden, was nicht wünschenswert ist — und durch Vergleich könnten wir lernen, wie nützlich natürliches, energisches und gesundes Denken ist. Nachdem wir diese Stufe erreicht hätten, könnten wir ohne Gefahr darangehen, zu überlegen, bis zu welchem Grade der Anbringung von Ornamenten die Schönheit unserer Bauten zu erhöhen, welch neuen Reiz sie ihnen zu verleihen imstande wäre.
Wenn wir dann genügend Sicherheit in reinen und einfachen Formen erlangt haben, werden wir sie aufheben; ganz instinktiv werden wir uns jeder Art von Vandalismus enthalten; wir werden nicht willens sein, irgend etwas zu tun, wodurch diese Formen weniger rein, weniger edel würden. Aber wir werden gelernt haben, daß das Ornament ein geistiger Luxus und keine Notwendigkeit ist; denn wir werden sowohl die Grenzen als auch den hohen Wert unverzierter Massen erkannt haben.
In uns leben romantische Gefühle, und wir haben das Verlangen, sie zum Ausdruck zu bringen.

Intuitiv wissen wir, daß unsere starken, gewaltigen und einfachen Formen mit natürlicher Sicherheit den Schmuck tragen werden, von dem wir träumen, und daß unsere Bauten, so in das Gewand poetischen Bildwerks gekleidet — sei's auch zur Hälfte gebunden an die ausgewählten Erzeugnisse von Maschinen und Industrie —, doppelt Anklang finden werden: wie eine strahlende Melodie, die mit harmonischen Stimmen unterlegt ist.
Ich meine, daß ein wirklicher Künstler im wesentlichen so denken wird und daß er auf dem Höhepunkt seiner Kraft dieses Ideal verwirklichen kann. Ich glaube, daß Ornamente in der Architektur in diesem Geist wünschenswert sind, weil sie schön sind und Begeisterung erwecken; und ich glaube, daß ein in anderem Geist angebrachtes Ornament im höheren Sinne mangelhaft sein muß.
Das heißt: ein Bauwerk, das wirklich ein Kunstwerk ist (und ich berücksichtige hier nur ein solches), stellt als natürliches, wesenhaftes und physikalisches Ganzes einen emotionalen Ausdruck dar. Wenn dem so ist (und ich empfinde tief, d a ß dem so ist), dann muß es — und dies ist fast wörtlich zu nehmen — Leben haben. Und aus diesem Prinzip des Lebendigen folgt, daß eine mit Ornamenten versehene Struktur durch diese Eigenschaft charakterisiert sein sollte: der geistige emotionale Impuls muß durchweg harmonisch in die verschiedenen Ausdrucksformen fließen, deren grundlegende durch die Anordnung der Masse und deren empfindsamere durch das Ornament gebildet werden. Beide müssen jedoch der gleichen Quelle des Gefühls entspringen.
Ich weiß, daß ein verziertes Gebäude, das nach diesem Grundsatz geplant ist, von seinem Schöpfer eine hohe und starke emotionale Spannung, eine organische Einheit von Idee und Absicht verlangt, die bis zum letzten aufrechterhalten werden müssen.

* *Ornament in Architecture* aus Engineering Magazine 3 (1892) S. 633—644.

Proszenium des Schillertheaters Chicago 1891/92 (siehe S. 49)

Das vollendete Werk wird davon künden. Und war bei seinem Entwurf das Gefühl wirklich tief, waren das Denken ungekünstelt und die Schaffensglut intensiv, so wird es ewig ein erhabenes Denkmal für die Beredsamkeit des Menschen sein. Das ist's, was den Wert der großen Denkmäler der Vergangenheit ausmacht — und das ist's gewiß auch, was einen Ausblick in die Zukunft öffnet.
Nach meiner Meinung dürfen Massen-Anordnung und Ornamentierung, wie von mir

Merchants National Bank. Grinell, Iowa, 1914

beschrieben, voneinander nur theoretisch und zum Zwecke des analytischen Studiums zu trennen sein. Ich glaube — wie ich schon sagte —, daß man ein ausgezeichnetes und schönes Bauwerk ganz ohne Schmuck entwerfen kann; aber genauso fest glaube ich, daß ein verziertes Gebäude, das harmonisch entworfen ist, seines dekorativen Systems nicht beraubt werden kann, ohne daß seine Individualität zerstört wird.
Es war bisher üblich, vom Ornament — und wahrscheinlich sogar nicht einmal leichtfertig — als von etwas zu sprechen, was man nach Belieben anbringen oder weglassen könne. Ich bin im Gegenteil der Ansicht, daß — wo es sich um ernsthafte Arbeit handelt — schon zu Beginn des Entwurfs darüber entschieden sein muß, ob mit oder ohne Ornament gebaut wird.
Dies alles klingt vielleicht sehr energisch, aber ich rechtfertige mein Anliegen und mache es dringend auf Grund der Tatsache, daß schöpferische Architektur eine sehr delikate Kunst ist, die sich — wie die ihr am

nächsten verwandte Kunst, die Musik — in subtilsten Rhythmen manifestiert.
Wenn also unsere künstlerischen Rhythmen als Wirkung wichtig sind, so müssen es unsere vorangehenden Überlegungen als Ursache ebenfalls sein. Demnach ist die ursprüngliche Richtung des Geistes ebenso ausschlaggebend wie die Richtung des Geschützes, wenn der Schuß abgefeuert wird.
Falls wir der Ansicht sein sollten, daß unser geplantes Gebäude kein Werk lebendiger Kunst und auch kein Ausdruck des Strebens danach sein soll, da unsere Zivilisation noch nicht danach verlangt, dann allerdings ist meine Predigt vergebens. Ich kann nur fortfahren unter der Voraussetzung, daß unsere Kultur ein Stadium erreicht hat, in dem nachahmende oder in Anlehnung an Vergangenes geschaffene Kunst nicht voll befriedigt, und daß ein wirkliches Bedürfnis nach spontanem Ausdruck besteht. Ich setze auch voraus, daß wir beginnen müssen — nicht indem wir Augen und Ohren vor der greulichen Vergangenheit verschließen, son-

Van Allen Geschäftshaus. Clinton, Iowa, 1913–1915

dem indem wir unsere Herzen in erkennender Sympathie und kindlicher Achtung der Stimme unserer Zeit offenhalten.
Dies ist weder der Ort noch die Zeit, um zu untersuchen, ob es überhaupt so etwas wie schöpferische Kunst gibt und ob sich bei einer endgültigen Analyse nicht vielleicht herausstellt, daß der große Künstler nicht ein Schöpfer, sondern eher ein Interpret und Prophet ist. Wenn die Zeit kommt, da der Luxus dieser Untersuchung eine Notwendigkeit des Augenblicks geworden ist, wird sich unsere Architektur dem Endstadium ihrer Entwicklung genähert haben.
Dann wird es genügen, zu sagen, daß ich ein Werk der schönen Künste für etwas Geschaffenes halte, das mehr oder minder anziehend ist und von dem der zufällige Betrachter lediglich einen Teil — und kein einziger Betrachter das Ganze in ihm sieht.
Es muß deutlich erkannt werden, daß ein Ornament schöner ist, wenn es wie ein Teil der aufnehmenden Fläche oder Masse wirkt, als wenn es sozusagen nur daraufgeklebt aussieht. Mit einiger Aufmerksamkeit wird man im ersten Falle eine ganz besondere Sympathie zwischen Ornament und Konstruktion feststellen, die im andern Falle fehlt. Konstruktion und Verzierung gewinnen beide ganz offensichtlich durch diese Sympathie; die eine erhöht den Wert der andern. Und dies ist — davon bin ich überzeugt — die vorbereitende Basis für etwas, was man das organische System der Ornamentierung nennen könnte.
Natürlich wird das Ornament ausgehauen oder auf eine andere Art angebracht, aber es muß, wenn es fertig ist, so wirken, als sei es durch eine geheimnisvolle Kraft aus dem Material selbst gewachsen — wie eine Blüte zwischen den Blättern ihrer Mutterpflanze emporwächst. Durch diese Methode stellen wir einen Kontakt her, und der Geist, der die Masse beseelt, wird frei, um in das Ornament zu fließen — und nun sind beide zu einem Ganzen geworden.
Wenn wir uns nun bemühen, genau und reflektierend zu beobachten, dann wird uns

klar, daß, wenn eine wirkliche und poetische Einheit gewährleistet werden soll, das Ornament nicht als etwas erscheinen muß, das den Geist der Struktur aufnimmt, sondern als etwas, das diesen Geist vermöge seines andersgearteten Wachstums ausdrückt.

Hieraus folgt — auf Grund der Logik des Wachstums —, daß eine ganz bestimmte Art der Ornamentierung zu einer ganz bestimmten Art der Struktur gehört — gerade so, wie ein ganz bestimmtes Blatt auf einem ganz bestimmten Baum wächst. Ein Ulmenblatt auf einer Föhre »sähe nicht gut aus«; ein Föhrenblatt wirkt »passender«. So wären auch ein Ornament oder die Anordnung eines organischen Dekors, die für eine auf breiter und massiver Basis angelegte Konstruktion gedacht sind, ungeeignet für eine leichte und zierliche. Ebensowenig darf das Ornamentierungssystem von Bauwerken verschiedener Art unter diesen austauschbar sein; denn die Individualität von Bauwerken sollte genauso ausgeprägt sein wie die von Menschen.

Man muß sie genau voneinander unterscheiden können, wie stark die Art- oder Familienmerkmale auch sein mögen.

Jeder weiß und spürt, wie ganz persönlich die Stimme eines jeden Menschen ist, aber wenige achten darauf, daß jedes Bauwerk eine eigene Stimme — wenn auch anderer Art — besitzt. Wie klingen diese Stimmen? Sind sie rauh oder weich, klingen sie edel oder gemein? Ist ihre Sprache Prosa oder Poesie? Ein Unterschied lediglich in der äußeren Form macht keine Individualität aus; hierfür sind harmonische innere Eigenschaften notwendig. Und diese Feststellung, die wir in bezug auf die menschliche Natur treffen, gilt analog auch für Bauwerke.

Ein kurzes Studium wird uns bald befähigen, die offensichtlicheren Eigenschaften der Gebäude zu erkennen und anzuerkennen; weiteres Studium und ein Vergleich der Eindrücke werden uns mit Formen und Eigenarten bekannt machen, die uns zuvor verborgen waren; eine weitere Analyse wird uns eine Menge neuer Eindrücke bringen, die hervorgerufen werden durch die Entdeckung unerwarteter Werte. Wir haben Beweise für die Gabe des Ausdrucks gefunden und ihre Bedeutung erkannt; der durch diese Entdeckungen vermittelte geistige und emotionale Genuß treibt zu immer weiterer Suche, bis wir aus großen Werken ganz erkennen, daß das, was offensichtlich, nur ein geringer Teil — und daß das, was verborgen, nahezu das Ganze war. Wenige Werke bestehen die Prüfung nach dieser genauen und sachlichen Analyse — sie sind bald bis ins letzte ermittelt. Doch keine Analyse, sei sie — wohlwollend zwar — noch so hartnäckig und gründlich, wird jemals ein wirklich großes Kunstwerk ganz ausschöpfen. Denn die Werte, durch die es so auch psychischer Natur: sie schenken den gewaltigsten Ausdruck und geben die reinste Verkörperung des Wesentlichen.

Wenn nun dieser geistige und emotionale Wert ein erhabenes Attribut darstellt, sobald er in der Masse eines Bauwerkes lebt, so muß er, wenn er einem kraftvoll gefügten Ornament innewohnt, dieses sogleich aus der Ebene der Nebensächlichkeit zur Höhe des dramatischen Ausdrucks emporheben.

Die Möglichkeiten der Ornamentierung sind, wenn man sie so betrachten, wunderbar; und wir sehen Entwürfe vor uns, so reich, so unerschöpflich, daß der Geist in seinem Flug innehält und das Leben tatsächlich nur wie ein Augenblick erscheint.

Man stelle ähnliche Betrachtungen über die Komposition der Masse an: wie gewichtig, wie beredt, wie begeisternd ist die bildhafte Sprache, wie erhaben die dramatische Kraft, die unsere künftige Architektur zur Vollendung bringen sollen!

Amerika ist das einzige Land der Welt, in dem ein solcher Traum verwirklicht werden kann; denn hier allein gibt es eine Tradition ohne Fesseln, hier allein kann die Seele des Menschen frei wachsen und reifen und nach dem ihr Eigenen streben.

Aber wir müssen uns wieder zur Natur wenden, ihrer klangvollen Stimme lauschen und — wie Kinder — die Töne ihrer rhythmischen Kadenzen lernen. Der Sonnenaufgang muß uns mit Eifer und Verlangen erfüllen, die Dämmerung uns nachdenklich stimmen. Dann, wenn unsere Augen zu sehen gelernt haben, werden wir wissen, wie groß die Einfachheit der Natur ist, die in Gelassenheit eine solche unendliche Vielfalt hervorbringt. Wir werden daraus lernen, den Menschen und die Wege, die er geht, zu beurteilen. Und wir werden am Ende die Entfaltung der Seele in ihrer ganzen Schönheit schauen — und wissen, daß lebendige Kunst wieder im Garten unserer Welt blühen wird.

Vergleich zwischen emotionaler und intellektueller Architektur
Eine Studie über das Objektive und das Subjektive*

Wie seltsam ist es doch, daß Erziehung in der Praxis so oft Unterdrückung bedeutet — daß sie, anstatt den Geist nach draußen ins Licht des Tages zu führen, Dinge in ihn hineinstopft, die ihn verdunkeln und ermüden. Und doch ist es jetzt wie immer die wahre Aufgabe der Erziehung, die Fähigkeiten des Kopfes und des Herzens auszubilden. Derjenige, der einen klugen Kopf und ein aufgewecktes Herz hat, ist daher einer Führung würdig und erzieherischem Einfluß zugänglich.

Wir wollen uns nun einen derart veranlagten und begabten einfachen Jungen (fast fühle ich mich veranlaßt, zu sagen: einen geborenen Dichter) vorstellen, der ohne Unterricht und Schule in freier Natur lebt. Er geht so vertraut mit Sonnenschein und Luft und den lebendigen Geschöpfen um, daß sie ihm — was sie ja auch wirklich sind — als ganz alltäglich und üblich erscheinen.

Die Ähnlichkeit zwischen seinem eigenen und dem Leben der Pflanzen und Tiere in diesem ursprünglichen, einfachen, naiven und reinen Zutand, den wir — wahrscheinlich zum Unterschied gegenüber unserem verkünstelten Dasein — »natürlich« nennen, und die Gemeinschaft mit allen diesen Geschöpfen hat sie dem Jungen sehr nahegebracht. Er atmet die gleiche Luft wie sie, reift heran unter der gleichen strahlenden Sonne, wird erhalten von der gleichen erfrischenden Feuchtigkeit; so entwickeln sie sich Seite an Seite, und einer entdeckt sich zutraulich dem andern; und der Junge, der immer mehr heranwächst, fühlt nach einer Weile, daß er nicht nur mit ihnen lebt, sondern einer von ihnen ist. Die Bäume sind ihm Brüder; sein sinnender Blick streichelt die Blumen; liebevolle Freundschaft hegt er für sie alle.

Er weiß, daß die jungen Blätter den Tau lieben, daß die Ranke sanft nach dem Zweig langt, um ihn zu umwinden. Er sah, wie der Farn seine braune Spirale aufrollte und sich grün und symmetrisch entfaltete. Bis zu den Knien ist er im Morast gewatet — wohlbekannt ist ihm der naßdumpfige Geruch. Die Binsen, seine Freunde, teilt er, um seinen Augen Sicht zu verschaffen — diesen so verlangenden und ewig hungrigen Augen, die alles verzehren, was sie erreichen können. Er taucht die Hände in das laue Wasser und schnuppert die bewegte Luft und lebt, wie nur ein Junge leben kann — in bebender Empfänglichkeit und ständig in physischem Kontakt mit seiner Umwelt, die er voll und ganz mit allen fünf Sinnen genießt.

Diese fünf Sinne — und nur sie — stellen die Verbindung zwischen ihm und der Natur her, deren Stimmung sie ihn erfassen lassen; und durch ihre so bereitwillige Interpretation werden ihm diese natürliche Sympathie, dieses Nahesein, diese traute Gelassenheit etwas so Selbstverständliches, daß ihm auch nicht für einen einzigen Augenblick bewußt wird, wie sehr er jetzt das besitzt, was er sich — obgleich ein Dichter — in späteren Jahren, wenn ihm erst einmal die sogenannte Erziehung seiner Kräfte beraubt hat, mühsam aufs neue wird erkämpfen müssen.

Das, was er besitzt und tut, mitsamt seinen physischen und psychischen Konsequenzen, nennen wir B e r ü h r u n g ; gemeint ist nicht der Pinselstrich des Malers noch der Schlag des Bildhauers — beides ist ja ebenfalls »Berührung« — noch auch die mechanische Berührung der Finger und ihr oberflächlicher Kontakt mit den Dingen: gemeint ist vielmehr die Empfänglichkeit der Sinne, die warme physische Berührung des Körpers, die Aufnahmebereitschaft des denkenden Kopfes und die Empfindsamkeit des aufgeweckten Herzens — das Angerührtwerden des unverkünstelten Menschen, des

* *Emotional Architecture as Compared with Intellectual: A Study in Objective and Subjective* aus The Inland Architect and News Record 24 (1894) S. 32—34.

Dichters, draußen im Freien in spontaner Gemeinschaft mit der Natur. So hat nun dieser Junge einfach und in aller Selbstverständlichkeit, ganz allein und ohne Vorbedacht oder Anleitung, den Weg zu Wissen, Führerschaft und Kraft beschritten. Denn diese Empfänglichkeit, diese Gesundheit, diese Gabe der Berührung, diese natürliche Klarheit des Schauens, die alle ihm eigen sind, sind die ersten wesentlichen Voraussetzungen im frühen analytischen Ringen des Geistes: dies ist die vollkommene konkrete Analyse mittels der Sinne und der Sympathien, die die Basis bildet für die abstrakten Analysen des Intellekts.

Wir wollen unseren kleinen Mann nicht vergessen, denn er soll mich im Geist durch diese Abhandlung begleiten. Ich glaube fest, daß er irgendwo existiert, daß in seiner Brust die echte Begeisterung für die Architektur lebt und daß er eines Tages der Messias unserer Kunst sein wird. Denn seine Augen besitzen diese frühe Sicherheit des Verständnisses, die die späteren Unsicherheiten des Gehirns überdauern wird. Er hat diesen veredelten tierhaften Instinkt, der allein die Pfade zu verborgenem Wissen aufspürt — diesen frei und unmittelbar reagierenden Instinkt, der vom Objektiven zum Subjektiven findet und den wir Intuition nennen.

Diese physische Begabung, diese Begabung der Berührung, ist ganz entschieden ein großzügiges Geschenk der Natur — aber sie führt zu Ergebnissen nur dann, wenn sie durch Verlangen und Sehnsucht zu ständiger und intensiver Tätigkeit angeregt wird. Dieses Verlangen, diese Beharrlichkeit, dieses Drängen, das sich nicht zurückweisen läßt — dieser quälende Hunger, dieses rastlose Suchen, dieses ungeheure Mißbehagen, diese Forderung nach mehr, dieser Appetit, dieses ewig unbefriedigte Sehnen — alles das betrifft nicht nur den Körper, sondern auch die Seele; und zu allen Zeiten und an allen Orten ist es dieser Trieb, der die Vorherrschaft des Menschen in der Natur charakterisiert — und die Vorherrschaft einiger weniger über ihre Mitmenschen rechtfertigt.

Aus dem natürlichen Appetit ergibt sich nicht nur die dringende Forderung und die Notwendigkeit der Suche nach der gewünschten, sondern auch die Ablehnung aller anderen Nahrung; so wird eine erstaunliche Eindringlichkeit der Absicht, eine Konzentration der Tätigkeit, eine zielbewußte Entschlossenheit erreicht in der Auswahl jener Nahrung für die Talente, die, wenn sie aufgenommen worden ist, sich umwandelt in Gedanken und Ausdruck — und zwar auf Grund eines zweiten, ebenso großen, ebenso intensiven und beharrlichen Verlangens: des Verlangens, zu tun, zu wirken. Diesen Drang zum Handeln nennen wir Vorstellungskraft.

Diese beiden gewaltigen Triebe — im Grunde handelt es sich um den Trieb, aufzunehmen und abzugeben, zu wissen und zu prüfen, zu horchen und sich zu äußern — sind nicht nur die Grundlage einer echten und wirksamen Erziehung, sie fördern auch nicht nur die Kunst als Ganzes und ihre Ausdrucksmöglichkeiten: sie bedeuten mehr — sie sind Träger der beseelenden Werte eines höheren Zieles, eines höheren Sinnes der Kunst, den wir Poesie nennen.

Nun kann der Trieb zum Handeln, der zu gegebener Zeit auf die Nahrungsaufnahme folgt, sich nur mit Hilfe dreier Kräfte durchsetzen, die durch die lebenspendende Kraft der Nahrung ins Dasein gerufen werden. Alle drei müssen abwechselnd in Tätigkeit treten und zusammenwirken, damit ein echtes Ergebnis erzielt werde.

Die erste dieser drei Kräfte ist die Vorstellungskraft, die der recht eigentliche Beginn der Tätigkeit ist, denn sie lebt sowohl in unseren Sinnen als auch im Intellekt; sie ist das Aufleuchten zwischen Vergangenheit und Zukunft und — in den Tiefen der Gefühle und des Willens — das Bindeglied in der lebendigen Kette oder Stufenordnung, die von der Natur zur Kunst führt. Diese göttliche Kraft ist es, die in einem erleuchteten Augenblick, in dieser überwältigenden Sekunde, in der Ideen geboren werden, das Ziel im Anfang enthüllt und — im Werk des Menschen — etwas erlöst, was vielleicht während vieler ungezählter Jahrhunderte unbewußt im innersten Herzen der Natur geschlummert hat. Dies ist der Höhepunkt, der Gipfel der Seele, der schöpferische Hauch des Geistes, das Lächeln der freigebigen Natur — der Augenblick der Inspiration. Alles weitere ist von dieser Minute an eine Selbstverständlichkeit, eine absolute Gewißheit für den führenden Geist: ganz gewiß ist da eine Aufgabe, aber kein Zweifel. Die zweite Kraft in dieser Dreiheit ist der

Gedanke; er ist die Kraft, die zweifelt und fragt, die Zeit und Raum und die Grenzen der Materie erkennt, die allmählich und methodisch ordnet, mit kleinen Werten und Steigerungen rechnet, formuliert und konzentriert, arbeitet, erneut arbeitet und überprüft, langsam und erwägend vorgeht, festigt und sichert und schließlich auf Gerüst; mitunter mag er wohl auch genissen gelangt, die das Schema und die Struktur gestalten und bestimmen, die der Form eines Kunstwerkes zugrunde liegen, sie durchdringen und tragen sollen. Der Gedanke ist das harte, knochige, zähe, sehnige Gerüst; mitunter mag er wohl auch geschmeidig sein — wie Lippen, die sich bewegen; aber sie bewegen sich nicht, weil sie lächeln wollen — er lächelt niemals.

An dritter und letzter Stelle kommt das Liebenswürdige, Lebendige und Beweglich-Überschwengliche: der Ausdruck. Er ist entgegenkommend und freimütig, elastisch, aktiv, dramatisch, wandelbar, nachdenklich, überzeugend und großartig. Seine Aufgabe ist es, die Struktur der Kunst in die Form der Schönheit zu kleiden; er ist die Vollendung des Körperlichen — ja: das Körperliche selbst; in ihm erreichen die Schwingungen der Gefühle ihren Höhepunkt. Unendliche Zärtlichkeit und ein anbetungswürdiger und süßer Zauber sind in ihm vereint. In ihm findet der ideenreiche Gedanke nach langem Suchen das ihm Zugehörige; er lebt von neuem auf und wird unsterblich, erfüllt von Empfindung, Anmut und der Blutwärme voller Reife. So kommt Kunst zum Leben — und so kommt Leben in die Kunst!

So suchen und finden im Verlauf ihres Wachstumsprozesses, während ihrer stetigen Höherentwicklung durch natürliche Speicherung und natürlichen Aufbau der Nahrung, die physischen und geistigen Kräfte unseres Lebens anschauliche Äußerung in ihrem eigenen Abbild — in einem harmonischen System des Denkens und einer gleichfalls harmonischen Methode des Ausdrucks für das Gedachte.

Und so wird es kommen, wenn unsere Ernährung natürlich und folglich unsere Vorstellungskraft feurig, intensiv und visionär geworden ist, wenn Gedanke und Sprache zu natürlichen Prozessen geworden sind, wenn also der unsichtbare und unendliche Strom des Weltgeistes, der aus seiner geheimnisvollen Wohnung in den sichtbaren Dingen zu uns herüberfließt, unsere Zungen beredt und unsere Sprache klar gemacht hat: dann — und nur dann — werden wir als Einzelwesen und als Volk im Besitz der für einen großen S t i l erforderlichen Elemente sein.

Denn ohne diesen einheitlichen Impuls sind unser Ausdruck — sei er auch zart wie eine Blüte —, unser Gedanke — sei er abstrakt wie der wehende Wind —, unsere Vorstellungskraft — sei sie leuchtend wie das Morgenlicht — unnütz und unbrauchbar: sie mögen wohl schaffen, aber erschaffen können sie nicht.

Der Mensch vermag auf Grund seiner physischen Kraft, seiner mechanischen Hilfsmittel, seines Scharfsinns Dinge nebeneinanderzureihen; als Resultat wird er — ganz wörtlich! — eine Komposition erhalten, aber kein großes Kunstwerk — nein, besser: überhaupt kein Kunstwerk, sondern nur eine mehr oder weniger verfeinerte Darstellung roher Gewalt, die zweckdienliche Stoffe bezwungen hat. Das Ergebnis ist wie ein Lärm, der wohl abklingt zu weniger quälendem Geräusch — aber deshalb noch lange nicht zu Musik geworden ist. Es ist etwas zustande gekommen, was wohl aufgehört hat, vulgär zu sein, indem es gekünstelt wurde — aber bis zuletzt wird es doch sein, was es zu Anfang war: unfähig zur Inspiration — tot, absolut tot.

Nicht für einen einzigen Augenblick kann daran gezweifelt werden, daß ein Kunstwerk, um lebendig zu wirken und sein Leben auf uns zu übertragen, um uns früher oder später seine Absicht deutlich zu machen, tatsächlich eine Seele haben muß, vom Geist angehaucht sein und selber diesen Geist atmen muß. Es muß das echte und ursprüngliche Erleben dessen, der es schuf, aussagen; es muß Zeugnis ablegen nicht nur von dem gewaltigen Eindruck, den der Künstler von der geschaffenen Natur empfing, sondern auch von seinem Begreifen des schaffenden Großen Geistes, der uns die Natur so verständlich macht, daß sie aufhört, ein Trugbild zu sein, und statt dessen zu einer lieblichen, herrlichen, überzeugenden Wirklichkeit wird.

Der Künstler muß sein Werk unbedingt so wirklich und überzeugend wie sein eigenes Leben gestalten wollen — und dazu auch in der Lage sein: so klar, wie er selbst alle

Dinge mit seinen eigenen Augen sieht — und doch auch wieder so unwirklich, so flüchtig, so unergründlich, so subjektiv wie das Warum und Wozu der einfachsten Blume, die da blüht. Diese Unwirklichkeit ist es, die ein Kunstwerk zur Wirklichkeit macht: Subjektivität macht die objektive Stimme eines Kunstgesangs klangvoll und ergreifend.

Wenn also ein Kunstwerk nicht von Subjektivität durchdrungen ist, kann es keine wirkliche Bedeutung erlangen; mag es auch Vorstellungskraft, Gedanken und Ausdruck besitzen — diese drei werden immer als getrennte Elemente erscheinen und nicht als drei Phasen der gleichen Erscheinung.

Ein Künstler wird daher immer ein mehr oder weniger gut ausgebildeter Handwerker, ein mehr oder weniger kluger Sophist, ein mehr oder weniger erfolgreicher Kompromiß-Erfinder bleiben, wenn er ohne Hunger nach dem Geistigen geboren ist; denn alle andere Sehnsucht nützt nichts. Wenn er nicht als Kind — mit diesem wunderbaren Instinkt, der nur den Kindern geschenkt ist — die Stimme der Natur in Wald und Feld oder am Ufer des Meeres vernommen hat, so wird er später vergeblich lauschen: diese Offenbarung wird ihm nicht mehr zuteil.

Subjektivität und Objektivität — nicht als zwei getrennte Elemente, sondern als zwei einander ergänzende und harmonische Phasen eines und desselben Impulses — bewirkten und bewirken zu aller Zeit die Verkörperung des Geistes der Kunst.

Kein Stadium der menschlichen Natur kann für den Studenten der Psychologie von größerem Interesse sein als — auf den Gebieten der Naturwissenschaft, der Politik, der Religion und der Kunst — die Geschichte der aufeinanderfolgenden Phasen von Gut und Böse im Gefolge von Subjektivität und Objektivität. Diese letzteren sind die beiden Steuerelemente menschlicher Bestrebungen; im Verlauf ihrer heftigen Fehde haben sie Unheil und Verwirrung gestiftet. Gewöhnlich bezeichnet man sie als das Intellektuelle und das Emotionale — aber in Wirklichkeit sitzen sie viel tiefer: sie sitzen mitten im Herzen der Natur. Sobald sie ins Dasein des Menschen traten, wurden sie — auf Grund des der menschlichen Natur eigenen Fanatismus, ihrer Einseitigkeit und Starrheit — zu Gegensätzen. Seit Anbeginn waren die Menschen bedrängt von Schönem, Verächtlichem und von Illusionen. Die einen glaubten an das, was sie sehen konnten, und die andern glaubten an das, was sie nicht sehen konnten. Allzuoft geschah es, daß das innere Auge eines, der mit dem äußeren wohl zu sehen vermochte, blicklos war — und daß ein anderer in seiner Begeisterung über die erleuchtete Klarheit des Glaubens keinen Sinn hatte für die Dinge dieser Welt. Keiner glaubte an die Tugend des andern. Keiner schloß aus der Existenz des andern auf die notwendige Existenz einer ausgleichenden verborgenen Macht. Hin und wieder im Laufe der Zeiten kam es vor, daß die beiden Gegensätze als Zwillingsbrüder in der Brust eines Menschen wohnten — eines Menschen, dem Generationen den Kranz der Unsterblichkeit auf die Stirn gedrückt haben.

So unermeßlich, so überwältigend ist die Kraft einer großen und wahrhaft ausgeglichenen Subjektivität, und so stark saugt sie die geistige Nahrung und die aufgespeicherte Vitalität der Welt an, daß der von ihr erfüllte und getriebene Mensch, der die gebotene Nahrung aufgenommen hat und immer noch nach mehr verlangt, geradewegs zur unerschöpflichen Quelle der Natur gelangt; gedrängt von seiner leidenschaftlichen Verehrung, durchschreitet er das Tor des Objektiven, und so gelingt es ihm, jene seltene Gemeinschaft einzugehen, die von den frommen Dichtern »der Gang mit Gott« genannt wurde.

Zweifellos ist es das innigste Verlangen der menschlichen Seele und ihre sehnlichste Hoffnung, in Eintracht zu leben mit der Natur und dem unerforschlichen Geist; und zweifellos ist das größte Kunstwerk dasjenige, in dem diese glühende und beständig gehegte Sehnsucht am deutlichsten Gestalt gewinnt. Alle körperlichen Anstrengungen, alles geistige Streben sind — bewußt oder unbewußt — nach diesem Ziel hin ausgerichtet, nach diesem endlichen Frieden: dem Frieden vollkommenen Gleichgewichts, der Ruhe in unendlicher Einheit, der Gelassenheit fragloser Identifikation.

Wenn wir nun, von dieser Betrachtung ausgehend, das Ergebnis des Lebensprozesses in der Natur mit der sogenannten schöpferischen Tätigkeit des gebildeten und kultivierten Durchschnittsmenschen vergleichen,

staunen wir ob des Unterschiedes und suchen seine Ursache zu ergründen.
Wenn wir, nachdem wir mit Freude die Identität und Einzigartigkeit erkannt haben, mit der die Natur ihre Kinder ausstattet, voll hoher Erwartung und warmer Aufnahmebereitschaft nach dem Reichtum, der Fülle und der Mannigfaltigkeit Ausschau halten, die dem Gehirn des Menschen, das vom Impuls der fruchtbaren Natur durchströmt wird, entspringen könnten und sollten, dann sind wir überrascht, im Werk des Menschen nichts von alledem vorzufinden.
Wenn wir an Stelle der fruchtbaren Einheit, die wir erhofft hatten, Unordnung und Dürre antreffen, fühlen wir uns tief gedemütigt und grausam enttäuscht.
Wir sind bestürzt darüber, daß gerade der Mensch, das Meisterwerk der Natur, fehlerhaft geraten sein soll, daß gerade er mit erstaunlicher Verstocktheit in die Irre gegangen sein soll — daß er an Stelle des Einfachen und Echten das Künstliche und Unechte gewählt haben soll.
Nach der Ursache braucht man nicht lange zu suchen, sie liegt auf der Hand — sie ist zu finden in dem vielgepriesenen, vielmißbrauchten Wort »Erziehung«.
Meiner Ansicht nach ist kein Wort so pathetisch und so tragisch wie dieses eine erbärmliche Wort »Erziehung«; denn es bezeichnet eine grundlegende Verkehrtheit der menschlichen Seele, eine eigensinnige Blindheit des Geistes, eine Armut des Herzens.
Tausend Köpfe, die durch Erziehung mißgebildet, verdummt und entmutigt worden sind, kommen auf einen einzigen, der durch sie angeregt und gestärkt wurde. Nur solche, die standhaft und Herren ihrer selbst sind, bleiben überlegen und gewinnen ihre Seelen zurück.
Es ist das Verbrechen dieser Erziehung, daß sie uns der Natur entfremdet hat. Mit rauhen Worten riß man uns weg, als wir zarte Kinder waren, und das vertraute Gesicht unserer Mutter Natur verschwamm in der unwiederbringlichen Vergangenheit; von dort aus schaut es uns mitunter an, undeutlich und blaß, und erregt in uns ein beengendes und quälendes Gefühl.
So hindern uns also ein dummes und mittelmäßiges Erziehungssystem und die Schwere der Luft, die zu atmen wir gezwungen sind, daran, das zu werden, was die nach uns Kommenden mit Leichtigkeit werden können: Menschen, die außer materiellem Reichtum auch geistige Fülle besitzen.
Und so — statt ein glückliches Volk zu sein, offenäugige Kinder der Natur voll der schönsten Impulse — sind wir ein Volk, das sich in Dunkelheit verloren hat, und suchen tastend unseren Weg unter einem rußigen und von gespenstischen Wolken verhangenen Himmel, der Sonne und heiteres Blau verdeckt.
Und doch ist der düstere Materialismus — diese grausame Objektivität, diese fanatische Selbstsucht — unseres finsteren Zeitalters (das wohl das finsterste aller Zeitalter ist) so ungeheuerlich, so phantastisch, so scheußlich, daß gerade er in sich die Elemente des Wechsels enthält: gerade durch seine Intensität, seine Übersteigerung, seine verwickelten wetteifernden Kämpfe bereitet er das goldene Zeitalter der Welt vor.
Nachdem der menschliche Geist in allen Ländern bis zur äußersten Grenze seiner Möglichkeiten vorgedrungen ist, sich erhitzt hat über seinen Siegen und hochmütig geworden ist auf Grund der Tatsache, daß er nach seinem Emportauchen aus dunkler Urzeit sich seiner selbst zu versichern vermochte, nähert er sich nun einer neuen Phase — einer Phase, die im Gang der Natur und im Schicksal der Dinge enthalten ist.
Der menschliche Geist — wie die Seidenraupe bedrängt von dem, was im Innern aufgespeichert ist — hat sich langsam und allmählich in einen Kokon eingesponnen, der ihm zuletzt das Licht der Welt verbarg — der Welt, von der er die Substanz seines Seidenfadens genommen hatte. Aber in dieser Dunkelheit entstand die Puppe — und wir, in ihr gefangen, spüren nun, wie sich die Larve zu verwandeln beginnt. Dies ist — nach Jahrhunderten und aber Jahrhunderten der Vorbereitung — der Anfang des unvermeidlichen Wechsels.
Die menschliche Entwicklung ist, nach einer Reihe gewaltiger Verlockungen und Beunruhigungen, in das Stadium eines Materialismus geraten, der so ausgeprägt und überspannt ist, daß er die beste Basis darstellt für eine kommende Ära geistiger Größe.
Um diese Notwendigkeit einzusehen, brauchst du dich nur für einen Augenblick unserer reichen Erbtümer aus der Vergangenheit zu erinnern, ihrer Aufeinanderfolge,

der Kraft, die in ihnen erhalten und bewahrt ist und deren aufsteigende Woge hebt und trägt.

Denk an den Hindu, der vor Tausenden von Jahren mit gefalteten Händen sich in Kontemplation versenkte — und denke an das, was er uns hinterließ. Denk an den Mann, der aus Ur in Chaldäa kam, um für uns den Einen Großen Geist zu finden. Denk an die Ägypter, jene Giganten, die so tapfer mit dem Schicksal rangen — denk an die Standhaftigkeit, die sie uns überlieferten. Denk an die Erleuchteten von Israel, die im Morgenlicht sangen. An den Einsamen von Nazareth denke, der einen Geist der Liebe atmete, wie er der Welt bis dahin unbekannt war. Erinnere dich der feinfühlig objektiven Griechen, der Liebhaber des Physischen, der scharfen Denker, der Verehrer der Schönheit. Gedenke der Goten, in denen das Gefühl geboren wurde, wie wir es kennen. Denke an die moderne Wissenschaft, die uns gelehrt hat, furchtlos zu sein. Denke an die moderne Musik, die klangvoll sich erhob, als dem Herzen Flügel wuchsen — ein Neues unter der Sonne. Erinnere dich genau der Französischen Revolution und der Demokratie — der Äußerung des Freiheitswillens, der Entstehung des individuellen Menschen. Und nun denke an unser eigenes Zeitalter — mit seinen Maschinen, seiner Dampfkraft, seinen Mitteln der Kommunikation, seiner Aufhebung der Entfernung. Denk an das, was zum Wohl der Menschheit in unserer Zeit geschieht. Hier nun, wo wir stehen, in einem neuen Land, einem gelobten Land, das unser eigenes ist — hier erkenne, wie leidenschaftsgebunden unser Land, wie herrlich anzuschauen Amerika ist. Und wisse: es ist vom Schicksal gewollt, daß hier der letzte Akt des Dramas von der Befreiung des Menschen sich vollzieht — die Erlösung seiner Seele.

Überlege dir alle diese Dinge, erkenne, was sie bedeuten, was sie uns verheißen — und sei eingedenk, daß es besonders uns als Architekten obliegt, die Vergangenheit zu prüfen, die Zukunft vorauszusehen und die Gegenwart zu realisieren.

Zur Verantwortung vor ein vorurteilsfreies Gericht geladen — ach, in welch armseliger Weise können wir Rechenschaft ablegen von dem, was wir als Führer geleistet haben! Womit nur können wir unsere Unfähigkeit entschuldigen? Wir haben es nötig, so zu fragen; denn wir müssen eine Erklärung abgeben für die Auszehrung unserer Kunst inmitten des Reichtums, ihre Gebrechlichkeit inmitten der Kraft, ihre Bettelarmut inmitten des Überflusses. Werden wir Worte finden, die gewandt und trügerisch genug sind, um einen zornigen Richter gütig zu stimmen? Kann unsere fadenscheinige Ausrede zur Verteidigung nützen?

Sollen wir die klaräugigen intellektuellen Griechen oder den gefühlvollen und nach innen schauenden Goten bitten, zu bezeugen, daß wir als Botschafter in ihrem Namen hier stehen? Wir würden von ihnen gewiß zurückgewiesen.

Sollen wir den ernsten Ägypter anrufen oder den gesitteten und eleganten Assyrer? Der eine würde uns wohl verachten, der andere verspotten. Wer sind wir nun also — und wie sollen wir unsere unheilvolle Lage und unsere Existenz überhaupt erklären?

Sollen wir behaupten, wir seien Europas Nachgeschwisterkinder — oder müssen wir, ehe wir der Wahrheit ins Auge blicken, uns so weit erniedrigen, daß wir zugeben, wir, die Menschen des großen und ruhmreichen 19. Jahrhunderts, seien in direkter Linie die Abkömmlinge der Originalbastarde und Unüberlegtheiten der Architektur?

Oder sollen wir, indem wir in unserer Fin-de-siècle-Tasche nach weiteren Ausflüchten suchen, in der Sprache des Mythos verkünden, daß unsere Kunst — wie Brünhilde — in Schlaf gesunken sei? Daß sie auf einen Sohn der Natur warte, der furchtlos genug wäre, durch die Flammen zu dringen, um das Visier ihres Helmes zu öffnen?

Sollen wir, weil wir Angst haben vor dem Sturm, Schutz suchen unter dem Dach des Vorwandes, daß Poeten geboren und nicht zurechtgebastelt würden? Daß die Natur ihre guten Gründe gehabt haben müsse — Gründe, die unbedingt in Zusammenhang stehen mit ihren eigenen rhythmischen Bewegungen —, wenn sie während all dieser Jahrhunderte keinen Meister in der Kunst der Architektur hervorgebracht habe? Daß — bei ihrer unendlichen Fruchtbarkeit — ein ungeheuer triftiger Grund für diese Unfruchtbarkeit vorliegen müsse? Oder sollen wir einfach sagen, daß die Menschheit sich neuen Göttern zugewandt — daß sie die alten vergessen habe?

Wir könnten auch sagen, daß in unserem Land ein neuer König aufgestanden sei, der nichts von Joseph wisse — daß er Aufseher über uns gesetzt habe, die uns mit Bürden überladen.

Alles Vorgebrachte mag wohl wahr sein — aber es erklärt nicht, warum wir leichte Dinge schwierig machen, warum wir Künstliches wählen statt des Natürlichen, warum wir rückwärts und nicht vorwärts gehen, warum wir überkreuz statt geradeaus blicken, warum wir das Innere unseres Gemüts nach außen kehren, statt es in Frieden zu lassen; alle unsere Ausführungen erklären nicht, warum wir so unanständig selbstbewußt, so erbarmungswürdig schüchtern sind, so unbeholfen in unserer Kunst, so unbestimmt — und so im unklaren darüber, ob wir überhaupt etwas wissen oder überhaupt jemand sind; so charakterlos, so geschmacklos, so ganz und gar ohne Würze. Sie erklären nicht, warum die intellektuellen und emotionalen Phasen des Architektengeistes ausgerechnet das Verkehrte bewirken, wenn doch das Richtige in Reichweite liegt.

Nein! Ich maße mir an, die wahre, die echte Sache meiner Generation, meiner Kunst zu verteidigen. Wenn ich sie schelte, dann nur als einer, der züchtigt, weil er liebt. Ich weiß, daß das Geheimnis unserer Schwäche nicht nur in Übersättigung und fehlendem Verlangen, nicht nur in unserem Mangel an Schlagfertigkeit und moralischem Mut zu suchen ist, sondern zuvörderst in der ganz und gar sinnlosen Erziehung, die wir erhalten haben.

Es ist mir bekannt, daß die Architekturschulen eine Lehrmethode haben, die uns zum Teil mit den objektiven Aspekten und Formen der Architektur bekannt macht. Ich weiß, daß dies innerhalb der gesteckten Grenzen gewissenhaft und sorgfältig geschieht. Aber ich halte es für zweifelhaft, daß auch nur ein Schüler unter tausend seine Schule verläßt mit einer klaren Vorstellung davon, was Architektur in Hinsicht auf Form, Geist und Wahrheit tatsächlich bedeutet, und daß ist in der Hauptsache nicht die Schuld des Schülers. Ich weiß, daß er, ehe er in die Architekturschule eintrat, schon andere Schulen besucht hat — und daß dort das Unheil seinen Anfang nahm: Dort sagten sie ihm, Grammatik sei ein Buch, Algebra sei ein Buch — und auch Geographie, Geometrie, Chemie, Physik seien Bücher; sie forderten ihn niemals auf und erlaubten ihm niemals, selbständig zu erkennen, daß alle diese Dinge in Wirklichkeit ausdrucksvolle Zeichen, komplexe Zusammenhänge sind, die das Verhältnis des Menschen zur Natur und zu seinen Mitmenschen symbolisieren; niemals sagten sie ihm, daß Mathematik und alle diese Symbole entstanden sind als Reaktion auf ein V e r l a n g e n des menschlichen Herzens, der Natur näherzukommen — der Vollmond erschien dem menschlichen Auge rund, lange bevor man vom geometrischen Kreis etwas wußte.

Auf Grund dieser Ausbildung ist dem Schüler natürlich bekannt, daß die Bauten der Griechen eine bestimmte Form hatten, daß die gotischen Bauten eine bestimmte Form hatten und daß andere Völker andere Bauten in wieder anderer, ganz bestimmter Form errichteten. Darüber hinaus weiß er selbstverständlich, wenn er ein gewissenhafter Arbeiter gewesen ist, tausendundeine spezifische Tatsache über Gestalt, Abmessungen und Verhältnisse der genannten Bauten insgesamt und in ihren einzelnen Teilen und ist in der Lage, sie sauber und ordentlich und maßstabgerecht zu zeichnen und zu kolorieren. Ferner hat er wohl auch bei den Philosophen gelesen oder in den Vorlesungen gehört, daß die Architektur einer ganz bestimmten Zeit uns ein ausgezeichnetes Bild von der Zivilisation dieser Zeit gibt.

Dies ist ungefähr die Totalsumme seiner Erziehung, und er nimmt diese Architektur-Belehrung wörtlich — so, wie er jede andere Belehrung seit seiner Kindheit wörtlich genommen hat: weil man ihm sagte, daß er das tun müsse; weil man ihm sagte, daß Architektur eine feststehende, reale, spezifische, endgültige Sache sei, daß alles schon getan, erkannt, eingeordnet, ausgerechnet und in handliche Päckchen — die man Bücher nennt — verpackt sei. Es wird ihm gestattet, davon überzeugt zu sein — obgleich das nicht ausdrücklich gelehrt wurde —, daß, wenn die Reihe an ihn kommt, für die Amerikaner oder seine Generation Architektur zu machen, er diese ohne weiteres aus seinen Büchern nehmen könne — auf eben dieselbe Weise, auf die ein Krämer seine Bohnen aus dem Kasten nimmt. Die Logik der Geschehnisse lehrt ihn, daß

141

die Architektur in der Praxis eine Ware ist — gleich einer gesetzlich geschützten Arznei, die dem Publikum, das über ihre Bestandteile keinen Bescheid weiß, unter einem bestimmten Warenzeichen verkauft wird.
In der Schule wurde ihm erklärt — und er glaubt um so fester daran, als es ihm von kultivierten Menschen bestätigt wurde —, daß er alles über Architektur lernen könne, wenn er nur gelehrig und fleißig sei; Architektur sei der Name eines Systems zuverlässiger historischer Fakten — genauso leicht und einfach zu prüfen wie die Geschäftsbücher eines Handelshauses.
In allem, was an ihm nüchtern, förmlich und tüchtig ist, wurde er bestärkt — aber der frühe und bildsame Ansatz zu Gefühl und Empfänglichkeit wurde außer acht gelassen.
Viele kalte und tote Dinge lehrte man ihn — aber das eine Warme, Lebendige, das man ihn nicht lehrte und offenbar auch niemals lehren wird, ist die erhabene und allumfassende Wahrheit, daß die Architektur — wo immer sie in Erscheinung trat und einen spontanen Höhepunkt erreichte — keineswegs das ist, was wir so töricht »Realität« nennen, daß sie im Gegenteil eine komplexe, glänzende und wunderbare Metapher ist, die auf eine Weise, wie es keiner Sprache der Welt gelingt, die reine, klare und tiefe Inspiration des Stromes zum Ausdruck bringt, der seine starken lebendigen Wasser aus dem Quell zum Meer sendet.
Man lehrte ihn nicht, daß ein Architekt, wenn er ein wahrer Vertreter seiner Zeit sein will, zuallererst und beständig über die Sympathie und die Intuition eines Dichters verfügen muß; daß dies der eine wahrhafte und vitale Grundsatz ist, der allerorten und zu allen Zeiten bestehenbleibt.
Dieses Suchen nach einem natürlichen Ausdruck unseres Lebens, unseres Denkens, unserer Meditation, unserer Gefühle — das ist die Kunst der Architektur, wie ich sie verstehe; und weil ich sie so verstehe, wende ich mich — ungeachtet der Verderbtheit der vergangenen Zeit — vertrauensvoll an das Gute, das in der menschlichen Natur lebt, an diese herzliche Güte und diese geistige Gesundheit, diese bereitwillige und natürliche Reaktion der Seele, an die ich immer geglaubt habe und immer glauben werde.

An diese heilsamen und förderlichen Kräfte wende ich mich mit meinem Plädoyer für die Fortdauer der Aufrichtigkeit und Vornehmheit unserer Kunst. Diese männlichen Tugenden rufe ich vor den Richterstuhl, damit sie in unserem Namen Rede stehen.
Ich weiß genau, daß unser Land zu seiner Zeit eine interessante, mannigfaltige, charakteristische und schöne Architektur haben wird; daß die Zeit kommen wird, da wir als unseren Ausgangspunkt die wenigen einfachen Elemente der Architektur wählen werden und nicht ihre komplexen Formen. Ich weiß, daß diese Zeit kommen wird, sobald die Jungen von dem erdrückenden Gewicht einer unechten Erziehung befreit sind, von dem lähmenden Einfluß eines Lehrsystems, das sie vom belebenden Strom der Natur absondert — sobald diejenigen, denen diese Jungen anvertraut sind, die Tatsachen klar erkennen und einsehen, wie ungeheuer gefährlich halbes Wissen ist; sobald sie davor zurückschrecken, die Verantwortung zu übernehmen für Geschöpfe mit verkümmertem und unvollkommen entwickeltem Charakter; sobald sie empfinden, wie notwendig es ist, daß technisches oder intellektuelles Training ergänzt werde durch vollkommene, reiche und reine Entwicklung der Gefühle; sobald sie infolgedessen den Jungen erklären werden, daß sie frei sind — daß sie aus der muffigen Schule in die offene Natur fliegen dürfen, in den Sonnenschein, zu Vögeln und Blumen; daß sie, übermütig und glücklich in ihren eigenen Phantasien, Aug' in Auge mit der Erfülltheit der Natur, die despotische Disziplin der Schule austauschen sollen gegen die natürliche und leichte Selbstdisziplin würdiger Männlichkeit — daß nicht Bücher, sondern persönliches Empfinden, persönlicher Charakter und persönliche Verantwortung die echte Grundlage ihrer Kunst bilden sollen.
Jahrhundertelang wurde gelehrt, daß Intellekt und Gefühl zwei verschiedene und entgegengesetzte Dinge seien; an diese Lehre wurde geglaubt — nach ihr wurde gelebt.
Wie bedrückend — wenn man sich vorstellt, daß statt dessen hätte gelehrt werden können, daß Intellekt und Gefühl zwei verwandte und harmonische Phasen dieses einzigen und ganzen Wesentlichen sind, das wir Seele nennen — daß eine Natur, in der die Entwicklung einer dieser beiden man-

gelhaft ist, nicht als vollkommen bezeichnet werden kann!

Die sogenannte klassische Architektur (damit ist die griechische gemeint) ist einseitig und unvollkommen, da sie fast ausschließlich intellektuell ist; die emotionale Architektur (damit ist vornehmlich die gotische gemeint) ist genauso einseitig und unvollkommen — wenn auch groß und schön infolge ihrer Gefühlsentfaltung —, da in ihr das geistige Element fast gänzlich fehlt. Es hat in der Geschichte der Welt noch keine vollkommene Architektur gegeben, weil gerade in dieser Kunstform die Menschen hartnäckig auf entschieden gefühlsmäßiger — oder entschieden intellektueller Aussage bestanden.

Ich bin der Meinung, daß die Kunst der Architektur bis jetzt noch nicht zu höchster Entfaltung, zu höchster Vollendung von Vorstellung, Gedanken und Ausdruck gelangt ist, weil sie noch nicht wirklich plastisch geworden ist: sie reagiert noch nicht auf die Berührung des Dichters. Sie ist heute die einzige Kunst, für die die unendlichen Rhythmen der Natur, die wechselnden Schwingungen der menschlichen Seele bedeutungslos geblieben sind.

Ich glaube, daß die griechische Architektur, die unfehlbar war, soweit sie ging — und sie ging in einer Richtung wirklich sehr weit —, nur ein einziger Radius innerhalb eines möglichen Ausdruckskreises war; daß sie — obgleich vollkommen, was das Aussehen, bestimmt, was das Streben, und klar, was das Ziel anlangt — nicht sehr erfinderisch war in bezug auf Formen: ihr fehlte die Schmiegsamkeit und die Menschlichkeit, die erforderlich sind, um die vielen Sehnsüchte des Herzens wiederzugeben.

Die Kunst war rein und edel, deshalb nennen wir sie klassisch; aber letztlich war sie ein Surrogat — denn während sie Ruhe ausstrahlte, fehlte ihr das göttlich-menschliche Element der Bewegung: nie faßten die Griechen das Geheimnis der wechselnden Jahreszeiten, die gesetzmäßige Folge ihrer Rhythmen im Ablauf des ruhig schreitenden Jahres. Und die Griechen kannten auch nicht wie wir die große Güte der Natur, denn in jenen Tagen war die Musik noch nicht geboren — diese freundliche Kunst, die die Menschen einander nahebringt, hatte noch nicht zu blühen, noch nicht ihren süßen Duft zu verströmen begonnen.

Die gotische Architektur — mit Gedanken, die hoch im Himmel bei Christus weilen, und mit verzückt nach oben blickenden Augen, die, fiebrig und überreizt, wenig von dem, was hier unten lebt, wahrnehmen — liebt Gärten und Pflanzen und hegt tiefe Sympathie für die sichtbaren Formen der Natur; sie hat zwar einen vielfältigen Reichtum zufälliger Ausdrucksformen hervorgebracht, ermangelt jedoch des einheitlichen Begreifens, der absoluten Bewußtheit und der Beherrschung der reinen Form, die allein aus heiterer und gelassener Kontemplation, aus dem Frieden und der vollkommenen Ruhe des Geistes kommen können.

Mit anderen Worten: Ich glaube, daß die Griechen die Statik, die Baumeister der Gotik die Dynamik der Kunst erkannten, daß aber weder diese noch jene ihr bewegliches Gleichgewicht erfaßten, sie alle ahnten nichts von der Bewegung und der Beständigkeit der Natur. Da sie hierin scheiterten, mußten sie in allem scheitern — und beide müssen weichen, sobald die echte, die poetische Architektur in Erscheinung tritt — die Architektur, die klar und beredt und mit Wärme von der Erfülltheit und Vollkommenheit der Beziehungen der Menschen untereinander und zur Natur künden wird.

Darüber hinaus wissen wir — oder sollten es zumindest jetzt wissen —, daß die menschliche Natur heute zu reich, zu wohlausgestattet, zu herrlich begabt ist, als daß man von einer der bisherigen Architekturen sagen könnte, sie habe alle diese Schätze angedeutet — geschweige denn im voraus erschöpft.

Dieses Bewußtsein — dieser Stolz soll unser Antrieb, unser Freund, unser Philosoph und unser Führer in das schöne Land sein, das sich so einladend vor uns ausbreitet.

In diesem Land sollen die Schulen — die nach langer blinder Suche ihr Ziel gefunden haben — Unmittelbarkeit, Einfachheit und Natürlichkeit lehren; sie sollen die Jugend vor greifbaren Illusionen schützen. Sie sollen lehren, daß, während der Mensch einst Zusammenstellungen erfand, die Natur immer Organismen hervorbringt. Sie sollen die Liebe zur Natur stärken, die in jedem kindlichen Herzen aufkeimt, und sollen die überreiche Vorstellungskraft der jungen Menschen nicht unterdrücken.

143

Als Ergebnis ihrer eigenen bitteren Erfahrung sollen sie lehren, daß bewußte geistige Anstrengung, bewußtes Gefühl schlechte Partner sind und daß Echtes nur aus tiefem, instinktivem, unterbewußtem Verlangen gezeugt werden kann; daß in echter Kunst, die frisch von der Natur kommt, der Glanz eines Auges, der Klang einer Stimme, das Leben eines Lebens sein müssen —.

Daß die Natur stark, ursprünglich, umfassend, fruchtbar und zart ist, daß sie in Wachsen und Vergehen das Drama des menschlichen Lebens aufzeigt —.
Daß im Wechsel der Jahreszeiten, im Gang der Jahre, im Ablauf der Jahrhunderte die ruhige, leise und doch durchdringende Stimme einer Macht hörbar ist, die uns alle in der Hand hält.

Das große Bürogebäude, künstlerisch betrachtet*

Die Architekten dieses Landes und dieser Generation stehen nun vor etwas ganz Neuem — nämlich der Evolution und Integration sozialer Verhältnisse und ihrer ganz besonderen Gruppierung, die die Errichtung großer Bürogebäude erforderlich macht. Ich habe nicht vor, über die sozialen Verhältnisse zu diskutieren; ich nehme sie als Tatsache hin und sage schon gleich jetzt, daß der Entwurf des großen Bürogebäudes von Anfang an als ein Problem erkannt und gewürdigt werden muß, das zu lösen ist — als ein lebenswichtiges Problem, das nach einer echten Lösung drängt.

Wir wollen die Verhältnisse auf die einfachste Art betrachten; es handelt sich dabei, kurz gesagt, um folgendes: Büros sind notwendig für die Erledigung der Verwaltungsarbeiten; die Erfindung und Vervollkommnung des Expreßlifts macht die Vertikalbeförderung, die einst schwierig und mühsam war, jetzt leicht und bequem; die Entwicklung der Stahlproduktion hat den Weg zu sicheren, standfesten, wirtschaftlichen Konstruktionen geebnet, die eine beträchtliche Höhe erreichen; das ständige Anwachsen der Bevölkerung, die Anhäufung in den Zentren und die Erhöhung des Grundstückswertes bedingen eine Erhöhung der Stockwerkszahl; dadurch, daß mit Erfolg immer mehr Stockwerke aufeinandergesetzt werden, wird der Grundstückswert beeinflußt usw. — so daß nun, durch Aktion und Reaktion, Interaktion und Interreaktion, diese Form des hohen Gebäudes zustande kam, das man das »moderne Bürogebäude« nennt. Es kam als Antwort auf eine Forderung; in ihm fand ein neuer sozialer Stand Wohnsitz und Bezeichnung. Bis hierher ist alles materialistisch, eine Zurschaustellung von Kraft, Entschlossenheit, Verstand im reinen Sinn des Wortes. Es ist das gemeinsame Produkt des Theoretikers, des Ingenieurs, des Baumeisters.

Das Problem ist dieses: Wie sollen wir diesem sterilen, groben, rohen, brutalen Haufen, dieser starren, widerspenstigen Fratze ewigen Kampfes die Anmut und die höheren Formen der Empfindung und Kultur geben, die sich über die niedrigen und primitiven Leidenschaften erheben? Wie sollen wir aus der schwindelnden Höhe dieses so andersartigen, unheimlichen, modernen Hauses die frohe Botschaft des Gefühls, der Schönheit — den Kult eines höheren Lebens verkündigen?

Das ist das Problem; und wir müssen seine Lösung in einem seiner eigenen Evolution analogen Prozeß suchen — das heißt, in

* *The Tall Office Building Artistically Considered* aus Lippincott's 57 (1896) S. 403—409.

einer Fortsetzung dieses Prozesses —, indem wir nämlich Schritt für Schritt von allgemeinen zu besonderen Aspekten, von allgemeinen zu besonderen Erwägungen übergehen.
Meiner Überzeugung nach gehört es zum Wesen eines jeden Problems, daß es seine Lösung in sich selber trägt und sie andeutet. Ich glaube daran, daß dies ein Naturgesetz ist. Wir wollen daher sorgfältig die Elemente und diese Andeutung — das heißt das Wesen — des Problems untersuchen.
Allgemein gesprochen, handelt es sich um folgende, in der Praxis vorhandene Verhältnisse:
Gebraucht werden
1. ein Untergrundgeschoß zur Aufnahme von Boilern, Maschinen der verschiedensten Art, z. B. der Anlage für Strom, Heizung, Beleuchtung;
2. ein Erdgeschoß für Läden, Banken oder andere Etablissements, die eine große Fläche, viel Raum und viel Licht erfordern und leicht zugänglich sein müssen;
3. eine zweite Etage, die leicht über Treppen zu erreichen ist — im allgemeinen mit großen Unterteilungen, entsprechend weitläufig angelegter Struktur, ausgedehnten Glasflächen und breiten Fensteröffnungen;
4. darüber eine unbestimmte Anzahl aufeinandergeschichteter Bürogeschosse, eine Etage wie die andere, ein Büro wie das andere — jedes Büro eine Wabe in einem Bienenstock, nur eine Zelle und nichts weiter;
5. ein letztes auf alle diese vorgenannten aufgesetztes Stockwerk, das in bezug auf organische Zweckmäßigkeit der Struktur rein physiologischer Art ist: das Dachgeschoß. Hier vollendet sich der Kreislauf und macht seine große Wendung abwärts. Der Raum ist angefüllt mit Behältern, Rohren, Ventilen, Rädern und sonstigen mechanischen Dingen, die eine Ergänzung der im Keller befindlichen Kraftanlage darstellen. Zuletzt — oder vielmehr zuerst — muß im Erdgeschoß noch ein gemeinsamer Haupteingang für alle Kunden bzw. im Hause Beschäftigten vorgesehen werden.

Dieses Programm gilt im wesentlichen für jedes große Bürogebäude des Landes. Was die notwendige Einrichtung von Lichthöfen anlangt, so gehört diese nicht zum eigentlichen Problem, und ich halte es nicht für erforderlich, sie hier zu berücksichtigen. Solche Dinge — wie z. B. auch die Einrichtung von Aufzügen — gehören zur wirtschaftlichen Seite des Gebäudes, und ich setze voraus, daß die Erwägungen und Entscheidungen hierbei vom pekuniären und vom Zweckmäßigkeitsstandpunkt aus getroffen werden. Nur in seltenen Fällen hat der Grundriß oder die Etagenanordnung des großen Bürogebäudes ästhetische Bedeutung — so z. B., wenn der Lichthof außerhalb angelegt wird oder aber im Innern ein sehr charakteristisches Merkmal bilden soll.
Da ich hier nicht nach einer individuellen oder speziellen Lösung, sondern nach einem echten normalen Typ forsche, muß die Aufmerksamkeit sich auf solche Verhältnisse beschränken, die im allgemeinen auf sämtliche großen Bürogebäude zutreffend sind; jede nur zufällige Variation beeinträchtigt die Klarheit der Untersuchung und muß deshalb unbeachtet bleiben.
Die horizontalen und vertikalen Abmessungen des Einzelbüros sind selbstverständlich so berechnet, daß sich in der Praxis ein Raum von ausreichender Fläche und Höhe ergibt; die Größe des Standard-Büroraums bestimmt natürlich die Standardabmessungen der Struktur und ungefähr auch die Größe der Fensteröffnungen. Diese strukturellen Dimensionen hinwiederum bilden die echte Basis für die künstlerische Gestaltung des Äußeren. Es versteht sich von selbst, daß die Flächen und Öffnungen im ersten (dem merkantilen) Stockwerk unbedingt größer sein müssen als diejenigen in allen übrigen; Flächen und Öffnungen des zweiten (des quasi-merkantilen) Stockwerkes sind auf ähnliche Weise zu planen; im Dachgeschoß sind Flächen und Öffnungen von keinerlei Bedeutung — die Fenster haben keinen tatsächlichen Wert, da das Licht von oben einfallen kann; eine Zelleneinteilung der Strukturfläche ist hier nicht erforderlich.
Daraus folgt ganz unbedingt und einfach, daß wir, in — unseren natürlichen Instinkten folgend und ohne Gedanken an Bücher, Regeln, frühere Beispiele oder sonstiges Bildungsgepäck — zu einem spontanen und vernünftigen Resultat zu gelangen, das Äußere unseres großen Bürogebäudes wie folgt entwerfen müssen:

Dem Erdgeschoß geben wir einen Haupteingang, der den Blick auf sich zieht, und den Rest des Stockwerks statten wir mehr oder weniger großzügig aus — entsprechend den praktischen Notwendigkeiten, aber so, daß alles weit und frei wirkt. Die zweite Etage wird ähnlich, aber im allgemeinen etwas weniger großzügig geplant. Die Anlage der übrigen Stockwerke richtet sich nach der einzelnen »Zelle«, für die ein Fenster mit Pfeiler, Sims und Sturz vorgesehen wird; ein Raum soll wie der andere aussehen, weil einer genau so *ist* wie der andere. Zuletzt kommen wir zum Dachgeschoß, das, da es nicht in Bürozellen unterteilt wird und keine besonderen Vorrichtungen für Beleuchtung erfordert, uns die Möglichkeit gibt, durch breit angelegtes Mauerwerk von beherrschendem, wuchtigem Charakter deutlich zu machen, daß die Reihe von Büroetagen hier endgültig abgeschlossen wird.

Das Resultat mag dürftig und die Art seiner Darlegung herzlos und pessimistisch erscheinen — aber nichtsdestoweniger haben wir eine charakteristische Stufe erreicht, die das vorgestellte düstere Gebäude der Theoretiker-Ingenieur-Baumeister-Kombination überragt. Denn nun spürt man in der unmittelbar getroffenen Entscheidung definitiv die Hand des Architekten, und der durch und durch gesunde, logische und klare Ausdruck der Verhältnisse wird sichtbar.

Wenn ich sage »die Hand des Architekten«, so denke ich nicht unbedingt an einen ausgelernten und erfahrenen Architekten; ich denke dabei an einen Mann mit einer starken natürlichen Liebe zu Gebäuden — und mit einem Talent, ihnen die seiner unverkünstelten Natur direkt und einfach erscheinende Gestalt zu geben. Er wird einen neuen Pfad austreten, der vom Problem zur Lösung führt, und dabei wird er eine beneidenswerte Logik entwickeln. Wenn er die Gabe der Detailformung, ein Gefühl für die Form als solche und auch Neigung dafür besitzt, so wird sein Ergebnis nicht nur einfache, gerade Natürlichkeit, sondern darüber hinaus auch den Charme der Empfindung zum Ausdruck bringen.

Nichtsdestoweniger sind bis hierher die Resultate nur Stückwerk und Versuche; wenn sie auch verhältnismäßig echt sind, so sind sie doch nur oberflächlich. Unser Instinkt hat zweifellos recht, aber wir müssen eine bessere Rechtfertigung, eine genauere Bestätigung für ihn finden.

Wir haben nun bei der Untersuchung unseres Problems verschiedene Fragen geprüft: 1. Die soziale Grundlage der Notwendigkeit großer Bürogebäude; 2. die eigentliche materielle Befriedigung dieses Bedürfnisses; 3. sind wir von der eigentlichen Planung, Konstruktion und Anlage zur elementaren Architektur als dem direkten Ergebnis vernünftigen, gesunden Bauens übergegangen; 4. von der elementaren Architektur sind wir mit Hilfe der Empfindung zu den Anfängen echten architektonischen Ausdrucks gelangt.

Aber wenn auch an unserem Gebäude alles dieses in beträchtlichem Maße erkennbar ist, so sind wir doch noch weit entfernt von der richtigen Lösung des Problems, die ich mir zur Aufgabe gemacht habe. Wir müssen jetzt auf die befehlende Stimme der Emotion horchen.

Sie fragt uns: Welches ist das Hauptmerkmal des großen Bürogebäudes? Und wir antworten sofort: Es ist sehr hoch. Und diese seine Höhe ist, vom Künstler aus gesehen, sein erregendes Merkmal. Sie ist der mächtig schwingende, aufrufende Orgelton. Das Gebäude hinwiederum muß den Dominantakkord dieses Tones, der die Vorstellung reizt, zum Ausdruck bringen. Es muß hoch sein — jeder Zoll an ihm muß hoch sein. Die Kraft und Gewalt der Höhe müssen in ihm sein — der Glanz und der Stolz der Begeisterung. Bis ins kleinste muß es stolz und jubelnd sein, muß sich emporrecken in reinem Frohlocken darüber, daß es vom Boden bis zum höchsten Punkt eine Einheit bildet, in der keine einzige Linie von der Richtung abweicht — daß es die frische unerwartete, ausdrucksvolle Überwindung der nüchternsten, finstersten, abstoßendsten Verhältnisse darstellt.

Der Mann, der in diesem Geist und im Gefühl der Verantwortung seiner Generation gegenüber plant und entwirft, darf kein Feigling, kein Bücherwurm, kein Dilettant sein. Er muß leben im vollsten Sinn — aus seinem Leben und für sein Leben. Er muß sofort, von Inspiration erfüllt, erkennen, daß das Problem des großen Bürogebäudes eine der wunderbarsten, herrlichsten Gelegenheiten ist, die der Herr der Natur in Seiner Güte dem stolzen Menschengeist jemals dargeboten hat.

Daß dies nicht erkannt, vielmehr glattweg geleugnet wurde, ist ein Beweis menschlicher Verkehrtheit, der uns zu denken geben muß.

Nun ein Weiteres: Wir wollen die Frage auf der Ebene ruhiger, philosophischer Betrachtung erwägen. Wir wollen eine umfassende, abschließende Lösung finden — das Problem wirklich auf-lösen.

Gewisse Kritiker — und zwar sehr scharfsinnige — haben die Theorie aufgestellt, daß der echte Prototyp des großen Bürogebäudes die klassische Säule, bestehend aus Basis, Schaft und Kapitell, sei. Demnach wäre also die geformte Basis typisch für die unteren Stockwerke unseres Gebäudes, der glatte oder kannelierte Schaft stellte die monotone, durchgehende Reihe der Büroetagen und das Kapitell die vollendende Kraft und die Üppigkeit des obersten Geschosses dar.

Andere Theoretiker, die einen mystischen Symbolismus vertreten, führen die vielen Dreiheiten in Natur und Kunst sowie die Schönheit und Endgültigkeit einer solchen Dreiheit in der Einheit an. Sie berufen sich auf die Schönheit der Primzahlen, das Geheimnisvolle der Zahl Drei, die Schönheit überhaupt aller Dinge, die in drei Stufen unterteilt sind — z. B. des Tages, der aus Morgen, Mittag und Abend besteht, und des Körpers, der sich aus Gliedern, Rumpf und Kopf zusammensetzt. So, sagen sie, sollte auch das Gebäude vertikal in drei Teile unterteilt sein — wie die zuvor angeführten Dinge, aber aus anderen Motiven heraus.

Andere — reine Intellektualisten — meinen, daß ein solcher Plan wie ein logischer Beweis aufgebaut sein und aus Einleitung, Mitte und Schluß bestehen müsse, und jeder Teil müsse deutlich erkennbar sein: Wieder also, wie weiter oben, ein in vertikaler Richtung dreigeteiltes Gebäude.

Noch andere, die ihre Beispiele und Beweise im Reich der Natur suchen, behaupten, daß ein solcher Entwurf vor allem organisch sein müsse. Sie führen eine geeignete Pflanze an, deren Blätter sich gebündelt auf den Boden breiten und deren langer, anmutiger Stengel die prächtige einzelne Blüte trägt. Sie weisen besonders auf die Föhre hin, auf ihre mächtigen Wurzeln, ihren geschmeidigen durchgehenden Stamm und die büschelige Krone hoch oben in der Luft. So, sagen sie, solle das große Bürogebäude entworfen sein: wieder vertikal in drei Teile geteilt.

Andere schließlich, die mehr Wert auf die Kraft der Einheit als auf die Schönheit der Dreiheit legen, sagen, daß ein solcher Plan auf einen Schlag entworfen werden müsse — in der Art etwa, in der ein Hufschmied oder der gewaltige Jupiter selbst arbeite; oder aber er müsse, wie Minerva, voll ausgebildet den Gedanken entspringen. Sie akzeptieren die Dreiteilung als zulässig und willkommen, aber nicht als wesentlich. Für sie bedeutet sie eine Unterteilung ihrer Einheit: die Einheit entsteht nicht aus dem Zusammenschluß der drei, die von ihnen ohne Murren geduldet werden, sofern die Unterteilung der Einheit die Einheit selbst nicht stört.

Alle diese Kritiker und Theoretiker sind jedoch positiv und einhellig der Meinung, daß das große Bürogebäude nicht zu einer Bühne für die Zurschaustellung architektonischen Könnens im wissenschaftlichen Sinn werden darf; daß zuviel Wissen hier ebenso gefährlich und abstoßend ist wie halbes Wissen; daß ein Mischmasch widerlich ist; daß ein sechzehnstöckiges Gebäude nicht aus sechzehn separaten, voneinander unterschiedenen und unzusammenhängenden Bauwerken bestehen darf, die aufeinandergetürmt werden, bis der oberste Stock erreicht ist.

Diese letzte Torheit würde ich überhaupt nicht erwähnen, wenn es nicht eine Tatsache wäre, daß neun von zehn Gebäuden in genau dieser Weise entworfen werden — und zwar nicht von Unwissenden, sondern von Ausgebildeten. Es scheint wirklich, als sei der »trainierte« Architekt, sobald er diesem Problem gegenübersteht, bei jedem — oder mindestens jedem dritten — Stockwerk von panischer Angst befallen, daß er »schlecht in Form« sei; daß er für sein Bauwerk nicht genügend Schmuck von diesem, jenem oder einem anderen »korrekten« Gebäude aus irgendeinem anderen Land oder irgendeiner anderen Zeit geborgt habe; daß er nicht weitschweifig genug sei in der Ausstellung seiner Ware; kurz: daß er einen Mangel an Wendigkeit zeige. Es scheint über seine Kräfte zu gehen, den Griff der verkrampften, unruhigen Hand zu lockern, seine Nerven zu beruhigen, seine Gedanken abzukühlen, ruhig und natürlich zu überlegen; er lebt in einem schrecklichen Wachtraum, der von den zerstückelten Glied-

147

maßen der Architektur erfüllt ist: wirklich kein sehr anregendes Schauspiel.
Was die zuvor erwähnten ernsthaften Ansichten scharfsinniger und verständiger Kritiker anlangt, so werde ich mich — wenn auch mit Bedauern — zum Zwecke dieser Demonstration von ihnen absetzen, denn ich halte sie für sekundär und unwesentlich, den innersten Kern der ganzen Angelegenheit, nämlich die echte und unerschütterliche Philosophie der Baukunst, nicht betreffend.
Diese Ansicht will ich nun belegen, denn sie trägt zur Lösung des Problems eine abschließende und umfassende Formel bei.
Jedes Ding in der Natur hat eine Gestalt, daß heißt eine Form, eine äußere Erscheinung, durch die wir wissen, was es bedeutet, und die es von uns selbst und von allen anderen Dingen unterscheidet.
In der Natur bringen diese Formen das innere Leben, den eingeborenen Wert der Geschöpfe oder der Pflanzen, die sie darstellen, zum Ausdruck; sie sind so charakteristisch und so unverkennbar, daß wir ganz einfach sagen, es sei »natürlich«, daß sie so sind. Und doch: im Augenblick, in dem wir unter die Oberfläche dringen, im Augenblick, in dem wir durch das ruhige Spiegelbild unseres Ichs und der Wolken hoch über uns in die klare, strömende, unermeßliche Tiefe der Natur schauen — wie bestürzend ist diese Stille, wie unbegreiflich der Fluß des Lebens, wie erschütternd das Geheimnis!
Unaufhörlich nimmt das Wesen der Dinge in der Materie der Dinge Gestalt an, und diesen wunderbaren Vorgang nennen wir Geburt und Wachstum; und wenn nach einer Weile Geist und Materie gemeinsam dahinschwinden, so nennen wir's Verwelken und Tod. Diese beiden Ereignisse erscheinen als zusammenhängend und ineinandergreifend, sie sind eins wie die Seifenblase und ihr Schillern — schweben wie in sanft sich bewegender Luft. Diese Luft ist wunderbar über alles Begreifen hinaus.
Dem, der auf dem Ufer der Dinge steht und unverwandt und voll Liebe dorthin blickt, wo die Sonne scheint und wo, wie wir glücklich empfinden, das Leben ist, füllt sich das Herz beständig mit Freude über die Schönheit und die Ungezwungenheit, mit der das Leben seine Formen sucht und findet — in vollkommener Übereinstimmung mit den Bedürfnissen. Immer scheint es, als seien Leben und Form ganz und gar eins und untrennlich, so vollendet ist die Erfüllung.

Ob wir an den im Flug gleitenden Adler, die geöffnete Apfelblüte, das schwer sich abmühende Zugpferd, den majestätischen Schwan, die weit ihre Äste breitende Eiche, den Grund des sich windenden Stroms, die ziehenden Wolken oder die über allem strahlende Sonne denken: immer folgt die Form der Funktion — und das ist das Gesetz. Wo die Funktion sich nicht ändert, ändert sich auch die Form nicht. Die Granitfelsen und die träumenden Hügel bleiben immer dieselben; der Blitz springt ins Leben, nimmt Gestalt an und stirbt in einem Augenblick. Es ist das Gesetz aller organischen und anorganischen, aller physischen und metaphysischen, aller menschlichen und übermenschlichen Dinge, aller echten Manifestationen des Kopfes, des Herzens und der Seele, daß das Leben in seinem Ausdruck erkennbar ist, daß die Form immer der Funktion folgt. Das ist Gesetz.
Dürfen wir also dieses Gesetz täglich in unserer Kunst übertreten? Sind wir so dekadent, so töricht, so ungeheuer kurzsichtig, daß wir diese so einfache Wahrheit nicht erkennen? Ist diese Wahrheit so durchsichtig, daß wir durch sie hindurchsehen ohne sie wahrzunehmen? Ist sie wirklich etwas so Wunderbares — oder aber ist sie so abgedroschen, so alltäglich und uns so nahe, daß wir einfach nicht einsehen können, daß Gestalt, Form und Äußeres des großen Bürogebäudes nach Art aller Dinge sich den Funktionen dieses Gebäudes anpassen müssen — daß, wo die Funktion sich nicht ändert, die Form sich nicht ändern darf? Zeigt dies nicht klar und deutlich und endgültig, daß eine oder zwei der untersten Etagen einen besonderen Charakter, entsprechend den besonderen Bedürfnissen, zum Ausdruck bringen müssen? Daß die Reihen der eigentlichen Büros, die die gleiche unveränderte Funktion haben, die gleiche unveränderte Form behalten müssen? Daß für die Funktion der obersten Etage, die spezifischen und abschließenden Charakter hat, in bezug auf Kraft, Bedeutung, Endgültigkeit der geeignete Ausdruck gefunden werden muß? Hieraus ergibt sich ganz natürlich, ganz spontan und unbeabsichtigt die dreiteilige Form — nicht aus irgendeiner Theorie, einem Symbol oder einer Logik.

Und so findet der Entwurf des großen Bürogebäudes seinen Platz neben allen anderen Entwürfen, die entstanden, sobald die Architektur — immer einmal im Verlauf langer Zeiträume — eine lebendige Kunst war. Als Beispiel haben wir den griechischen Tempel, den gotischen Dom und die mittelalterliche Burg. Wenn ursprünglicher Instinkt und ursprüngliche Empfindsamkeit unsere geliebte Kunst beherrschen werden; wenn es erkanntes und anerkanntes Gesetz sein wird, daß die Form stets der Funktion folgt; wenn unsere Architekten aufhören werden, prahlerisch zu streiten und kindisch sich zu zanken, indes ihre Hände von Systemen ausländischer Schulen gefesselt sind; wenn zutiefst empfunden und freudig anerkannt wird, daß dieses Gesetz sonnige grüne Felder erschließt und uns Freiheit schenkt — daß die Schönheit und Herrlichkeit des Gesetzes selbst, wie sie in der Natur in Erscheinung treten, jeden vernünftigen und empfindenden Menschen davon abhält, in Zügellosigkeit zu verfallen; wenn offensichtlich wird, daß wir eine fremde Sprache mit amerikanischem Akzent sprechen, während doch jeder Architekt im Lande unter dem günstigen Einfluß dieses Gesetzes auf die einfachste, bescheidenste und natürlichste Art aussprechen könnte, was er sagen möchte — während er doch wirklich und ganz gewiß seine eigene charakteristische Individualität entwickeln und die Kunst der Architektur zu einer lebendigen Sprache machen könnte, zu einer natürlichen Form der Äußerung, durch die ihm Erleichterung verschafft und den Kunstschätzen seines Landes ein neuer Schatz hinzugefügt würde; wenn wir wissen und fühlen werden, daß die Natur unser Freund und nicht unser unerbittlicher Feind ist, daß ein Nachmittag auf dem Land, eine Stunde am Meeresufer, die freie Aussicht auf einen einzigen Tag — seine Morgendämmerung, seinen Mittag und sein Abendlicht — uns soviel Rhythmus, Tiefe und Ewigkeit für die große Kunst der Architektur schenkt — etwas, das so tief und wahr ist, daß alle einengenden Formalitäten, alle starren Richtlinien, alle erstickenden Fesseln der Schule es nicht in uns abzutöten vermögen —, dann darf gesagt werden, daß wir uns auf dem richtigen Weg zu einer natürlichen und befriedigenden Kunst befinden, zu einer Architektur, die binnen kurzem zur schönen Kunst im wahren und besten Sinn des Wortes werden wird, zu einer Kunst, die leben wird, weil sie eine Kunst des Volkes, eine Kunst für das Volk und durch das Volk ist.

Erziehung[*]

Nach langer Nacht und noch längerem Zwielicht sehen wir einer Zeit der Morgendämmerung entgegen: einer Zeit, in der das unwesentliche Gesetz der Tradition dem höheren Gesetz der Schöpfung weichen wird, in der der Geist der Unterdrückung nicht mehr wirksam sein wird.

Endlich ist der Mensch befreit. Er ist jetzt frei, zu denken, zu fühlen, zu handeln — frei, dem Ziel der Menschheit entgegenzustreben.
Allmählich bricht der Humanitarismus die Macht des Utilitarismus, und vorurteilsfreie Selbstlosigkeit nimmt den Platz finsterer

---

[*] *Education.* Vortrag auf der Jahresversammlung der Architectural League of America, Toronto 1902. Aus The Inland Architect and News Record 39 (1902) S. 41—42.

Habgier ein. Und alles dieses dient — als in den Tiefen der Natur ruhende Kraft, die zu ihrer ganzen Größe erwacht — dem Wachstum und der Evolution der Demokratie.
Im Banne dieser gewaltigen Kraft schwinden Illusion und Unterdrückung; der Impuls der Wirklichkeit nimmt deutlich zu an Stärke, Ausdehnung und Eindringlichkeit, und das Individuum hat die Möglichkeit, im besten Sinn zum Menschen zu werden — sofern der Wille hierzu vorhanden ist.
Nichts hemmt seine Vorstellungskraft. Der Tätigkeit seines Geistes sind keine Grenzen gesetzt. Die Würde seiner Seele wird nicht verletzt.
Der Tyrannei der Kirche und des Staates wird Einhalt geboten, und die echte Macht wohnt dort, wo sie für immer wohnen soll: im Volk.
Rasch wechseln wir von empirischer zu wissenschaftlicher Geisteshaltung über, von Ziellosigkeit zu organisch ausgerichtetem Denken. Wir kommen dem höheren Sinn des Lebens und den höheren Zusammenhängen, die zwischen dem Individuum und dem sich im Volk verkörpernden Leben bestehen, näher. In der Tat: wir stehen großen Dingen Auge in Auge gegenüber.
Die Jugend muß mit aller Deutlichkeit auf diese Erscheinungen aufmerksam gemacht werden. Sie muß darüber aufgeklärt werden, daß die Menschheit lange und erbittert zu kämpfen hatte, damit der jugendliche Geist nun frei sei.
Dieser Geist des jungen Menschen muß darauf vorbereitet werden, an den weittragenden Veränderungen, die sich jetzt anbahnen, mitzuwirken; er wird sie in ihrer majestätischen Einfachheit, Größe und Klarheit erkennen, sobald die Sonne der Demokratie sich um ein weniges höher am Firmament der Menschheit erhebt und Geist und Willen des Individuums, Geist und Willen von Millionen Menschen stetig und eindringlich erleuchtet.
Die Woge und der Strom des unermeßlichen Lebens sollten ihm als ein Drama dargestellt werden, in dem er mitspielt. Es muß ihm gezeigt werden, von welch vitaler Bedeutung es ist, daß die Wurzeln seines Lebenswerkes von Grundprinzipien genährt werden, die auch noch das Astwerk durchdringen; daß sie genauso das Werk und das Leben seines Nächsten anregen müssen — zum Wohle aller, zur allgemeinen Harmonie.

Er muß aufmerksam gemacht werden auf das, was aus der Realität der Geschichte ersichtlich ist — nämlich: daß ein ewiger Optimismus im Herzen der Menschheit lebt, ein Gefühl, das seinen Ursprung hat im ständigen Drängen der hoffenden Demokratie, die ihr Recht sucht.
Erfüllt soll er sein von jenem Stolz, jenem Ehrgefühl, das die Blüte ethischer Selbstbeherrschung und moralischer Verantwortung ist. Er muß sich klar der Verantwortung seinen Mitmenschen gegenüber bewußt sein.
Man muß ihn wissen lassen, daß ein Geist ohne Ideale leer ist, daß von ihm, wo nicht Selbstaufopferung, so doch Zurückhaltung und Selbstverleugnung verlangt wird — daß das höchste aller Ideale das Ideal der Demokratie ist.
Zu diesem Zweck muß ihm die Geschichte deutlich gemacht, muß ihm seine eigene Zeit erklärt werden.
Hierzu ist es erforderlich, daß er zuallererst und beständig eine klare und genaue Vorstellung davon hat, was die Demokratie tatsächlich ist, was sie für die Befreiung des Menschen bedeutete und noch bedeutet; wieviel Zeit, Blut und Not es kostete, bis sie geboren war; welch ein kostbares Vermächtnis sie ist, das kostbarste aller Vermächtnisse; wie tapfer, treu und eifersüchtig er als Nutznießer dieser Wohltat über der Unversehrtheit des Gutes wachen muß. Er, der in die Demokratie hineingeboren wurde und sie daher leicht für unwichtig halten könnte, muß nachdrücklich und unermüdlich unter ständigen Unterweisungen, Warnungen und Lobreden darauf hingewiesen werden, daß ihre Existenz, ihre Fortdauer, ihre Entwicklung zum Leben so notwendig sind wie die Luft, die er atmet.
Die Schönheit der Natur muß man ihm mit Liebe vor Augen führen und ihn anregen, sie zu verehren und zu preisen.
Er muß lernen, daß er — wie die ganze Menschheit überhaupt — ein unabtrennbarer Teil der Natur ist und daß seine Kraft aus ihrer Güte kommt.
Sein Geist und sein Herz sollen der Inspiration durch die Natur offenstehen, sein Blick soll sich nach dem angrenzenden Land des Unendlichen und Unbekannten richten, zu dem diese Inspiration ihn hinlenkt, er soll wissen, wie groß der Mensch — und wie zerbrechlich er ist. So wird er das Leben

in seinem bedeutungsvollen Gleichgewicht schauen.
Er soll wissen, daß ein ganzes Menschenleben zwar nur kurz ist, wenn Würdiges vollbracht werden soll — aber man muß ihm zeigen, was Menschen getan haben und was sie zu tun in der Lage sind.
Die Kunst des Ausdrucks muß schon in der Kindheit geübt werden und in der leichten Beherrschung der Muttersprache erkennbar sein.
In seinem Gefühl für Wirklichkeit muß er von Anbeginn bestärkt werden — aber um keinen Preis auf Kosten jener Illusionen, die wir Patriotismus, Verehrung, Liebe nennen.
Man muß ihn lehren, daß hohe Ideale ein Volk stark machen und daß alles in Verfall gerät, wenn die Ideale schwinden.
Man muß ihn lehren, daß das Ziel der Zivilisation ein höheres ist als das der materiellen Geschäfte — daß es im Geist und im Herzen zu finden ist.
Man muß ihm Aufrichtigkeit predigen und ihm sagen, daß es nur eine einzige Art von Aufrichtigkeit gibt.
Er muß lernen, Heuchelei und Scheinheiligkeit zu verabscheuen.
Dies sind meiner Meinung nach die Grundlagen der Erziehung — dies ist der gerade Weg, um zu moralischer und geistiger Energie zu gelangen, ein immer tiefer werdendes Gefühl für Menschlichkeit; unter einer solchen Schutzherrschaft mag wohl eine echte Kunst gedeihen.
Ich gehöre nicht zu denjenigen, die an schlaffe Methoden glauben; ich rate im Gegenteil zu einem energischen, sorgfältigen, exakten geistigen Training, das den Verstand befähigen soll, sich auszudehnen und große Dinge zu erfassen — gleichzeitig aber auch in ihrem Zusammenhang die Bedeutung kleiner Dinge zu erkennen, Quantität und Qualität genau zu unterscheiden, persönliche Urteilskraft, Leistungsfähigkeit und Unabhängigkeit zu entwickeln.
Gleichzeitig gehöre ich aber auch zu denen, die daran glauben, daß die Kraft der Güte größer und zuverlässiger ist als die des Zwanges und daß Sympathie weit mächtiger

wirkt als der Intellekt. Daher will ich die individuellen Sympathien in all ihrer Wärme und Zartheit ebenso sorgsam ausbilden wie den Geist in seiner Wendigkeit, seinem Gleichgewicht und seiner Sicherheit.
Ich gehöre nicht zu denen, die die Träumer verachten. Die Welt stünde auf dem Nullpunkt ohne ihre Träumer — sie wäre verloren. Der, der vor langer Zeit in einer Welt des Absolutismus von Demokratie träumte, war fürwahr ein Held — und wir Heutigen erkennen das Wunderbare seines Traumes. Wie tief blickte dieser Träumer in das Herz des Menschen!
Ich will den Träumer der Träume hegen, denn in ihm schafft die Natur, während die Menschheit schlummert.
Ich will die Kunst des Träumens lehren — ebenso, wie ich die Wissenschaft des Denkens und den Wert des Handelns lehren will.
Einer, der nicht träumen kann, kann auch niemals die Höhen der Kraft und der Möglichkeiten erreichen, die dem offenstehen, der den Geist zur Tat treibt.
Wer nicht träumt, erschafft nicht.
Damit Regen fallen kann, muß erst Dampf hochsteigen.
Der größte Mann der Tat ist sein Leben lang der größte Träumer. In ihm ist der Träumer gegen das Verderben gefeit durch sein weitschauendes Auge, seinen männlichen Geist, seinen starken Willen, seinen hohen Mut.
Und so ging der sanfte Träumer zugrunde: am Kreuz oder in der Dachkammer.
Die Demokratie sollte ihre Träumer nicht zugrunde gehen lassen; sie sind ihr Leben und ihre Sicherung gegen den Untergang. Deshalb will ich die Sympathien der Jugend ausweiten.
Auf diese Weise will ich alle konstruktiven Fähigkeiten des Geistes frei machen und disziplinieren und wahre Einsicht, echten Ausdruck, wirkliche Individualität fördern.
Und so will ich die Kräfte des Willens konzentrieren, so den Charakter bilden und solcherart gute Bürger formen.
So will ich den Grundstein legen zu einer Generation echter Architekten — echt, weil aufrichtig, Männer und Träumer der Tat.

Was ist Architektur?
Eine Studie über das amerikanische Volk von heute*

Die intellektuelle Richtung der Stunde zielt auf Vereinfachung. Die moderne Wissenschaft ist unter allgemeiner Zustimmung mit allen Kräften bestrebt, die wenigen und einfachen Prinzipien ausfindig zu machen, von denen man glaubt, daß sie dem zusammenhängenden Ganzen der Natur zugrunde liegen; diese Forschung offenbart einen allen Menschen und Dingen gemeinsamen Impuls.

Eine solche Methode der Analyse enthüllt eine sonderbare Eigenschaft des Menschen: wie er denkt, so handelt er; und umgekehrt kann man aus seinen Handlungen ersehen, wie er denkt — wohlgemerkt: wie er wirklich denkt, nicht, wie zu denken er vorgibt. Alle Menschen denken, alle Menschen handeln. Es ist verkehrt, einen Menschen als gedankenlos zu bezeichnen — was man wirklich meint, ist doch, daß er nicht genau, nicht richtig und nicht energisch denkt. Wenn es nun wahr ist, daß ein denkender Mensch in unvermeidlicher Übereinstimmung mit seinen Gedanken handeln muß, so ist es auch wahr, daß die Gesellschaft, die aus einer Ansammlung von Individuen besteht, genauso handelt, wie sie denkt. So kann man die Gedanken eines Volkes von den Handlungen dieses Volkes deutlich ablesen — wie gedruckte Worte von einem Blatt Papier.

Wenn wir nun diese Methode der Analyse auf den gesamten Komplex der historischen und zeitgenössischen Architektur anwenden, so erkennen wir ganz klar in ihrer Einfachheit ihre drei Elementarformen, nämlich: Pfeiler, Tragbalken und Bogen. Dies sind die drei Lettern, aus denen sich die Architektur zu der erhabenen und herrlichen Sprache entwickelte, in der der Mensch durch Generationen hindurch den wechseln-

den Fluß seiner Gedanken zum Ausdruck brachte.

So steht jedes Gebäude, mag es der Vergangenheit oder der Gegenwart angehören, als eine soziale Tat. Was unauslöschlich in dieses Gebäude eingegraben ist, entgeht unserer Analyse nicht — und so können wir aus dieser Tat erkennen, welcherart die Gedanken des Individuums und des Volkes waren, als deren Abbild das Gebäude dasteht.

Vielleicht sollte ich die drei Elemente — Pfeiler, Balken und Bogen — nicht auf so nüchterne Art erwähnen. Dem Leser mag es vielleicht erscheinen, als sei die Wahrheit in bezug auf diese drei nicht so klar und einfach, wie ich sie hinstelle. Zum Beispiel könnte er denken, daß ein gewaltiger Unterschied bestanden habe zwischen der ägyptischen und der griechischen Architektur, mögen beide immer auch auf Pfeiler und Balken basieren. Es bestand in der Tat ein gewaltiger Unterschied, und zwar war dies der Unterschied zwischen dem ägyptischen und dem griechischen Geist. Der Ägypter belebte Pfeiler und Balken mit seinen Gedanken — anders konnte er nicht handeln; und der ägyptische Tempel nahm Gestalt an als eine ägyptische Tat — andere Gestalt konnte er nicht annehmen. So nahm der klare und bestimmte griechische Gedanke die klare und bestimmte Form des griechischen Tempels an, und der griechische Tempel stand deutlich da als eine griechische Tat. Und doch bestanden beide ganz einfach aus Pfeilern und Balken. Das Prinzip von Pfeiler und Tragbalken erkläre ich ganz einfach, indem ich einen Ziegelstein auf zwei andere Ziegelsteine lege. Auch der römische Aquädukt und der mittelalterliche Dom hatten als Grundform Pfeiler und Bogen. Aber welch ein Unter-

* *What is Architecture: A Study in the American People of Today* aus The American Contractor 27 (1906) S. 48—54.

schied bestand zwischen römischem und mittelalterlichem Denken! Und wie deutlich zeigt sich dieser Gedankenunterschied in den voneinander unterschiedenen Formen, die Pfeiler und Bogen annahmen — denn jede dieser Strukturen erschien zu ihrer Zeit als eine Tat des betreffenden Volkes. Wie deutlich spricht sich in diesen Strukturen die kriegerische und unkomplizierte Art der römischen, die mystische Sehnsucht der mittelalterlichen Gedankenwelt aus!

Mancher mag nun vielleicht sagen: Diese Strukturen sind doch aber nicht eine Tat des Volkes, sondern vielmehr im einen Fall die Tat eines Kaisers, im anderen die Tat der Kirche. Gut; aber was war in Wirklichkeit der Kaiser anderes als eine Tat des Volkes — indem er die Gedanken des Volkes zum Ausdruck brachte; und was war die Kirche anderes als der ausgeführte Gedanke des Volkes? Als die Denkungsart des römischen Volkes sich wandelte, zerfiel der riesige Bau des Römischen Reiches; und als das Volk des Mittelalters sein Denken änderte, schwand die Lebenskraft der Kirche im gleichen Verhältnis dahin, in dem ihr das Volk die Unterstützung seiner Gedanken entzog. So entsprangen und entspringen jede Regierungsform, jede soziale Institution, jedes Unternehmen — ob groß, ob klein —, jedes Symbol der Aufklärung oder der Entartung dem Leben des Volkes; immer stellten sie — und immer stellen sie noch — die Abbilder seines Denkens dar. Langsam im Verlauf der Jahrhunderte, der Generationen, der Jahre, Tage, Stunden hat sich das Denken des Volkes gewandelt, und entsprechend haben sich auch seine Taten gewandelt; der Strom der Gedanken floß und fließt unaufhörlich weiter, getrieben von der zwingenden Kraft des Lebens. Und immer haben in diesem treibenden Strom des Lebens, des Denkens und Handelns die Menschen das Bedürfnis gehabt, Bauwerke zu errichten; und aus diesem Bedürfnis erwuchs ihnen die Kraft zum Bauen. Wie sie dachten, so bauten sie; denn, so sonderbar es auch erscheinen mag: anders konnten sie nicht bauen. Und so bauten, benutzten und hinterließen sie diese Werke als Beweise ihres Denkens. Im Laufe der Jahre kamen andere Menschen mit einer anderen Art des Denkens, und es erhoben sich neue Bauten, die den neuen Gedanken entsprachen — immer also war das Gebäude der Ausdruck des Denkens. Wie auch immer der Charakter des Denkens war — der Charakter des Bauwerkes war der gleiche. Pfeiler, Tragbalken und Bogen änderten sich in bezug auf Form, Zweck und Ausdruck in lebensgetreuer Übereinstimmung mit den Gedanken des Menschen, die sich im Zuge seines Schicksals wandelten, während die ewig unsichtbare und unbekannte Woge ihn mit sich fortzog.

Diese Woge des Bauens nennen wir historische Architektur. Niemals war sie etwas anderes als ein Ausdruck der das Volk beherrschenden Gedanken, eine Offenbarung seines innersten Lebens.

Möglicherweise denkt ihr, das stimme nicht; vielleicht denkt ihr, der Herrscher habe die Festung gebaut. Ganz offensichtlich hat er das auch getan — aber woher kamen Notwendigkeit und Macht, in dieser Weise zu bauen? Sie gingen von seinen Vasallen aus. Und woher nahmen seine Vasallen ihre Macht? Aus dem Volk. Und das Volk handelte so, wie es dachte. So gründet sich also die Kraft des Herrschers auf das Denken und Glauben des Volkes, auf seine Bedürfnisse und seine Kraft. Alle Macht gründet sich auf die Zustimmung des Volkes, das heißt auf sein Denken. Im gleichen Augenblick, in dem dieses Denken sich zu wandeln beginnt, schwindet die sich darauf gründende und von ihm sanktionierte Macht. So sind der Verfall des Alten und die Bildung des Neuen die Auswirkungen einer und derselben Ursache. Diese Ursache ist der Gedanke. So stellen wir also fest, daß der einfachste Aspekt aller menschlichen Tätigkeit der Wechsel ist.

Es würde zu weit führen, wollte ich hier die Einflüsse analysieren, die eine Änderung im Denken bewirken. Es möge genügen, wenn ich sage, daß der Gedanke, sobald er sich geändert hat, nie mehr zu dem werden kann, was er war — auch nicht nach so langer Zeit. Immer findet Neugeburt statt, niemals Wiedergeburt.

Es wird meinem Leser nun klarwerden, daß wir bei Betrachtung der historischen Architektur davon abkommen müssen, sie künstlich in Stile einzuteilen, wie es zur Zeit üblich ist — daß wir vielmehr (was viel natürlicher und auch logischer ist) jedes Bauwerk der Vergangenheit und der Gegenwart als Erzeugnis und Merkmal der Zivilisation der jeweiligen Zeit — als Produkt und Merkmal also der Gedankenwelt des Volkes jener Zeit und jenes Ortes ansehen müssen. Auf diese Weise gewinnen wir ein wesentlich klareres Bild der wirklich lebendigen Woge der Architektur, die sich durch die Zeiten bewegt — erfassen wir besser die klare, einfache Wahrheit, daß die Architektur ein einfacher Impuls war und ist, dessen Manifestation sich in ihrer Form beständig ändert.

Ich sollte vielleicht bemerken, daß ich, wenn ich von »Volk« spreche, nicht die sogenannten niederen Klassen meine. Ich meine das gesamte Volk, und ich betrachte das Volk als einen Sozialorganismus.

Ich weiß genau, daß diese Ansichten in Architektenkreisen nicht üblich sind. Ihr werdet ganz gewiß auf keine These dieser Art weder in Büchern noch in Schulen stoßen. Die vorherrschenden Meinungen in bezug auf Architektur sind auf eine befremdende Art künstlich und unfruchtbar — wie überhaupt alle gängigen amerikanischen Ideen auf fast allen Gebieten des Volkswohls. Das heißt: in unserem demokratischen Land sind Ideen und Gedanken auf eine unheimliche und zersetzende Art undemokratisch; und das ist ein Aspekt unserer heutigen Zivilisation, auf den ich später zurückkommen werde.

Ich bitte also meinen Leser, zumindest für den Augenblick so viel Vertrauen in meine Ausführungen zu setzen, daß er seine Ansichten über Architektur, die notgedrungen traditionsgebunden, demnach also angenommene und von ihm nicht analysierte Denkgewohnheiten sind, einmal außer acht läßt; daß er seinen Geist offenhält, um die von mir dargelegten einfachen und natürlichen Ansichten aufzunehmen und um zu erkennen, wie weit wir von einer natürlichen, echten und gesunden Architektur entfernt sind, die das Charakteristikum eines wirklich demokratischen Volkes sein sollte. Ich bitte ihn darum, weil das Wohl der Demokratie mir am meisten am Herzen liegt — weil ich die Architektur immer nur als eine der Tätigkeiten eines Volkes angesehen habe und noch ansehe, die notwendigerweise in Einklang mit allen anderen stehen muß. Denn wie ein Volk über Architektur denkt, so denkt es über alles andere; und wie es über alles andere denkt, so denkt es über Architektur. Und das Denken eines Volkes, so kompliziert es

erscheinen mag, ist doch aus einem Stück und bildet das Gleichgewicht aus Ererbtem und Umwelt.

Ich glaube nicht, daß es erforderlich ist, in einer langen Abhandlung darzulegen, wie unwürdig eines freien Volkes diese unsere Nachahmung vergangener Bauformen und wie beschämend für jeden Denkenden das geflügelte Wort der Schulen ist, daß Architektur vollendet und abgeschlossen sei — ja: wie sehr dieses Wort, wenn es auf der Waage echten demokratischen Denkens gewogen wird, sich als Dummheit und Unwahrheit erweist. Ein solcher Ausspruch straft in anmaßender Weise die gesunde menschliche Erfahrung Lügen; er will besagen: Das amerikanische Volk ist der Demokratie nicht fähig. Vielleicht ist es das wirklich nicht — und wenn das so ist, dann werden wir sehen, weshalb und warum. Wir werden sehen, ob diese behauptete Unfähigkeit wirklich normal und natürlich ist — oder ob sie eine dem Volk von einem System traditionellen verkehrten Denkens aufgezwungene feudalistische Bedingung ist. Wir werden sehen, ob diejenigen, die wir mit der Führung in den Dingen der Erziehung betrauten, uns in die Irre geführt haben. Wir werden sehen, ob wir — in einem höheren Sinn und als Volk — nicht nur einander betrogen, sondern auch das Gut veruntreut haben, das uns der Weltgeist der Demokratie in die Hände gab, als wir, ein neues Volk, uns in einem neuen großen Land auszudehnen begannen.

Dies alles können wir deutlich in unserer heutigen Architektur nachlesen, und wir werden die Richtigkeit des Gelesenen nachprüfen mittels einer kurzen Analyse des Denkens und Handelns des amerikanischen Volkes, wie es auf anderen Gebieten zum Ausdruck kommt. Denn dies ist sicher: Was wir in unserer Architektur finden, werden wir auch überall sonst finden.

Wenn behauptet wird, daß die Kunst des Lesens sich auf das bedruckte Papier beschränke, kommen wir nicht weiter. Aber wenn wir unsere Lesefähigkeit erweitern und schulen, bis sie uns — in ihrem vitalsten Aspekt — als eine Wissenschaft und Kunst der Interpretation erscheint, dann kommen wir in der Tat sehr weit. Wirklich: es wird kein Ende unserer Reise geben; das unendliche Reich der Natur, des menschlichen Denkens, des menschlichen Bestrebens wird sich uns als ein Buch des Lebens auftun, in dem Größtes und Kleinstes, Beständigstes und Flüchtigstes in ihrem wahren Wert erscheinen. Dann wird unser Geist der Sklaverei des *Wortes* entrinnen, um sich ungebunden in der freien Luft der Wirklichkeit ganz und gar den *Dingen* hinzugeben.

Und tatsächlich haben die meisten unter uns mehr oder weniger die Gabe, in den Dingen zu lesen. Wir erhalten diese Gabe auf ganz natürliche Weise; aber seltsamerweise schämen sich die meisten ihrer, weil sie nicht offiziell bestätigt ist, weil sie nicht den Stempel dieses so oft mißverstandenen Wortes »Gelehrtheit« trägt — einen Stempel, der übrigens den meisten jener Begriffe Gültigkeit verleiht, die der Entwicklung unserer allgemeinen Denkkräfte schädlich sind. Es handelt sich dabei um den gleichen gelehrten Fetischismus, der einen völlig unlogischen Abgrund zwischen Theorie und Praxis öffnete, einen Abgrund, der bei richtigem Denken gar nicht existiert. Eine gute Erziehungsmethode sollte daher die sorgfältige und vollkommene Entwicklung unserer allgemeinen und natürlichen Denkkräfte berücksichtigen, die tatsächlich der Entwicklung weit fähiger sind, als allgemein angenommen wird. Wirklich: die Hartnäckigkeit, mit der wir gemeinhin die latenten Geisteskräfte des Durchschnittsmenschen unterbewerten, gereicht uns höchlich zur Unehre. Genaugenommen handelt es sich dabei um einen Aberglauben, dessen Spur zurückverfolgt werden kann bis zur Scholastik vergangener Jahrhunderte, zum Begriff der sozialen Kaste. Dieser Aberglauben ist das genaue Gegenteil der modernen aufgeklärten Überzeugung, die ständig an Boden gewinnt, daß der echte Geist demokratischer Erziehung sich dadurch auszeichnet, daß er die herrlichen — wenn auch verborgenen — Kräfte des Durchschnittsmenschen und besonders seiner Kinder aufsucht, befreit und entwickelt.

Es ist beunruhigend, feststellen zu müssen, daß das Erziehungssystem, für das wir so großzügig — fast möchte ich sagen: verschwenderisch — Mittel zur Verfügung stellen, seine wahre demokratische Aufgabe verfehlt, daß zumal in den höheren Zweigen seine Tendenz sich immer mehr als reaktionär und feudalistisch erweist.

Es ist nicht angenehm, feststellen zu müssen, daß so viele von denen, die an unseren Universitäten promovieren, der Fähigkeit klarer Erkenntnis und einfachen, exakten, konstruktiven Denkens ermangeln, daß sie mehr Zynismus als guten Glauben zur Schau tragen, daß sie den Menschen mehr Mißtrauen als Vertrauen entgegenbringen und nicht in der Lage sind, die Dinge zu interpretieren.

Den Gegensatz hierzu bildet der lebhaft denkende, aber »ungebildete« Mensch, der an unseren Tätigkeiten so großen Anteil hat. Er liest das, wovon er glaubt, daß es ihn angehe. Sein Geist ist tätig, praktisch und oberflächlich und weist stets — ob er sich nun mit großen oder kleinen Dingen beschäftigt — nahezu die gleiche Qualität auf. Seine Gedanken kreisen fast immer um das Unmittelbare. Seine Überlegungskraft ist unentwickelt, und so ignoriert er die einfachen und vitalen Dinge, die neben ihm leben, mit denen er eines Tages schicksalhaft zu rechnen hat und die ihn dann unvorbereitet treffen. Die konstruktive Denkkraft solcher Menschen, der Bereich ihrer Vorstellungsfähigkeit, ihre sichere Intuition und ihr starker Wille überraschen uns oft. Aber bei näherem Hinschauen finden wir, daß alles dies eine glänzende Fassade und daß die Fundamentierung schwach ist, weil das Gedankenfundament nicht breit, tief und sicher im Menschlichen angelegt wurde. So haben wir an den Polen unseres Denkens zwei Arten von Menschen, deren jede glaubt, daß sie es mit Realitäten zu tun habe, während doch tatsächlich beide sich nur mit Phantomen abgeben. Denn beide haben alles gelernt — außer den wirklichen Gedanken und Gefühlen des Volkes. Sie haben die einzige wahre Quelle sozialer Stabilität und sozialen Wechsels nicht in Betracht gezogen. Wenn dieser Unterschied im Denken, der mit Schärfe immer deutlicher zutage tritt, einmal zu schmerzhaften Berichtigungen führt, dann wird dies das natürliche und unerbittliche Ergebnis eines fatalen Mißverständnisses sein, das Ergebnis jenes fatalen Mangels in unserem Denksystem sein, der uns von unseren Mitmenschen entfernt.

Wenn ich sage, daß diese Aspekte unseres Denkens in unserer heutigen Architektur zu erkennen sind, so sage ich nicht zuviel,

155

denn Handlungen deuten mit Bestimmtheit auf die sie erzeugenden Gedanken hin, und alles, was die Menschen tun, trägt unauslöschlich den Stempel ihres Geistes. Wenn man diese Anregung weiterverfolgt, wird es erstaunlich klar, wie nackt jedes Gebäude doch ist, wie sehr jedes geringste Detail noch in seiner leichtesten Bewegung die Geisteshaltung des Mannes enthüllt, der das Gebäude errichtete und uns gegenüber die Verantwortung dafür trägt.

Alles können wir hier lesen und jederzeit auslegen. Das Bauwerk kann sich nicht verstecken, und es kann uns auch nicht davonlaufen. Hier ist es und hier steht es — und erzählt mehr über den, der es hinstellte und ausdachte, als jener sich in seiner Einfalt vorzustellen vermag. Es enthüllt seinen Geist und sein Herz und zeigt genau, was sie wert sind — nicht mehr und nicht weniger; es erzählt offen die Lügen, die jener denkt; mit fast grausamer Offenheit berichtet es von seiner schlimmen Absicht, seinem schwachen, flatterhaften Geist, seiner Unverschämtheit, seinem selbstsüchtigen Egoismus, seiner geistigen Verantwortungslosigkeit, seiner Apathie, seiner Verachtung für reale Dinge. Ist eine solche klare Analyse grausam? Kommt es einer Vivisektion gleich, so nach und nach jeden Nerv bloßzulegen, leidenschaftslos jede Handlung, jeden Gedanken zu prüfen und zu wägen, jede Windung, jede Bewegung des Geistes zu verfolgen, der das Gebäude schuf, zu forschen und zu urteilen, bis zuletzt das Bauwerk sagt: »Ich bin so wenig ein wirkliches Gebäude, wie der, der mich errichtete, ein wirklicher Mensch war«?

Wenn dem so ist, dann muß es auf der anderen Seite ein Vergnügen und eine Wohltat sein, in einem anderen Bauwerk den ehrlichen Versuch eines ehrlichen Mannes zu sehen, die freundliche Bereitwilligkeit und Offenheit eines ernsthaften Geistes, einfaches, direktes, natürliches Denken zum Ausdruck zu bringen und ein Gebäude hinzustellen, das so wirklich ist wie der Mann, dem es sein Dasein verdankt. Und ist es nicht schön, in einem anderen Gebäude einen Geist zu erkennen, der vielleicht nicht allzugut geschult, vielleicht seiner selbst nicht sehr sicher ist, aber dennoch mutig einen Weg sucht? Das Gebäude zeigt, wo der Geist strauchelte und wieder neu begann, wo der Gedanke nicht immanent,

nicht klar war, wo er nicht um die eigene Mitte kreiste.

Ist es nicht weise, einen solchen Geist zu hegen, zu ermutigen — statt ihn durch Lächerlichkeit verzagt zu machen? Man sollte ihm sagen: Wisse, daß der Geist am besten arbeitet, wenn er auf natürliche Weise arbeiten darf; lerne, das zu tun, was für dein Problem notwendig ist, wenn du es auf seine einfachsten Begriffe reduziert hast; so wirst du finden, daß alle Probleme, wie komplex sie auch erscheinen, von einer Einfachheit sind, die du dir nicht hättest träumen lassen; diese Einfachheit mußt du kühn und voller Vertrauen akzeptieren — du darfst nicht den Kopf verlieren und davonlaufen, sonst bist du verloren, denn du stehst hier an dem Punkt, den die Menschen so gedankenlos »Genius« nennen — so, als ob es sich um etwas notwendigerweise Seltenes handele; du hast hier die Stelle erreicht, die kein Lebender wesentlich überschreitet, die alle wirklich großen Geister suchen: die Stelle vitaler Einfachheit, die Stelle jener Schau, die den Geist so erhellt, daß die Kunst des Ausdrucks spontan wird, mächtig und frei von Irrtum — die Stelle, wo Vollendung zur Gewißheit wird. Wenn du nach dem Besten in dir selbst suchen und es zum Ausdruck bringen willst, so mußt du nach dem Besten in deinem Volk suchen; denn dein Volk ist dein Problem, und du bist unlösbar ein Teil davon; es ist an dir, das zu bestätigen, was die Menschen deines Volkes wirklich bestätigt haben wollen: nämlich das Beste in ihnen — und ebenso wünschen sie, daß du das Beste, das du in dir trägst, bestätigst. Wenn das Volk nur wenig Vertrauen zu haben scheint, so deshalb, weil es so lange betrogen wurde; es ist der Unehrlichkeit müde — viel mehr, als du ahnst, und mit seinem Herzen sucht es ehrliche und furchtlose Männer, die einfach und klar denken, die ihrer eigenen Männlichkeit und ihrem Volk treu sind. Das amerikanische Volk lebt eben in einer Betäubung; sei zur Hand, wenn es zu sich kommt. Der Löwe ist jetzt im Netz — oder die Larve im Kokon; wähle das Beispiel, das dir lieber ist.

Aber zu bewirken, daß der Geist einfach wird, ist nicht leicht. Alles ist gegen dich. Der Nebel der Tradition hüllt dich ein, und du ganz allein mußt ihn vertreiben. Die Schulen werden dir nicht helfen, denn auch sie befinden sich im Nebel. So mußt du selber deinen Geist entwickeln, so gut du es vermagst. Die einzige sichere Methode ist die, nichts für gewährleistet zu halten, sondern alle Dinge für dich selbst zu analysieren, zu prüfen und zu erforschen und ihre wahren Werte zu bestimmen, den Weizen von der Spreu zu sondern und alle Gedanken und Handlungen auf den Stand der Ehrlichkeit zu bringen. Du wirst wahrscheinlich überrascht sein, zu sehen, daß Dinge, die du für dauerhaft gehalten hast, auseinanderfallen und daß Dinge, die du für inkonsequent gehalten hast, eine neue und folgenschwere Bedeutung gewinnen. Aber mit der Zeit wird dein Geist klarer und stärker werden, und du wirst in den Bereich der intellektuellen Kraft eingetreten sein, in dem der Gedanke mit scharfem Urteil zwischen den Dingen, die der Gesundheit des Volkes dienen, und jenen, die es zum Siechtum führen, unterscheidet. Wenn du soweit gekommen bist, wird dein Geist sein Gleichgewicht erreicht haben; du wirst etwas zu sagen haben — und du wirst es mit Aufrichtigkeit sagen.

Im Licht der obigen Ausführungen betrachtet, müssen die gegenwärtigen Manierismen der Architekturkritik oft trivial erscheinen. Denn was nützt es, zu sagen: dies ist zu klein, jenes zu groß, dieses zu dick, jenes zu dünn — oder dieses, jenes und noch ein anderes Beispiel anzuführen, wenn es im Grunde darum geht, ob nicht der Entwurf insgesamt eine schäbige Ausflucht, ein Schmarotzergewächs ist? Warum diese, jene oder eine andere Kleinigkeit verherrlichen, wenn das gesamte Schema des Denkens, für das der Bau steht, falsch ist und dem Volk eine Maske vorhält — dem Volk, das echte Bauwerke will und das nicht weiß, woher es sie nehmen soll, solange die Architekten es mit Phrasen über Architektur betrügen?

Warum haben wir so wenig vitale Architekturkritik? Etwa deshalb, weil es unseren Berufskritikern an Einsicht fehlt? Weil es ihnen an Mut fehlt? Oder ist es, weil sie, die frei sein sollten, nicht frei sind? Ist es, weil sie, die wissen sollten, nicht wissen? Können sie nicht sehen — oder wollen es nicht? Wissen sie etwa, daß solche Gebäude Lügen sind — und wollen es nicht sagen? Oder sind sie schwerfällig im Denken? Hat die Kultur auch ihren Geist gelähmt und ihre Herzen kraftlos gemacht?

Woher soll ein Volk wissen, was eine echte und geeignete Architektur für es bedeutet, wenn ihm nicht zuerst klargemacht wird, daß die gegenwärtig akzeptierte Architektur, die seinen Geist binnen kurzem entstellt haben wird, Verrat übt! Nach wem sollen wir blicken, wenn nicht nach unseren Kritikern, denen wir vertrauen? Und wenn sie versagen — was dann?

Dies für den Zyniker: Was tut es schon, wenn sie versagen! Sie schreiben nur so, wie es Mode ist. Denn jeder betrügt jeden. Wir sind alle falsch; und weshalb sollte ein falsches Volk etwas anderes als eine falsche Architektur erwarten?

Ein Volk erhält immer, was es verdient, nicht mehr und nicht weniger. Immer liegt es am Volk. Wenn es eine echte Architektur haben will, dann muß es zuerst selber echt werden. Wenn es nicht betrogen werden will, dann muß es selbst aufhören, zu betrügen. Wenn es wirklich Redlichkeit will, dann soll es selbst redlich sein. Wenn es Denker wünscht, soll es denken. Wenn die Menschen dieses Volkes keine Schwindelarchitektur wollen, dann sollen sie aufhören, sich gegenseitig zu beschwindeln. Es ist zu viel Wahrheit in diesem entmutigenden Bild, daß ich später eine Aufklärung darüber geben werde.

Für den Augenblick ist es jedoch wichtig, kurz unsere Architekturzeitschriften zu erwähnen. Sie strömen dahin, ziellos genug — mitgerissen von der Flut gedankenlosen Kommerzialismus; ihre Seiten sind angefüllt mit Abbildungen von Gebäuden, Gebäuden — wie mit »Worten, Worten, Worten«. Sie zeigen Gebäude in diesem, jenem und wieder einem anderen »Stil«, die alle falsch sind — bis auf einige Stellen hie und da, wo der »Stil« zum Teil fallengelassen wurde und wo folglich das echte Gebäude zum Teil sichtbar wird; oder wo der Architekt — »unter Zwang« — vom Stil abgehen und etwas Vernünftiges tun mußte; oder wo der Architekt aus eigenem Antrieb sich entschlossen hat, einwandfrei zu handeln, und sich mit Gefühl und einfacher, direkter Überzeugungskraft ausdrückte. Die Verleger haben gut reden: Macht ihr die Architektur, und wir wollen sie veröffentlichen; wir sind nur der Spiegel der Zeit. Wenn unsere Seiten mit angeberischem Plunder angefüllt sind, dann deshalb, weil die Architekten ihn machen. Wir veröffentlichen das, was unsere

Kritiker schreiben — so, wie es ist; und wir veröffentlichen das, was die Architekten schreiben — so, wie es ist. Wir geben unseren Lesern, die zumeist Architekten sind, das, was sie uns geben. Wenn sie etwas Besseres wünschen, werden sie es uns wissen lassen. Wir sind bereit.

Und nun ein Wort über die »Handbücher für Architektur«. Alles, was über sie zu sagen ist, ist das: hier werden Blinde von Blinden geführt.

Und dies gilt für anspruchsvollere Werke: Sie machen zwar gewisse — oder vielmehr ungewisse — Versuche, philosophisch zu werden, aber ihre Diskussionen lösen sich wie Dampf in der Luft auf; sie sind nicht in vitale, zweckvolle Begriffe zusammengedrängt.

So geschieht es, daß einer, der nach der Wahrheit der Architektur suchen will, keine Befriedigung findet. Er sieht sich in einen Dschungel geführt, in dessen Tiefen sein Führer sich verliert, und er bleibt allein zurück ohne Kompaß und ohne Sterne. Und warum ist das so? Die Antwort liegt nahe: Weil unsere Möchte-gern-Berater seit langem stillschweigend übereingekommen sind, daß die Kunst der Architektur ein abgeschlossenes Buch sei — daß schon vor Jahrhunderten das Wort FINIS geschrieben worden sei und daß ganz offensichtlich uns Modernen nichts anderes bleibe als das Privileg, auszuwählen, zu kopieren und zu übernehmen; weil nicht anerkannt worden ist, daß *alle* Bauwerke errichtet wurden, standen und stehen als leibhaftige Symbole der psychischen Beschaffenheit des Volkes; weil kein Unterschied gemacht wurde zwischen *war* und *ist*.

Und — was höchst entmutigend ist: dieser Irrsinn führt seine unberechenbare Parade weiter — ganz offen angesichts der Tatsache, daß die moderne Wissenschaft nun mit ihrer geduldigen Forschung auf den Schauplatz getreten ist, sich vervollkommnet hat und uns das umfassendste, genaueste und leistungsfähigste System organischen Denkens, von dem die Welt jemals gewußt hat, frei zur Verfügung stellt.

Diese Methoden und Kräfte, dieses umfassende und nutzbringende Forschen nach dem All-Lebens-Prozeß, diese fruchtbare Funktion der Demokratie — alles dieses wird heutzutage von denen, die mit der Architektur und ihrem Unterricht zu tun haben, gedankenlos übersehen. Seltsamerweise unterschätzen sie gerade das, was in Wahrheit der hoffenden Menschheit einen Sonnenaufgang verkündet.

In der Tat: Der fruchtbare neue Gedanke, in das Strahlengewand guten Willens gekleidet, ist ein Poet, ein Lehrer und Prophet, den man im Lande jener nicht kennt.

Als Gegensatz zu der schändlichen Gleichgültigkeit derjenigen, denen wir vertraut haben, wollen wir uns wenigstens in der Phantasie einen ganz normalen Mann vorstellen, der die Natur und den Menschen studiert. Wir wollen uns einen männlichen Kritiker vorstellen, einen menschlichen Menschen, der allem gegenüber empfindungsfähig ist, der den Anbruch des neuen Tages erkennt. Er wird in Wirklichkeit ein Lebenssucher sein. Die Nadel seines Kompasses wird stets nach der Mitte, nach dem Leben zeigen — das Wasser, das ihn labt, wird die Gewißheit sein, daß Handlung und Gedanke schicksalhaft das gleiche sind —, seine Nahrung ist die Überzeugung, daß reine Demokratie die tiefste und beharrlichste, weil dunkelste Sehnsucht im Bewußtsein des Menschen ist; so ausgerüstet, wird er — vom Pol zum Äquator, über alle Breitenund Längengrade hinweg — die Meere und Länder in der reichen Welt der unterdrückten und doch noch hoffenden Menschheit durchfahren. Als Maßstab wird er in der Hand die Geschichte halten. Er wird den neuen Menschen auf einer gerechten Waage wägen — in die zweite Waagschale wird er seine Verantwortung dem ganzen Volk gegenüber werfen. Und ebenso leidenschaftslos wird er das Volk insgesamt wägen — und als Gegengewicht in die zweite Schale die Verantwortung aller dem Kind und dem Erwachsenen gegenüber legen.

Wir wollen uns vorstellen, daß er auf seiner Wanderung in unser Land gekommen sei — daß er unsere Architektur sieht, wägt und bewertet; daß er dann nachdenklich auf uns als Volk blickt, uns analysiert, wägt, Maß nimmt, bewertet; daß er dann Volk und Architektur auf der großen Waagschale der Geschichte sorgfältig wägt und bestimmt; daß er das Volk mit allen seinen Tätigkeiten auf der neuen Waage der Demokratie wägt und taxiert; dann prüft er uns mit unserem gesunden Menschenverstand auf der Waage der Natur; und zuletzt prüft er alles, was zu uns gehört, auf der Schicksalswaage des allumfassenden Lebens — und zieht zum letztenmal die Summe. Wie mag wohl seine Neubewertung unserer Bewertung der Dinge, der Gedanken, der Menschen ausfallen? Was wird beim Sieben sich als Weizen erweisen, was beim Wägen Substanz haben, was im Feuer zu Schlacke werden? Was wird er, nachdem er überlegt hat, sagen? Was wird er sagen, wenn er uns gegen unser weites fruchtbares Land mit seinen zahlreichen Gewässern, seiner herrlichen, belebenden Luft, seiner großen und friedlichen Schönheit ausgewogen hat? Wie wird er uns beurteilen, wenn er unseren Geist und unser Herz untersucht? Denn wir können uns nicht verbergen! Was wird er sagen, wenn er kommen wird, von uns Rechenschaft zu fordern darüber, wie wir mit dem Talent gewuchert haben — mit der Freiheit, dem Schatz, für dessen Überlieferung an uns die Welt mit so viel Leid bezahlt hat?

Das, was er sagen würde, wäre eine neue und höchst dramatische Geschichte.

Aber ein Teil von dem, was er zu sagen hätte, könnte dies sein:

Wie ihr seid, so sind eure Bauwerke; und wie eure Bauwerke sind, so seid ihr. Ihr seid eins mit eurer Architektur, jeder ist das getreue Abbild des anderen. Wenn man den einen liest, entziffert man den anderen. Wenn man den einen auslegt, erhält man die Erklärung für den anderen. Und aus beiden erhebt sich der gleiche Gifthauch: Welche Falschheit! Welch ein Betrug an der Gegenwart und der Vergangenheit! Und aus beiden erhebt sich — als ein schauerlicher, herzzerreißender Refrain, von der Menge wiederholt — ein Schrei: »Was hat es für einen Zweck?!«, ein Schrei, der zuerst frivol klingt, dann zynisch — und jetzt pessimistisch. Ein Schrei, der zu allen Zeiten und in allen Völkern zum Todesschrei oder zum Schrei der Revolution wurde, wenn er, nachdem er zuerst frivol und dann pessimistisch geklungen hatte, zuletzt zur Äußerung der Verzweiflung geworden war. Eure Bauten, ob gut, schlecht oder gleichgültig, recken euch allen warnende Hände entgegen — denn sie sind, was ihr seid. Nehmt euch in acht! Dachtet ihr wirklich, Architektur sei etwas, was man aus Büchern oder aus der Vergangenheit nehmen könne? Nein! Niemals! *Sie gehörte stets ihrer Gegenwart und ihrem Volk. Und jetzt gehört sie der Gegenwart und euch!* Diese Architektur schämt sich, natürlich zu sein — aber sie schämt sich nicht, zu lügen; genauso, wie ihr, als Volk, euch der Natürlichkeit schämt, aber nicht der Lüge. Diese Architektur schämt sich, ehrlich zu sein — schämt sich aber nicht, zu stehlen; nach dem logischen Gesetz des Lebens also schämt auch ihr euch, ehrlich zu sein — schämt euch aber nicht, zu stehlen. Diese Architektur ist voller Scheinheiligkeit und Heuchelei; so seid auch ihr, aber ihr gebt es nicht zu. Diese Architektur ist nervenschwach; ihr habt die Kerze an beiden Enden angezündet. Ist dies nun die Demokratie? Diese Architektur zeigt so deutlich den Verfall der Demokratie und ein frisches, neues Wachstum des Feudalismus — sichere Zeichen dafür, daß ein Volk in Gefahr ist! Sie besitzt keine Heiterkeit — sicheres Zeichen für ein Volk ohne Gleichgewicht. Diese Architektur zeigt kein leuchtendes Führungsprinzip — ihr habt keines hervorgebracht, so sehr ihr es auch nötig hättet! Diese Architektur ist ohne Liebe zur Natur — ihr verabscheut die Natur. In dieser Architektur ist keine Lebensfreude — ihr spürt nicht, was Erfülltheit des Lebens bedeutet, ihr fühlt euch unglücklich, wie im Fieber und verstört. In diesen Gebäuden ist der Dollar auf abscheuliche Weise verherrlicht — ihr stellt den Dollar über den Menschen. Vierundzwanzig Stunden lang betet ihr ihn täglich an — er ist euer Gott! Diese Gebäude zeigen den Mangel an großen Denkern und wirklichen Menschen unter euren Architekten; und ihr als Volk seid arm an großen Denkern und wirklichen Menschen. Diese Gebäude zeigen keine Liebe zu Land und Volk. So habt ihr auch keine Liebe zueinander — aber insgeheim werdet ihr euch alle zugrunde richten; so sehr liebt ihr das Gold, daß ihr um seinetwillen mutwillig nicht nur euren Nachbarn, sondern auch euch selbst und eure Kinder betrügt!

Aber hier und da zeigt ein Gebäude Einheitlichkeit — so viel Einheitlichkeit habt also auch ihr. Nicht alles ist falsch — also seid auch ihr nicht ganz und gar falsch. So viel Sauerteig sich in euren Bauwerken findet, so viel Sauerteig ist in euch. Wert für Wert, Maß für Maß, Zeichen für Zeichen — wie eure Bauwerke sind, so seid ihr! Kolossale Energie ist in euren Gebäuden, aber keine echte Kraft — so ist auch in euch hektische Energie, aber nicht die echte Kraft

159

des Gleichgewichts. Ist dies eine Anklage? Nur dann, wenn ihr selbst diese Anklage verkörpert. Hier stehen die Bauwerke, ihre Physiognomie verändert sich nicht — schaut und seht! Hier könnt ihr lesen, hier interpretieren.

Hie und da gibt es bescheidene, ehrliche und aufrichtige Bauwerke: Produkte eines ursprünglichen Gefühls, das in euch lebt. Sie schämen sich nicht, soweit ihr euch nicht schämt; sie sind natürlich, soweit ihr natürlich seid; sie sind demokratisch, soweit ihr demokratisch seid. Seite an Seite stehen sie vermischt mit den feudalistischen Bauwerken; so sind auch eure Gedanken und Handlungen gemischt — demokratisch und feudalistisch, ein seltsamer und düsterer Strom.

Eure Gebäude haben keine Philosophie; so habt auch ihr keine Philosophie. Ihr täuscht eine Philosophie des gesunden Menschenverstandes vor. Auf der Waage eurer Bauten gewogen, wiegt euer gesunder Menschenverstand leicht wie eine Torheit — die Torheit einer Patentmedizin, die Torheit verdorbener Nahrung, eine magenkranke Torheit, die Torheit des Schmutzes und Rauches eurer Städte: ungezählte tägliche Torheiten, die genau das Gegenteil des gesunden Menschenverstandes sind, dessen ihr euch rühmt, wenn ihr in den Angelegenheiten des täglichen Lebens klar und energisch denkt. Ihr rühmt euch einer Philosophie des Erfolges. Lange habt ihr täglich davon gesprochen. Aber gewogen auf der Waage der Demokratie, erweisen sich eure Erfolge nur allzu deutlich in der Hauptsache als feudalistisch. Sie führen in Pessimismus, nicht in Optimismus. Ihr habt nicht daran gedacht, den Preis zu kalkulieren. Aber jetzt seht ihr ein Stückchen des maskierten Gesichts. Die Feststellung des Gesamtpreises wird euch erstarren machen — sobald die Maske ganz gefallen und nichts mehr verhüllt ist! Ihr wolltet die Krise nicht voraussehen, aber die Krise hat euch vorausgesehen — *und jetzt ist sie über euch!*

Stillschweigend wart ihr übereingekommen, die Philosophie für ein leeres Wort und nicht für eine vitale Notwendigkeit zu halten; ihr habt nicht nachgeforscht; und indem ihr eurem Geist auf diese Weise die Sicht benommen habt, seid ihr geradeswegs auf den Rand des Abgrundes zugelaufen. Eine gesunde Philosophie ist der rettende Genius eines demokratischen Volkes. Sie ist ganz einfach ein ausgewogenes Denksystem für die vitalen Beziehungen eines Volkes. Sie ist durch und durch praktisch. Nichts kann praktischer sein als sie. Denn sie verhindert Vergeudung. Sie blickt weit zurück und weit voraus. Sie vereitelt die Krise. Sie nährt, führt und leitet die Vitalität eines Volkes. Ihr einziger Gegenstand ist beständig das Gleichgewicht und somit das Glück dieses Volkes.

So haben Schwächen und Torheiten in eurem Geist den leeren Platz der Weisheit eingenommen. So hat euch der Dollar betrogen — wie er wohl mußte. Und so blieb die Welt betrogen um das, was für jene Freiheit, die euch einst gehörte und die die Welt euch schenkte, zurückzugeben eure größte Aufgabe und euer edelstes Vorrecht war: eine vernünftige und unverfälschte demokratische Abrechnung; eine Philosophie, die sich auf den Menschen gründet und die in klarer und menschenwürdiger Form die Unversehrtheit und die Verantwortlichkeit des Individuums berücksichtigt — kurz, eine neue und echte Philosophie des Volkes.

Noch ist es nicht zu spät.

Laßt eine solche Philosophie die Erstlingsfrucht eures schönen großen Landes sein. Ihr müßt jetzt rasch und scharf, mit Konzentration, Einfachheit, Exaktheit und Ruhe denken; alles dies sind Eigenschaften, deren Notwendigkeit ihr bisher verkleinert und geleugnet habt. Wenn ihr durch eure Notlage in eine Krise geratet, liegt eure Kraft in eurer erfindungsreichen Intelligenz. Eure Architektur weist mit ihren vielen möglichen Formen darauf hin. Eure Geschichte in diesem Land hat es bewiesen. Ihr solltet diese Kraft unverzüglich nutzen! Im großen ganzen ist diese Architektur arm an Poesie; und doch enthält sie, sonderbar genug, eine leichte Andeutung demokratischer, lyrischer, ausdrucksstarker und anziehender Möglichkeiten. Kurz: sie deutet die menschlichste Qualität an, die ihr als Volk besitzt und die zuzugeben oder gar zu verkünden ihr euch auf Grund eurer schrecklichen geistigen Schüchternheit schämt. Man möchte von diesem schmutzigen Gesicht die Kruste aus Zaghaftigkeit und Erniedrigung abwaschen; man möchte die Fetzen der Vernachlässigung und der Verächtlichkeit herunterreißen, um zu sehen, ob hinter dieser elenden und jämmerlichen Erscheinung sich nicht vielleicht das echte Gesicht, die wirkliche Gestalt der unschuldigen Cinderella verbirgt. Ich vermute es – oder ist dies eine aus greifbaren Möglichkeiten geborene Hoffnung? Eine Ahnung nicht geringer Wahrscheinlichkeiten? Denn was in aller Welt ist letzten Endes köstlicher als das amerikanische Herz – so launisch und zuzeiten kindisch grausam es auch sein kann!

Auf diesem Fundament, das tiefer reicht und stärker ist, als ihr glaubt, würde ich an eurer Stelle ein Bauwerk errichten, das eurer würdiger ist und dauerhafter als jenes, das jetzt auf seiner schwachen Grundlage aus Übereleganz und fundamentaler Unwahrhaftigkeit zerbröckelt.

Euer Glück ist es, daß eure Korruption noch so oberflächlich war, daß ihr die Operation überleben könnt.

Auf diesem gesunden Herzen und dem Besten darin, das noch unausgereift und euch selber unbekannt ist, würde ich exakt und gut aufbauen.

Denn jeder, der auch nur ein wenig über die Menschheit Bescheid weiß, kennt diese Wahrheit: Das Herz ist größer als der Kopf. Denn im Herzen wohnt die Sehnsucht, und aus ihr kommen Tapferkeit und Großmut. Ihr hattet angenommen, daß die Poesie aus Versen bestehe und daß es eines intelligenten und nüchternen Geschäftsmannes unwürdig sei, Verse zu lesen.

Ihr habt euch an eine Vorstellung geklammert, die eurem absurden gesunden Menschenverstand nachgebildet war: daß nämlich das Gefühl keinen Platz in Geschäftsangelegenheiten habe. Wieder habt ihr nicht nachgeforscht, ihr habt etwas angenommen und es für gewiß gehalten – wie eurer gedankenlosen Art entspricht. Ihr habt nicht in eure eigenen Herzen geschaut. Nach leerer Überlieferung habt ihr geblickt, aus der die Wirklichkeit längst verschwunden ist. Nur die Schale liegt noch da – wie die leere Chitinhülle eines Käfers auf der Rinde eines lebendigen Baumes.

Ihr habt nicht tief genug nachgedacht, um herauszufinden, daß das Herz an sich das Weibliche im Mann ist. Ihr habt das Weibliche in euch verhöhnt, wo ihr es anzutreffen glaubtet; ihr hättet seine Kraft erkennen, sie wahren und nutzen sollen, denn sie ist die verborgene Quelle der Intuition und der Vorstellung. Was kann der Verstand ohne diese beiden ausrichten! Sie sind die inneren Augen des Menschen, ohne sie ist er stockblind. Der Geist sendet sie beide gemeinsam aus – die eine trägt das Licht, während die andere sucht; und gemeinsam finden sie Schätze. Die tragen sie dem Verstand zu, der sie erst bearbeitet und dann zum Willen sagt: Handle! – und es folgt die Tat.

Vom poetischen Standpunkt aus betrachtet, haben Intuition und Vorstellungskraft im Fall der riesigen, ungeordneten Massen eurer Architektur die Herzen des Volkes nicht erleuchtet, haben nicht in ihnen gesucht. Und so ist das, was entstand, stockblind. Wenn diese Werke »männlich« genannt werden, so ist dies nur eine fälschlich an Stelle von »Neutrum« benutzte Bezeichnung. Denn diese Werke haben keine Zeugungskraft, sie regen den Geist nicht an, sondern bedrücken ihn; sie werden von unartikulierten Schreien erstickt, die den Hörer erschauern lassen.

Überlegt euch doch, daß Poesie nicht aus Versen besteht – wenn es auch Verse gibt, die poetisch sein mögen. Betrachtet die Poesie als etwas, das nichts mit Worten zu tun hat, sondern in den Dingen, den Gedanken, den Handlungen lebt. Wenn ihr darauf besteht, nur Schrift oder Sprache als lesbar oder hörbar zu erachten, dann bleibt ihr notgedrungen armselige Interpreten für die Stimmen der Natur und die Taten und Gedanken der Menschen aus Gegenwart und Vergangenheit in ihren mannigfaltigen und doch im Grunde einander so ähnlichen Wirkungskreisen. Nein: die Poesie ist, wenn man sie richtig betrachtet, die höchste Form intellektueller Möglichkeiten und Tätigkeiten. Richtiger noch wäre es, zu sagen: psychischer Tätigkeiten – wenn tatsächlich verstanden wird, welche Realitäten hinter der Maske dieses Wortes lebendig sind.

Es soll noch kurz gesagt werden, daß die meisten Worte Masken sind. Gewohnheit läßt euch die Gesellschaft dieser Masken ertragen; manche von ihnen sind schön, andere abstoßend. Aber selten nehmt ihr eine der Masken beiseite, um das wirkliche Gesicht darunter zu suchen, das von ihr versteckt und enthüllt wird. Und – wie ich bereits sagte – ihr forscht nicht nach, ihr neigt dazu, die Dinge für gewiß zu nehmen. Seit eurer Kindheit habt ihr Masken gesehen, habt sie für echt gehalten – und

161

haltet sie noch für echt, weil euch seit eurer Kindheit erzählt wurde, daß sie echt seien — erzählt von jenen, in deren selbstsüchtigem Interesse es lag, daß ihr an Illusionen glauben solltet. Neuerdings seid ihr aber so weit zu euch selbst gekommen, daß ihr euch das Maskenwort »Respektabilität« beiseite genommen habt.

Über alles liebt ihr das Wort »Verstand«, das physische Tätigkeit bedeutet, und rümpft die Nase über das Wort »Intellekt«, das für klare, kraftvolle und konstruktive Überlegung steht.

Daher seid ihr — was ganz natürlich, da euer Gedankengang solcherart ist — die Opfer eurer impulsiven Handlungen und eurer Apathie gegenüber weitreichenden, und unvermeidlichen Konsequenzen.

Die Poesie hat es im wesentlichen mit Wirklichkeiten zu tun. Ihr aber sagt, daß dem nicht so sei. Damit ist über die Sache entschieden, soweit sie euch betrifft — zumindest denkt ihr das; in Wirklichkeit ist über euch entschieden, ihr seid in euch selbst gefesselt.

Ihr sagt, daß Poesie sich nur mit Metaphern und Phrasen befasse. Was ist eure tägliche Rede anderes als Metapher und Phrase! Jedes Wort ist, wenn es unverfälscht gebraucht wird, ein Bild — ob in der Unterhaltung oder in der Literatur. Geistiges und physisches Leben ist fast ganz und gar eine Sache des Sehens.

Die Poesie, richtig verstanden, ist die höchste Form der Auswirkung geistigen Sehens. Das heißt: sie ist die Kraft des Sehens und Tuns, die dem innersten Wesen des Menschen die Fülle und verfeinerte Kraft des Lebens offenbart.

Poesie als etwas Lebendiges stellt daher den höchsten Wert dar, den der Mensch für seine Gedanken und Handlungen gewinnen kann. An diesem Maßstab gemessen, sind eure Bauwerke traurige, leere Plätze.

Außerdem beweisen diese Gebäude keineswegs eine ursprüngliche Kunst des Ausdrucks — noch habt ihr, als Volk, ursprünglichen Ausdruck für euch selbst gefunden. Auch hierüber habt ihr die Nase gerümpft; denn ihr seid sehr zynisch und sehr schnippisch und sehr selbstsicher. Selten blickt ihr anders als boshaft. Genaugenommen klingt das, was ihr sagt, so: »Was wollen wir mit einer Kunst des Ausdrucks? Wir können sie nicht verkaufen!« Vielleicht könnt ihr das

wirklich nicht. Aber ihr könnt euch selbst verkaufen — und habt es getan.

Ihr habt die Kunst des Ausdrucks für eine Fiktion gehalten — für etwas, das euch fernliegt; so, wie ihr fast alles, was ursprünglichen Wert hat, für eine Fiktion und für etwas gehalten habt, was euch fernliegt —, für unwichtig oder für etwas, was man an- oder ausziehen kann wie einen Mantel.

Seht euch eure Gesetzgebung an: kompliziert, grotesk und unwirksam — mit Klauseln vernagelt, wie Geschütze vernagelt sind. Schaut euch eure Verfassung an! Drückt sie wirklich das gesunde Leben aus, das ihr in euch habt — oder ist auch darin eine Klausel versteckt, die euch unweigerlich zum Unheil wird? Seht euch euer Geschäftsleben an: was ist es anderes geworden als ein Vernichtungskampf unter Kannibalen? Bringt es die Demokratie zum Ausdruck? Seid ihr — als Volk — nun wirklich eine Demokratie? Besitzt ihr noch die Kraft der Selbstherrschaft eines Volkes, durch ein Volk und für ein Volk? Oder ist diese Kraft vernichtet? Euer Abraham Lincoln hoffte — auf dem Feld von Gettysburg —, daß sie nicht zugrunde gehen möge, und das gleiche hoffte ein müdes und leidendes Volk am Ende eines entsetzlichen Kampfes, den es geführt hatte, um die Demokratie in ihrer Ganzheit zu erhalten und jene fundamentale Kunst des Ausdrucks zu bewahren, die es dem Volk ermöglicht, ungehindert seiner Lebenshoffnung Stimme und Gestalt zu geben — der Hoffnung, die dahin zielt, daß jeder in den Genuß seines natürlichen Rechts gelangt: des Rechts auf Glück!

Erkennt ihr, mit welch sarkastischer Genauigkeit eure Abgestumpftheit sich in euren Bauwerken widerspiegelt? Sie stehen als Symbole für die »vernagelten« Gesetze einer Kunst des Ausdrucks. Was kann wohl anderes aus Ausdruck gebracht werden als das wirkliche Leben eines Volkes? Was gibt es in einer Demokratie anderes als »das Volk«? Mit welchem Recht sagt irgendein Mensch: »Ich bin! Ich besitze! Ich bin mein eigenes Gesetz«? Wie schnell ist doch bei euch »*ICH FÜHLE*« zu »*ICH BESITZE! ICH BETRÜGE!*« geworden! Wie glatt habt ihr euch angepaßt! Mit welcher ungeheuren Dummheit habt ihr geglaubt, daß selbstsüchtiger Egoismus die Basis der Demokratie sei!

Wie wichtig ist es, daß jetzt rauhe Hände euch rütteln und schrille Stimmen euch zurufen: »Wacht auf, bevor es zu spät ist!« »Aber«, höre ich euch verdrießlich sagen, »wir sind zu jung, um an eine solche Ausbildung zu denken. Wir waren zu beschäftigt mit unserer materiellen Entwicklung, als daß wir hierzu hätten Zeit finden können.«
So wißt denn, daß es sich nicht um eine Ausbildung, sondern um eine Notwendigkeit handelt. Und im übrigen seid ihr alt genug — und habt auch Zeit gefunden, um nahezu eine Kunst aus dem Betrug und eine Wissenschaft aus der Korruption zu machen!
Und wißt: Ihr seid so alt wie die Menschheit; jeder von euch trägt die gesammelte Kraft der Menschheit in sich, die ihm zum richtigen Gebrauch zur Verfügung steht, sobald er redliches Denken und folglich auch redliches Handeln für besser erachtet als die gegenwärtige Vortäuschung redlichen Wesens bei gleichzeitigem unehrenhaftem Tun.
Wißt, daß einfache, gerade Ehrlichkeit (und euch allen ist genau bekannt, was damit gemeint ist) jederzeit nahe genug ist, um erworben zu werden.
Und ferner wißt: Alle komplexen Erscheinungen haben einen einfachen Ursprung; und so ist der Riesenkomplex eurer nationalen Unruhe, eurer schlechten Gesundheit, eurer Unfähigkeit, in bezug auf einfache und wirklich vitale Dinge klar und exakt zu denken, leicht und rasch auf eine einzige Ursache zurückzuführen: auf Unehrlichkeit. Und dies trifft mit unerbittlicher Logik und im richtigen Maß auf jeden einzelnen zu!
Die Arznei heißt: PERSÖNLICHE EHRLICHKEIT. Das ist eine logische und gerechte Folgerung.
»Aber«, sagt ihr, »wie absurd — wie einfach!«
Zweifellos ist es absurd, wenn ihr so denkt, und wird es — was euch betrifft — bleiben, solange ihr so denkt, nicht länger. Aber ebensolange werden eure sozialen Nöte und Beschwerden und Unruhen währen — und die haltet ihr nicht für absurd.
Als Newton den Apfel fallen sah, sah er etwas, was ihr ebenfalls absurd und einfach nennen mögt — doch fand er durch diese einfache Sache eine Beziehung zum Universum.

Und diese andere einfache Sache, die Ehrlichkeit, ist der Schwerpunkt im Universum menschlichen Denkens und Handelns; sie ist unser »Maskenwort«, hinter dem sich die gesamte Kraft der unversehrten Natur verbirgt, sie ist die inhaltsschwerste Tatsache, die das Leben dem Bemühen modernen Denkens enthüllte.
Wie töricht also vom Menschen, sich gegen den Strom des Lebens zu stemmen, statt freiwillig und freudig sich in Harmonie mit ihm zu vereinen und sich die schöpferische Energie und das Gleichgewicht der Natur zuzuleiten.
»Aber«, sagt ihr, »alles das geht über unser Vermögen.«
Das ist nicht wahr! *ES IST EUCH GANZ NAHE!* Und gerade darin liegt die Kraft.
Wieder sagt ihr: »Wie kann man Ehrlichkeit erzwingen?«
Man kann sie nicht erzwingen.
»Wie soll dann aber die Arznei wirksam gemacht werden?«
Sie kann nicht wirksam *gemacht* werden, sie kann nur wirksam *werden*.
»Und wie kann das geschehen?«
Fragt die Natur.
»Und was wird die Natur sagen?«
Die Natur sagt jederzeit: »Ich konzentriere mich auf jeden: auf Mann, Frau und Kind. Ich klopfe an die Tür jedes Herzens und warte. Ich warte geduldig und bin bereit, mit meinen Gaben einzutreten.«
»Und ist das alles, was die Natur sagt?«
Das ist alles.
»Wie sollen wir die Natur empfangen?«
Indem ihr weit die Tür eures Geistes öffnet! Denn euer größtes Verbrechen gegen euch selbst ist, daß ihr der Natur die Tür vor der Nase zugeschlagen und den Schlüssel weggeworfen habt. Jetzt sagt ihr: »Wir haben keinen Schlüssel! Wie sollen wir zu einem neuen Schlüssel kommen?«
Erstens: Sorgt für eure individuelle und kollektive physische Gesundheit. Nehmt euch vor denen in acht, die sie untergraben, sie bilden die tödlichste Gefahr für euch. Nehmt euch vor euch selbst in acht, wenn ihr sie selbst untergrabt, denn dann seid ihr selber euer Todfeind. Dann wird die erste Voraussetzung gegeben sein: ein ausgeglichenes, kräftiges und elastisches Nervensystem. Dann werden eure fünf Sinne zu genauen Interpreten eurer physischen Umwelt werden; und dann wird auf ganz

163

natürliche Weise euer Verstand seine normale Kraft, zu handeln und zu reagieren, wiedererlangen.
Zweitens: Beginnt unverzüglich mit der Ausarbeitung eines wirklich demokratischen Erziehungssystems. Die Grundlage hierzu muß der *Charakter* bilden; und der Geist muß so im Sinn der Wirklichkeit trainiert werden, daß er Vollkraft zur Beurteilung aller Dinge gewinnt — daß er erkennt, daß Speisung und Unterstützung seiner Kraft ihm von außerhalb zuteil werden, daß diese Kraft das freundliche und großzügige Geschenk der Natur an alle Menschen ist.
Ein solches Erziehungssystem wird Gleichgewicht von Körper, Geist und Herzen zur Folge haben. Es wird somit — nach dem Willen der Natur — Männer und Frauen zu echten Menschen machen.
Es wird auf jedem Gebiet menschlicher Belange soziales Gleichgewicht schaffen. Es wird so klar und deutlich die Torheiten enthüllen, deren Opfer ihr bislang wart, daß ihr euch für immer von ihnen lossagt. Denn dann werdet ihr die einfache Kernwahrheit erkennen und bereitwillig akzeptieren: daß das Individuum nur dann an Kraft zunimmt, wenn sein Ganzheitsbestreben zunimmt, und daß die unfehlbare Quelle dieser Einheit in der ewigen Einheit der Natur und jener unendlichen heiteren Ruhe zu finden ist, deren Symbol die Natur ist.
So werdet ihr aus der Demokratie eine Religion machen — die einzige, die die Welt hervorgebracht haben wird, die freier Menschen würdig ist, Menschen, die frei sind in der Einheit des Körpers und des Denkens.
Auf diese Weise werden sich alle Aspekte eurer Tätigkeiten wandeln, weil sich euer Denken gewandelt haben wird. Alle eure Tätigkeiten werden organisch und gleichmäßigen Zusammenhang gewinnen, weil alle eure Gedanken ihren gemeinsamen Schwerpunkt in der Ganzheit des Einzelnen haben werden.
Und so, wie die Eiche der Eichel treu bleibt, aus der sie wuchs — so, wie sie selber wieder Eicheln hervorbringt: so werdet ihr dem Samenkorn der Demokratie, das in euren Boden gesät wurde, echten Ausdruck und echte Form geben und selbst wieder den Samen echter Demokratie aussäen.
Und so, wie euer Denken sich wandelt, wird sich eure Zivilisation wandeln. Und in demselben Maß, in dem die Demokratie lebendig und echt in eurem Denken Gestalt annimmt, wird der Feudalismus, der euch jetzt vergiftet, schwinden. Denn seine jetzige Macht beruht auf eurem Denken, das ihn willig hinnimmt und unterstützt. Seine Stärke liegt ganz gar in euch begründet, nicht in ihm selbst. So wird also, sobald die unterstützende Macht eures Denkens ihm entzogen wird, der Feudalismus zerbröckeln und vergehen.
So braucht ihr keine Gewalt anzuwenden, — Gewalt ist ein grobes und untaugliches Instrument. Der GEDANKE ist das feine und zweckmäßige Instrument. Daher: *DENKT AN DIE EINHEIT EURES EIGENEN DENKENS.* Alle soziale Macht — zum Guten oder zum Bösen — beruht auf dem Denken des Volkes. *DAS IST DIE EINZIGE LEKTION DER MENSCHHEITSGESCHICHTE, DIE ZU LERNEN SICH VERLOHNT.*
Und natürlich wird sich, wie sich eure Gedanken wandeln, auch eure heranwachsende Architektur wandeln. Ihre Falschheit wird ein Ende haben; und stufenweise wird ihre Realität in Erscheinung treten. Denn die Einheit, die ihr — als Volk — in eurem Denken zeigt, wird dann auch den Geist eurer Architekten durchdrungen haben.
UND SO WIRD, SOBALD EUER GRUNDGEDANKE SICH WANDELT, IN ALLEN DINGEN EINE PHILOSOPHIE, EINE POESIE, EINE KUNST DES AUSDRUCKS SICHTBAR WERDEN: DENN DANN WERDET IHR GELERNT HABEN, DASS CHARAKTERISTISCHE PHILOSOPHIE, POESIE UND KUNST DES AUSDRUCKS DIE VITALEN ELEMENTE FÜR DAS GESUNDE WACHSTUM UND DIE ENTWICKLUNG EINES DEMOKRATISCHEN VOLKES SIND.
Ihr besitzt als Volk eine ungeheure latente und ungenutzte Kraft.
Erweckt sie zum Leben.
Nutzt sie.
Nutzt sie zum allgemeinen Wohl.
Beginnt jetzt!
Denn es ist heute ebenso wahr wie damals, als einer eurer Weisen es sagte: »Wie man fortfährt? Indem man von neuem beginnt!«

Bei Fragen zur Produktsicherheit wenden Sie sich bitte an:
If you have any questions regarding product safety,
please contact:

Birkhäuser Verlag GmbH
Im Westfeld 8
4055 Basel, Schweiz
productsafety@degruyterbrill.com